Preface

· 보디빌딩 실기 · 구술의 최종 '바이블'

· 트레이너, 피트니스센터 경영자라면 항상 곁에 두어야 할 '필독서'

· 가장 정확한 스포츠지도사 보디빌딩 구술 · 실기 '지침서'

이 책은 스포츠지도사 보디빌딩 실기 · 구술을 준비하는 수험생뿐만 아니라 스포츠센터, 피트니스센터 경영자 및 운영자, 트레이너들이 항상 지참하면서 볼 수 있도록 기획되었다. 따라서 실기내용과 함께 트레이닝, 영양, 생리학 등 다양한 내용으로 알차게 구성하였다.

실기 · 구술을 대비하기 위한 이론 파트에는 스포츠지도자, 교사, 운동회원, 체육전공자, 행정가, 건강 관련 정책 개발자, 운동선수, 스포츠 팀 관계자 등이 최신 트레이닝을 도입하기 전 알아야 할 정보가 녹아 있다.

또한 실기 파트는 실기시험에 출제되는 전체 동작을 난도 구분과 함께 체계적으로 다루었고, 각 동작이 어떤 근육에 어떤 자극을 주는지 쉽게 이해할 수 있도록 풀어썼다. 이와 함께 각 동작의 생생한 사진과 동영상을 함께 제공하여 퍼스널 트레이닝의 지침을 제공하고 있다.

"오늘 할 운동을 내일로 미루지 말고, 지금 당장 밥 먹듯이 운동을 해야 한다."

저자의 운동철학이다. 이 책을 보시는 분들이 스포츠지도사 합격을 기쁨을 누리는 동시에 보디빌딩의 역할과 발전에 대해 관심을 가지기를 기대한다.

저자 **김준수**

Profile

김준수 교수

인하대학교 대학원에서 박사학위를 취득하였다. 35년 동안 보디빌딩을 접하며, 만 21세에 최연소 미스터 인천 타이틀을 획득하였으며, 미스터 코리아 1위, 대한보디빌딩협회 국가대표 선수로 활동하였다.

인천시설관리공단 실업팀 감독과 국가대표 코치, 감독, 대한보디빌딩협회 마케팅이사를 역임하였다. 현재 한국운동생리학회, 한국운동재활학회 상임이사로 있으며, 발육발달학회, 국방안보연구소, 논문심사위원과 국민체육진흥공단, 경희대학교 생활체육연수원 보디빌딩 심사위원으로도 활동하였다. 또한 대한보디빌딩협회 스포츠지도사 실기, 구술 출제위원으로도 활동하였다.

세계보디빌딩협회 심판자격증과 사회복지사 1급, 스포츠지도사 1급 등을 취득하였다.

저서로는 《트레이닝론》, 《운동다이어트》, 《웨이트트레이닝 매뉴얼》, 《스포츠클라이밍 쉽게 따라하기》, 《자신만만 등발》 등이 있으며, 다수의 SCI급 논문을 publish하였다.

현재 을지대학교 스포츠아웃도어학과 전임교수로 재직 중이다.

약력

을지대학교 스포츠아웃도어학과 교수
인하대학교 박사 졸업(전공: 스포츠의과학)
사) 대한보디빌딩협회 국가대표 감독
사) 대한보디빌딩협회 국가대표 선수
한국운동생리학회 상임이사
한국운동재활학회 상임이사
국민체육진흥공단 스포츠지도사 심사위원
대통령 체육포상
SCI 등 다수의 보디빌딩 관련 논문
사회복지사 1급
스포츠지도사 1급
세계보디빌딩협회(IFBB) 국제심판

Model

김정후 & 박엄지

Preview

구성과 특징

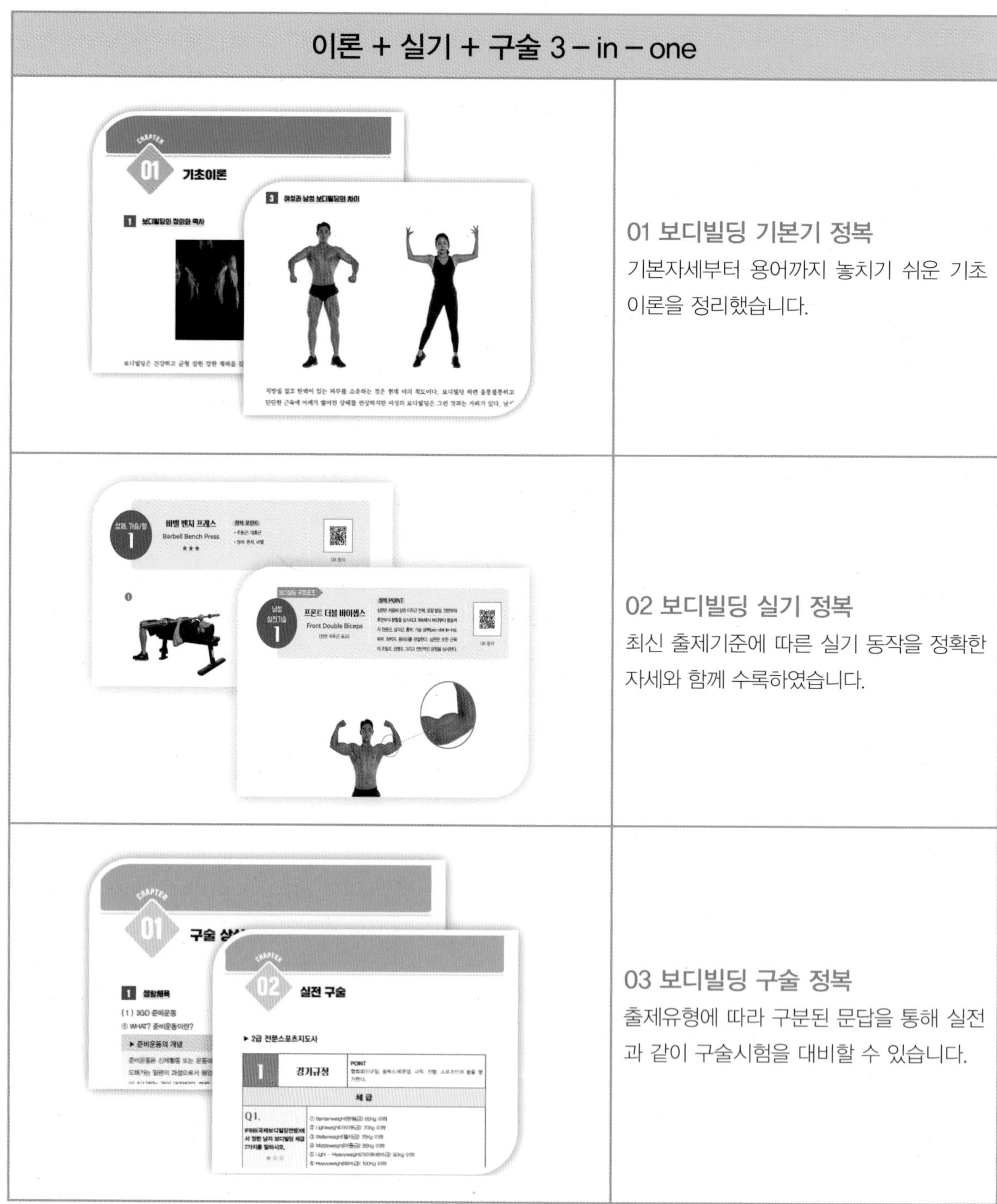

이론 + 실기 + 구술 3 – in – one	
	01 보디빌딩 기본기 정복 기본자세부터 용어까지 놓치기 쉬운 기초 이론을 정리했습니다.
	02 보디빌딩 실기 정복 최신 출제기준에 따른 실기 동작을 정확한 자세와 함께 수록하였습니다.
	03 보디빌딩 구술 정복 출제유형에 따라 구분된 문답을 통해 실전과 같이 구술시험을 대비할 수 있습니다.

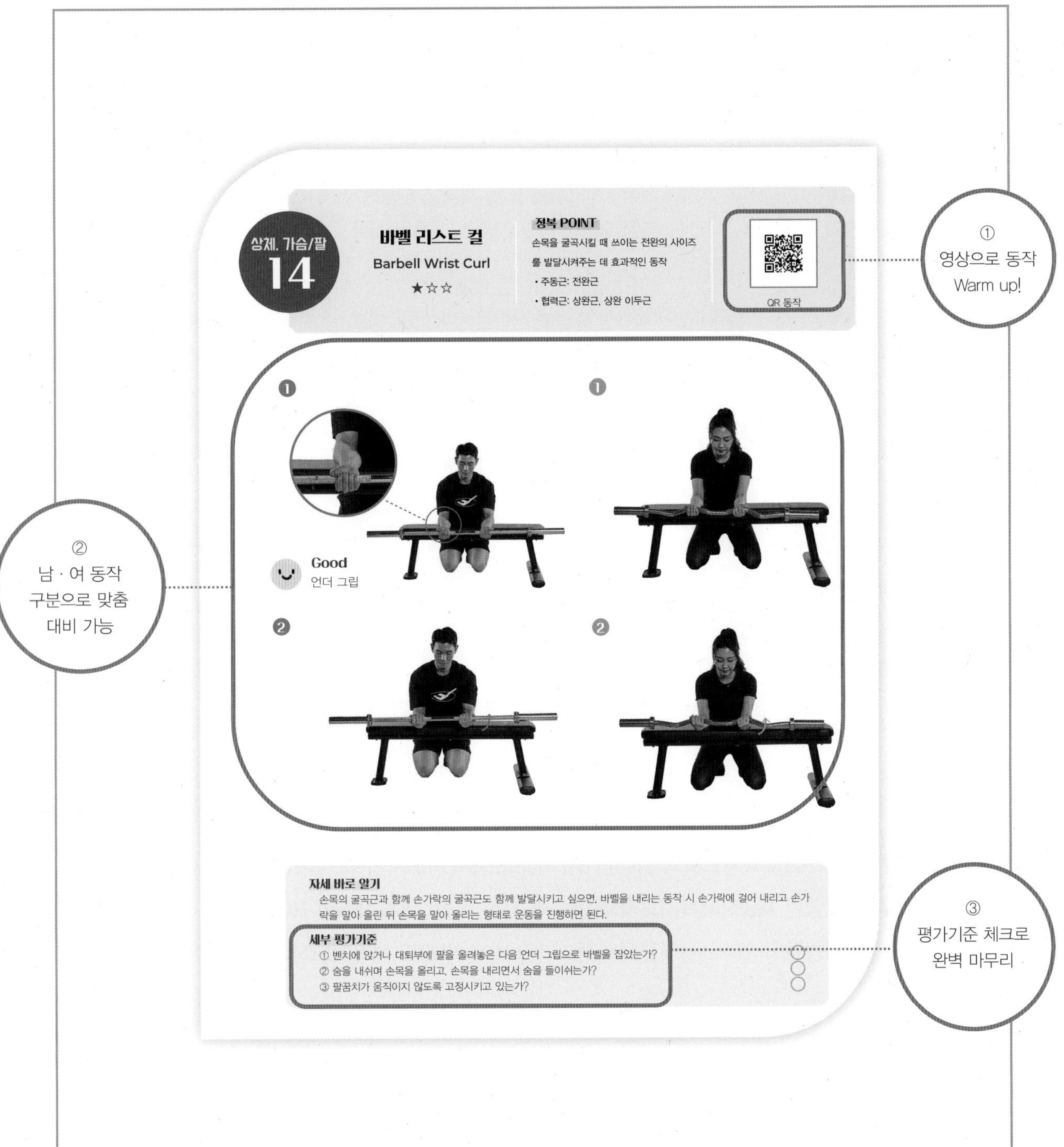
상체, 가슴/팔
14
바벨 리스트 컬
Barbell Wrist Curl
★☆☆
정복 POINT
손목을 굴곡시킬 때 쓰이는 전완의 사이즈를 발달시켜주는 데 효과적인 동작
• 주동근: 전완근
• 협력근: 상완근, 상완 이두근
QR 동작
Good
언더 그립
자세 바로 알기
손목의 굴곡근과 함께 손가락의 굴곡근도 함께 발달시키고 싶으면, 바벨을 내리는 동작 시 손가락에 걸어 내리고 손가락을 말아 올린 뒤 손목을 말아 올리는 형태로 운동을 진행하면 된다.
세부 평가기준
① 벤치에 앉거나 대퇴부에 팔을 올려놓은 다음 언더 그립으로 바벨을 잡았는가?
② 숨을 내쉬며 손목을 올리고, 손목을 내리면서 숨을 들이쉬는가?
③ 팔꿈치가 움직이지 않도록 고정시키고 있는가?
①
영상으로 동작
Warm up!
②
남 · 여 동작
구분으로 맞춤
대비 가능
③
평가기준 체크로
완벽 마무리

시험 안내

◆ 스포츠지도사란?

전문 스포츠지도사 (1 · 2급) 생활 스포츠지도사 (1 · 2급)	학교 · 직장 · 지역사회 또는 체육단체 등에서 체육을 지도할 수 있도록 국민체육진흥법에 따라 해당 자격을 취득한 사람
건강운동관리사	개인의 체력적 특성에 적합한 운동형태, 강도, 빈도 및 시간 등 운동수행 방법에 대하여 지도 · 관리하는 사람
유소년 스포츠지도사	유소년(만 3세부터 중학교 취학 전까지를 말함)의 행동양식, 신체발달 등에 대한 지식을 갖추고 해당 자격종목에 대하여 유소년을 대상으로 체육을 지도하는 사람
노인 스포츠지도사	노인의 신체적 · 정신적 변화 등에 대한 지식을 갖추고 해당 자격종목에 대하여 노인을 대상으로 생활체육을 지도하는 사람
장애인 스포츠지도사 (1 · 2급)	장애유형에 따른 운동방법 등에 대한 지식을 갖추고 해당 자격종목에 대하여 장애인을 대상으로 전문체육이나 생활체육을 지도하는 사람

◆ 관련 근거

- 국민체육진흥법 제11조(체육지도자의 양성) 내지 제12조(체육지도자의 자격취소) 등
- 국민체육진흥법 시행령 제8조(체육지도자의 양성과 자질 향상) 내지 11조의 3(연수계획)
- 국민체육진흥법 시행규칙 제4조(자격검정의 공고 등) 내지 제23조(체육지도자의 자격취소) 등

◆ 시험 개요

- 검정기관: 국민체육진흥공단
- 접수(인터넷 접수): www.insports.or.kr

◆ 시험절차 안내

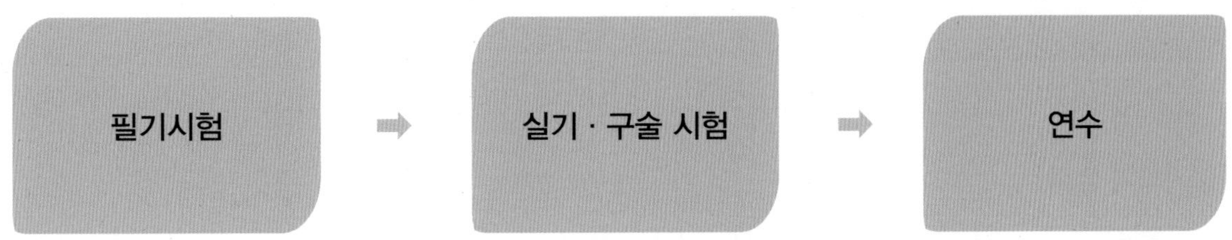

◆ 실기 · 구술 검정 안내

검정 장소운영 예상 도식도

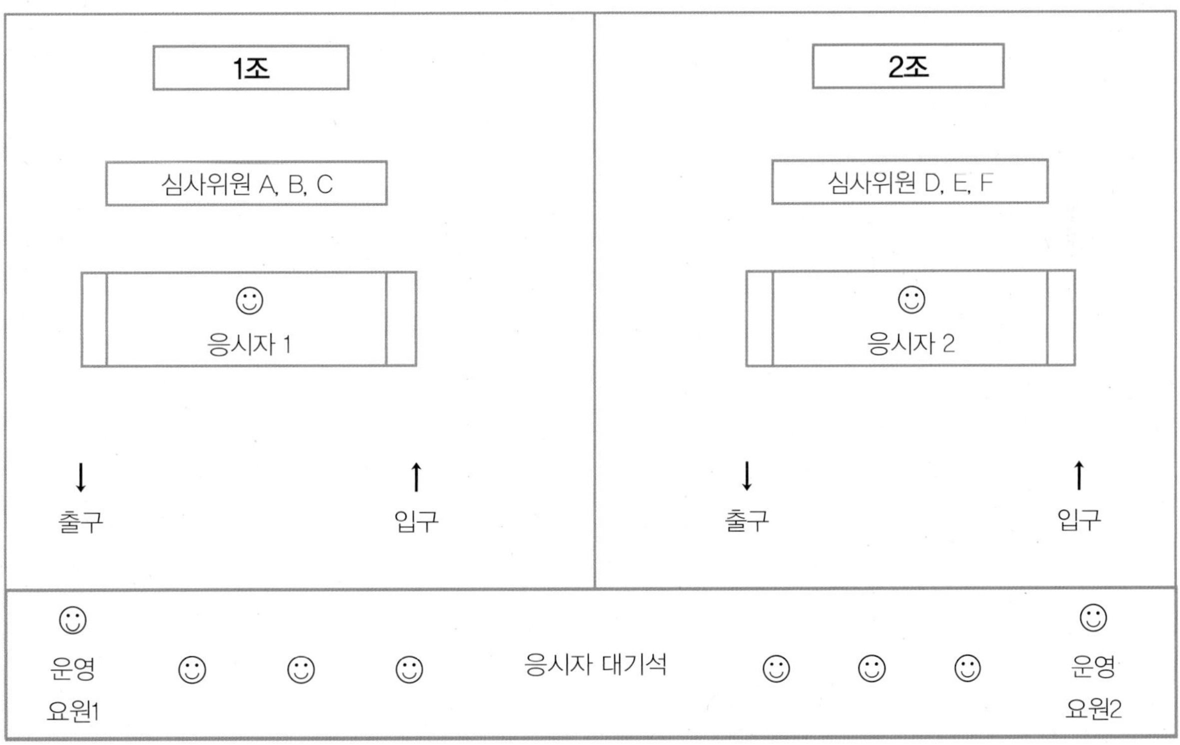

구술 시험장

◆ 실기검정 소요장비

주관단체 준비사항	① 덤벨: 2~3kg, 5kg ② 바벨 – 중량봉(긴 봉 15kg, 짧은 봉 8kg) ③ 요가매트 ④ 벤치
지원자 준비사항 (특별과정 응시자 복장 동일)	① 상의: 민소매 런닝, 탑 ② 하의: 허벅지가 보이는 반바지 ③ 운동화 ④ 신분증, 수험표 및 준비서류

◆ 실기평가 영역

01 기술분류(1급 · 2급 생활, 유소년, 노인스포츠지도사)

대분류		세부 기술
상체, 가슴/팔	(80)	바벨 벤치 프레스, 덤벨 벤치 프레스, 덤벨 플라이, 덤벨 풀오버, 클로즈 그립 푸쉬업, 덤벨 컬, 해머 컬, 바벨 컬, 컨센트레이션 컬, 리버스 그립 바벨 컬, 얼터네이트 덤벨 컬, 얼터네이트 해머 컬, 덤벨 리스트 컬, 바벨 리스트 컬, 스탠딩 바벨 트라이셉스 익스텐션, 라잉 바벨 트라이셉스 익스텐션, 원암 덤벨 오버헤드 트라이셉스 익스텐션, 시티드 트라이셉스 익스텐션, 덤벨 킥 백, 벤치 딥, 덤벨 리버스 리스트 컬, 바벨 리버스 리스트 컬, 푸쉬업
상체, 등, 어깨		벤트 오버 원암 덤벨 로우, 벤트 오버 바벨 로우, 언더 그립 바벨 로우, 뉴트럴 그립 투암 덤벨 로우, 바벨 굿모닝 엑서사이즈, 백 익스텐션, 바벨 밀리터리 프레스, 비하인드 넥 프레스, 덤벨 숄더 프레스, 덤벨 레터럴 레이즈, 덤벨 프론트 레이즈, 벤트 오버 레터럴 레이즈, 바벨 프론트 레이즈, 바벨 업라이트 로우, 덤벨 쉬러그, 바벨 쉬러그
하체, 복근, 전신		백 스쿼트, 프론트 스쿼트, 바벨 런지, 덤벨 런지, 시티드 카프 레이즈, 힙 브릿지, 덩키 킥, 바벨 힙 트러스트(주동근:둔근), 업도미널 힙 트러스트(주동근:하복부), 루마니안 데드리프트, 스티프 레그 데드리프트, 컨벤셔널 데드리프트, 덤벨 사이드 밴드, 크런치, 레그 레이즈, 오블리크 크런치, 시티드 니업, 리버스 크런치, V–싯업, 와이드 스탠스 스쿼트, 풀(딥) 스쿼트, 플랭크, 사이드 플랭크
실전기술 (20)		(남) 프론트 더블 바이셉스, 프론트 랫 스프레드, 사이드 체스트, 백 더블 바이셉스, 백 랫 스프레드, 사이드 트라이셉스, 업도미널 앤 타이
		(여) 프론트 포즈, 사이드 체스트, 백 포즈, 사이드 트라이셉스

02 기술분류(2급 전문스포츠지도사)

대분류		세부 기술
상체, 가슴/팔	(80)	바벨 벤치 프레스, 덤벨 벤치 프레스, 덤벨 플라이, 덤벨 풀오버, 클로즈 그립 푸쉬업, 덤벨 컬, 해머 컬, 바벨 컬, 컨센트레이션 컬, 리버스 그립 바벨 컬, 얼터네이트 덤벨 컬, 얼터네이트 해머 컬, 덤벨 리스트 컬, 바벨 리스트 컬, 스탠딩 바벨 트라이셉스 익스텐션, 라잉 바벨 트라이셉스 익스텐션, 원암 덤벨 오버헤드 트라이셉스 익스텐션, 시티드 트라이셉스 익스텐션, 덤벨 킥 백, 벤치 딥, 덤벨 리버스 리스트 컬, 바벨 리버스 리스트 컬, 푸쉬업
상체, 등, 어깨		벤트 오버 원암 덤벨 로우, 벤트 오버 바벨 로우, 언더 그립 바벨 로우, 뉴트럴 그립 투암 덤벨 로우, 바벨 굿모닝 엑서사이즈, 백 익스텐션, 바벨 밀리터리 프레스, 비하인드 넥 프레스, 덤벨 숄더 프레스, 덤벨 레터럴 레이즈, 덤벨 프론트 레이즈, 벤트 오버 레터럴 레이즈, 바벨 프론트 레이즈, 바벨 업라이트 로우, 덤벨 쉬러그, 바벨 쉬러그
하체, 복근, 전신		백 스쿼트, 프론트 스쿼트, 바벨 런지, 덤벨 런지, 시티드 카프 레이즈, 힙 브릿지, 덩키 킥, 바벨 힙 트러스트(주동근:둔근), 업도미널 힙 트러스트(주동근:하복부), 루마니안 데드리프트, 스티프 레그 데드리프트, 컨벤셔널 데드리프트, 덤벨 사이드 밴드, 크런치, 레그 레이즈, 오블리크 크런치, 시티드 니업, 리버스 크런치, V-싯업, 스쿼팅 바벨 컬, 와이드 스탠스 스쿼트, 풀(딥) 스쿼트, 플랭크, 사이드 플랭크
실전기술 (20)		(남) 프론트 더블 바이셉스, 프론트 랫 스프레드, 사이드 체스트, 백 더블 바이셉스, 백 랫 스프레드, 사이드 트라이셉스, 업도미널 앤 타이, 클래식 보디빌딩 쿼터 턴
		(여) 프론트 포즈, 사이드 체스트, 백 포즈, 사이드 트라이셉스, 여자 피지크 쿼터 턴, 보디 피트니스 쿼터 턴, 비키니 피트니스 쿼터 턴

◆ 구술검정

평가항목	• 규정 2개(40점), 지도방법 2개(40점), 태도(20점) • 지원자가 영역별로 문제지를 추첨하여 실시 • 70점 이상 합격(100점 만점)

◆ 구술평가 영역

01 2급 전문스포츠지도사

영 역	배 점	분 야	내 용
규정	40점	협회최신규정	경기인 등록규정, 도핑방지규정, 심판위원회규정
		종목소개 (운영, 규정, 진행)	보디빌딩, 클래식 보디빌딩, 남자 피지크, 클래식 피지크, 여자 피지크, 보디피트니스, 비키니피트니스
		스포츠 인권	스포츠폭력 및 성폭력
		생활체육 개요	목적과 기능, Sport For All, Fitness 운동, Aerobics 운동, Well-ness 운동
지도방법	40점	웨이트트레이닝	기본자세, 훈련별 · 부위별 지도방법
		과학적 지도방법	운동영양학, 운동생리학
		규정포즈	보디빌딩, 클래식보디빌딩, 남자 피지크, 클래식 피지크, 여자 피지크, 보디피트니스, 비키니피트니스
		응급처치	First Aid & CPCR, 응급상황 대처요령
태도	20점	자세	복장, 용모, 자신감, 표현력, 이해도, 태도
		신념	체육의 이해, 지도력, 적극성

02 1급 · 2급 생활스포츠지도사, 유소년스포츠지도사, 노인스포츠지도사

영 역	배 점	분 야	내 용
규정	40점	협회최신규정	경기인 등록규정, 도핑방지규정, 심판위원회규정
		종목소개 (운영, 규정, 진행)	보디빌딩, 클래식 보디빌딩, 남자 피지크, 클래식 피지크, 여자 피지크, 보디피트니스, 비키니피트니스
		스포츠 인권	스포츠폭력 및 성폭력
		생활체육 개요	목적과 기능, Sport For All, Fitness 운동, Aerobics 운동, Wellness 운동
지도방법	40점	웨이트트레이닝	기본자세, 훈련별 · 부위별 지도방법
		과학적 지도방법	운동영양학, 운동생리학
		규정포즈	보디빌딩, 클래식보디빌딩, 남자 피지크, 클래식 피지크, 여자 피지크, 보디피트니스, 비키니피트니스
		응급처치	First Aid & CPCR, 응급상황 대처요령
태도	20점	자세	복장, 용모, 자신감, 표현력, 이해도, 태도
		신념	체육의 이해, 지도력, 적극성

* 문제의 변경 및 추가가 있을 수 있습니다.
* 반드시 시행처의 최종 공고를 참고하시기 바랍니다.

Contents

QR영상으로 한눈에 보는 실기동작

상체, 가슴/팔(21동작)

01 바벨 벤치 프레스	02 덤벨 벤치 프레스	03 덤벨 플라이	04 덤벨 풀오버
05 클로즈 그립 푸쉬업	06 덤벨 컬	07 해머 컬	08 바벨 컬
09 컨센트레이션 컬	10 리버스 그립 바벨 컬	11 얼터네이트 덤벨 컬	12 얼터네이트 해머 컬
13 덤벨 리스트 컬	14 바벨 리스트 컬	15 스탠딩 바벨 트라이셉스 익스텐션	16 라잉 바벨 트라이셉스 익스텐션
17 원암 덤벨 오버헤드 트라이셉스 익스텐션	18 시티드 트라이셉스 익스텐션	19 덤벨 킥 백	20 벤치 딥
21 푸쉬업			

상체, 등, 어깨(16동작)

01 벤트 오버 원암 덤벨 로우	02 벤트 오버 바벨 로우	03 언더 그립 바벨 로우	04 뉴트럴 그립 투암 덤벨 로우
05 바벨 굿모닝 엑서사이즈	06 백 익스텐션	07 바벨 밀리터리 프레스	08 비하인드 넥 프레스
09 덤벨 숄더 프레스	10 덤벨 레터럴 레이즈	11 덤벨 프론트 레이즈	12 벤트 오버 레터럴 레이즈
13 바벨 프론트 레이즈	14 바벨 업라이트 로우	15 덤벨 쉬러그	16 바벨 쉬러그

하체, 복근, 전신(24동작)

01 백 스쿼트	02 프론트 스쿼트	03 바벨 런지	04 덤벨 런지
05 시티드 카프 레이즈	06 힙 브릿지	07 덩키 킥	08 바벨 힙 트러스트 (주동근: 둔근)
09 힙 트러스트 (주동근: 하복부)	10 루마니안 데드리프트	11 스티프 레그 데드리프트	12 컨벤셔널 데드리프트
13 덤벨 사이드 밴드	14 크런치	15 레그 레이즈	16 오블리크 크런치
17 시티드 니업	18 리버스 크런치	19 V-싯업	20 스쿼팅 바벨 컬
21 와이드 스탠스 스쿼트	22 풀(딥)스쿼트	23 플랭크	24 사이드 플랭크

실전기술

남성	**보디빌딩 규정 포즈** 01 프론트 더블 바이셉스 02 프론트 랫 스프레드 03 사이드 체스트 04 백 더블 바이셉스 05 백 랫 스프레드 06 사이드 트라이셉스 07 업도미널 앤 타이 **클래식보디빌딩 쿼터 턴 [2급 전문]** 01 프론트 포지션 02 쿼터 턴 라이트 03 쿼터 턴 백 04 쿼터 턴 라이트	
여성	**피지크 규정 포즈** 01 프론트 포즈 02 사이드 체스트 03 백 포즈 04 사이드 트라이셉스 **피지크&보디 피트니스 쿼터 턴[2급 전문]** 01 프론트 포지션 02 쿼터 턴 라이트 03 쿼터 턴 백 04 쿼터 턴 라이트 **비키니 피트니스 쿼터 턴[2급 전문]** 01 프론트 포지션 02 쿼터 턴 라이트 03 쿼터 턴 백 04 쿼터 턴 라이트	

memo

PART 01

보디빌딩 기본기 정복

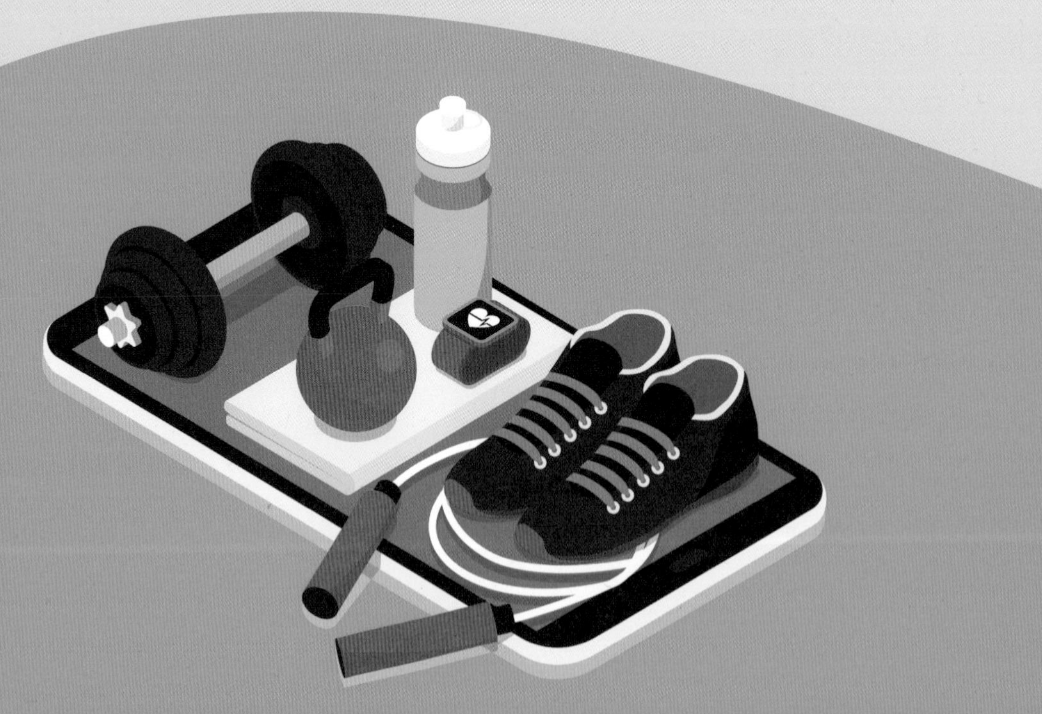

CHAPTER 01 기초이론

CHAPTER 02 트레이닝 기초

CHAPTER 03 웨이트 트레이닝 용어

CHAPTER 01

기초이론

1 보디빌딩의 정의와 역사

보디빌딩은 건강하고 균형 잡힌 강한 체력을 갖기 위한 일련의 운동으로 **중량이나 저항에 의해 자신이 잠재적으로 가지고 있는 근육들을 자극하여 팽창함으로써, 근섬유의 크기를 증가시키고 파워를 높여주는 운동**이다.

바벨, 덤벨, 익스펜더 등의 기구를 사용하여 신체를 단련하는 운동의 기원이 분명하지는 않으나 오늘날 시행되고 있는 웨이트 리프팅(역도)과 발생이 유사하다고 알려져 있다. 이러한 형태의 운동은 언제 시작되었을까? 그 발생에 대한 자료는 현재 자세한 문헌으로 전해 내려오는 것은 없지만, 대략 **기원전 2,500년의 옛날 이집트**에서 청년들 사이에 무거운 중량 들기 운동이 행해지고 있었다는 것과, **기원전 1,122~249년의 고대 중국 주조(周朝) 시대**에 군사를 위해 긴 활을 다루거나 검술과 더불어 중량 들기를 특수 검사 종목의 하나로 국가에서 규정하고 있었다는 기록이 전해지고 있다. 또 **고대 그리스, 로마 시대**에는 특히 검투사와 레슬링 선수들이 힘과 인내를 위해 보디빌딩 훈련을 했었다고 전해진다. 그들은 오늘날의 기구가 주는 혜택을 받지는 못했으나, 돌이나 통나무를 들어올리며 보디빌딩을 한 것으로 보인다. 이들에게 보디빌딩 훈련은 적자생존을 위해 필수였고, 신체적 발달과 능력에 생명을 걸고 있었다고 보아야 할 것이다.

보디빌딩을 조직화하고 체계화한 사람은 19세기 독일 출신의 철아령 체조 보급자 **유젠 센도**(Euegen Sandow: 1867–1925)이다. 해부학을 전공한 그는 체격과 신체의 강건함을 보여 줌으로써 보는 사람들로 하여금 전율을 느끼게 했으며, 보디빌딩의 결과가 어떤 것인지를 보여 주었다.
1950년경부터 보디빌딩에 관한 일련의 과학적인 연구에 의해 올바른 트레이닝을 하기만 하면 기능장애가 생기지 않을뿐더러 반대로 건강을 높이고 체력을 향상시킨다는 것이 확인됐다. 이 결과, 스포츠맨이 자신이 전문으로 하는 스포츠의 경기성적을 향상시키기 위해서 이 트레이닝을 채택하고 근력강화에 힘쓰게 되어 애호가의 수가 급속으로 늘어나게 되었다. 최근에는 보디빌딩을 통해 다이어트 효과를 얻고 체력을 높이려는 사람들이 점점 늘어나고 있다.

2 보디빌딩의 효과

(1) 신체기능의 강화

운동을 하게 되면 **혈류량이 증가**하고 피의 공급을 원활하게 받지 못했던 **신체 각 부분들이 혈액 공급을 받게 되어** 활력을 얻게 된다. 그리하여 새로운 세포와 근육 조직이 확장되는 것이다. 내분비 순환기능이 개선되면 신체의 다른 기능도 능률적으로 향상되기 때문에 질병에 대한 저항력 증가와 노쇠현상을 줄일 수 있다. 또한 체내 신진대사의 강화로 신경, 호흡, 순환, 생식, 소화, 배설 기능의 능률이 높아지는 것은 당연한 일이다.

(2) 기초체력의 향상

보디빌딩은 모든 스포츠의 기초 체력 향상에 도움을 주는 종목이다. 단단한 반석 위에 집을 짓는 것과 달리 모래 위에 집을 짓는 것은 기초 체력이 없는 신체로 스포츠 활동을 하는 것과 다름없다. 각종 스포츠 팀이나 최근에 많이 인기를 얻고 있는 종목도 시즌이 아닌 동절기나 경기가 없는 기간에는 보디빌딩 운동을 1주일에 2회 내지 3회 실시하고 있으며, 종목에 맞는 프로그램을 개발하여 사용하고 있다. 모든 파워와 스피드, 지구력은 완벽하게 발달된 근육에서 얻을 수 있으므로, 바벨과 덤벨을 이용한 웨이트 트레이닝은 필수적인 것이다.

(3) 유연성의 향상

보디빌딩은 동작범위를 가능한 길게 할 때 최선의 효과를 얻을 수 있다. 이렇게 함으로써 근육 섬유질을 최대한 많이 자극할 수 있다. 또한 어느 부위를 수축할 때, 반대쪽 근육을 최대한 긴장시켜야 유연성을 증가시키는 효과를 얻을 수 있다. 그러나 "최대의 유연성"을 얻기 위해서는 웨이트 트레이닝과 함께 유연성을 향상시키는 스트레칭이나 체조 등 유연성 강화 프로그램을 병행해야 한다.

(4) 근력과 심폐력의 향상

심폐력이란 훈련을 지탱하기 위해 **근육에 산소를 공급하는 순환기계통 및 심장과 폐의 능력**을 말한다. 산소공급 시스템이 근육으로부터 젖산 생성을 제거할 만큼 충분한 산소를 제공할 수 없기 때문에 갑자기 운동을 하면 힘이 든다. 젖산은 근육수축을 위한 에너지를 생산하는 과정에서 배출되는 일종의 쓰레기다. 하지만 충분히 산소를 공급해 주면 젖산은 에너지의 새로운 원천으로 재생된다. 보디빌더들은 기본 트레이닝과 병행하여 에어로빅 운동(자전거 타기, 달리기, 줄넘기)을 어느 정도 하지 않으면 안 된다. 심장과 폐, 순환기계통의 강화는 웨이트 트레이닝을 함에 있어 지칠 줄 모르는 체력을 제공해줄 것이며, 신체의 균형적인 발달을 도와줄 것이다.

3 여성과 남성 보디빌딩의 차이

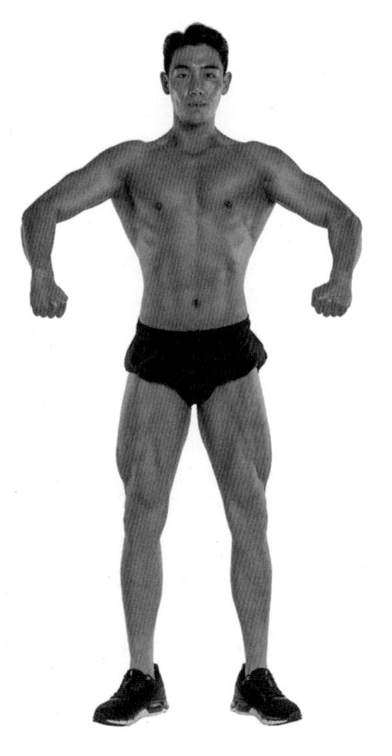

지방질 없고 탄력이 있는 피부의 소유는 현대 미의 척도이다. 보디빌딩 하면 울퉁불퉁하고 단단한 근육에 어깨가 벌어진 상태를 연상하지만 여성의 보디빌딩은 그런 것과는 거리가 있다. 남성의 경우 트레이닝으로 근력발달과 근비대를 이룰 수 있지만, 여성은 근조직의 활동성을 높이는 호르몬인 에스트로겐과 골격근의 긴장을 저하시키는 호르몬인 프로게스테론의 상반적인 기능이 작용되기 때문에 강인한 근육은 기대하기 어렵다. 여성의 올바른 보디빌딩은 지방질과 군살을 빼고 자세를 바르게 만들어 내분비 기능을 정상적으로 작용시켜 탄탄한 피부와 육체를 만드는 것이다.

여성들은 신체구성상 20~25% 정도의 지방 비율과 23% 정도의 근육 비율을 갖고 있다. 때문에 12~16%의 지방조직과 40%의 근육조직을 가지고 있는 남성에 비해서 지방은 2배, 근육은 1/2 정도밖에 되지 않으므로 기운을 쓰지 못하거나 무기력증에 빠지기 쉽게 된다. 또한 신진대사량도 떨어지기 때문에 절대로 살(근육)을 빼서는 안 되는 것이다. 신진대사가 떨어지게 되면 에너지 소비율이 떨어지게 돼서 운동의 효율이 그만큼 떨어진다는 결론이 내려진다.

그래서 여성 운동자에게 항상 체지방 비율을 줄이고 근육의 양을 늘리도록 권유하고 있다. 그리고 매일 체중계에 올라가지 않도록 해야 한다는 것을 강조한다. 이는 위에서 언급한 내용을 종합해 보면 잘 알 수 있을 것이다.

4 근육계

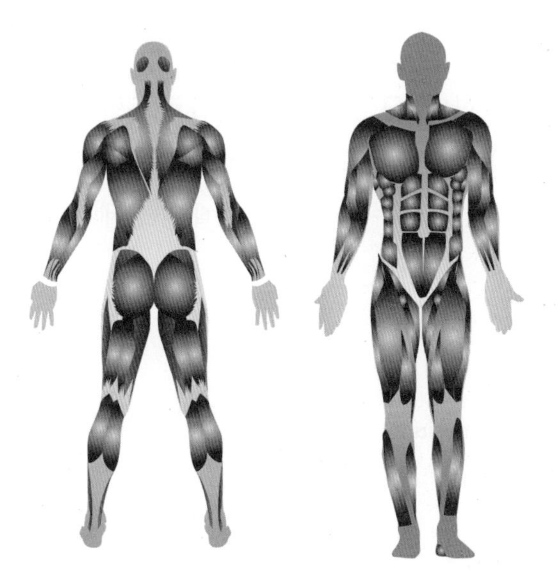

우리 몸의 운동은 근육이 수축하는 힘에 의해서 이루어진다. **근세포**가 자극을 받아서 흥분되면 그 흥분이 **근세포막**을 따라서 전달되고 그에 따라 **근섬유**가 화학변화를 일으켜 수축하게 된다. 즉 화학적 결합에너지가 기계적 운동에너지로 전환되는 것이다. 신체를 움직여서 위치를 이동하거나 자세를 변동하거나 또는 중력에 대항하여 체중을 지탱하게 하는 등 어떤 자세를 유지하게 하는 모든 근육을 **골격근**이라 한다. 이들 근육은 모두 골격에 부착되어 있다.

이와 같이 **근육계**는 능동적인 운동장치인 근계통을 취급하는 생리, 해부학의 한 부분으로 근은 조직학적으로 근조직으로 구성되며 수축과 이완에 따라 특별한 운동을 하게 된다. 이러한 인체의 운동은 아무리 단순한 것이라도 실제로는 하나의 근에 의해서 이루어질 수 없고, 여러 개의 협동근이 필요하다. **동일한 운동방향으로 작용하는 근군을 협력근**, 그 **반대방향으로 작용하는 근군을 길항근**이라고 한다.

근육은 인체의 모든 움직임을 조절하며 몸무게의 40~50% 이상을 차지한다. 우리가 흔히 근육이라고 부르는 것은 골격근을 말한다. 그러나 인체에는 다른 종류의 근육들도 존재한다. 평활근과 심장근이 그것인데 **평활근**은 대부분의 내장 기관과 혈관벽을 구성하고 있으며, **심장근**은 심장벽의 주요 부분을 구성하고 있다. 이러한 평활근과 심장근은 대뇌의 의식적 조절에 의해 움직이지 않으며 자율신경계에 의해 움직임이 조절된다.

우리가 보디빌딩을 통해서 발달시키려고 하는 것은 두말할 나위 없이 골격근이다. 골격근은 수축과 이완에 의한 의도적인 동작이 가능하며, 신체의 자유로운 동작과 자세 유지를 위한 힘을 생산하는 기본적 기능 외에도 다양한 기능을 갖고 있다. 골격근의 운동이 매우 다양하게 이루어질 수 있는 것은 근육과 관절의 형태에 의한 것이며, 신체는 약 400개 이상의 근육으로 이루어져 있다. 이처럼 많은 근육들 중에서 우리가 웨이트 트레이닝을 통해 발달시키려는 대표적인 근육들은 다음과 같다.

흉부	대흉근, 소흉근, 늑간근, 전거근
배부	광배근, 대원근, 극하근, 능형근, 척추 기립근
견부	승모근, 삼각근
상완부	상완근, 상완이두근, 상완삼두근
전완부	척측수근굴근, 요측수근굴근, 요측수근신근
복부	복직근, 내외복사근, 복횡근

근육이란 근섬유 조직이 다발 형태로 구성되어 있는 것을 말한다. **근섬유**는 **근원섬유**로, 근원섬유는 다시 **근세사**로 이루어져 있으며 모두 다발 형태를 띠고 있다. 근섬유를 구성하고 있는 근원섬유는 단백질 섬유인 여러 개의 근원세사로 되어 있는데 이러한 근원세사는 다시 가는 형태의 근세사와 두꺼운 형태의 근세사로 나누어진다.

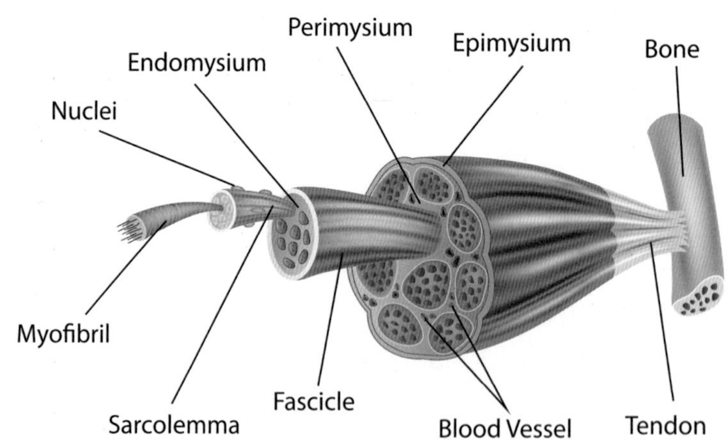

[골격근의 구조]

또한 우리가 장시간 걷거나 달리기를 할 때 사용되는 근육섬유와, 100m 달리기를 하거나 무거운 무게를 들어올릴 때 사용되는 근육섬유는 서로 다른 성질을 띠고 있는데, 이러한 근육섬유의 구성 비율은 유전적인 요인과 활동 기능에 의해 다르게 구성된다. 이러한 요인에 의해 똑같이 운동을 해도 근육의 성장이 빠른 사람과 상대적으로 근육의 성장이 느린 사람이 있다. 자신이 어떠한 근육을 가지고 있는가를 빨리 파악하고 그에 맞는 훈련 프로그램을 하는 것이 보다 큰 효과를 줄 수 있다.

(1) 근조직의 형태와 기능

근조직은 형태와 기능에 따라 다음과 같이 구분한다. 주로 골격근을 이루고 있는 수의근과 횡문근, 횡문이 없는 평활근인 **불수의근** 및 **심근**으로 분류된다. 불수의근은 의지와 관계없이 독립적으로 수축한다.

(2) 골격근(skeletal muscle)

골격근은 인체에서 체중의 약 40%를 차지한다(전신의 골격근은 약 650개). 골격근은 근의 기본 단위인 근섬유와 이를 결합하는 결합조직으로 구성되어 있다. 근세포의 특징은 그 속에 있는 매우 섬세한 **근원섬유**(myofibrils)와 이를 수용하고 있는 미분화 원형질인 **근형질**(sarcoplasm)과 이들을 싸고 있는 **근초**(sarcolemma)의 바로 밑에 다수의 핵이 있다는 점이다.

(3) 근육의 성질

골격근도 신경섬유와 마찬가지로 불응기를 나타내는데 그 기간은 하나의 유효자극이 가해진 후 약 0.005초 동안이다. 이 기간 동안 근육은 화학적, 물리석 회복이 이루어져서 다음의 자극에 대해 반응을 나타낼 수 있다.

근육조직의 특수한 성질

흥분성	중추신경으로부터의 자극에 대해서 반응을 일으키는 성질로 근육운동기능의 시초이다.
수축성	근육운동의 기본적인 기능으로서 근조직이 짧고 두꺼워지는 성질이다. 근육의 생명은 바로 이 수축성에 있다. 이런 근육의 수축은 칼슘(Ca) 방출에 의해서 이루어지고, 칼슘(Ca)이온의 제거에 의해 이완된다.
신장성	근육이 길어지며 힘을 내는 성질이다.
탄력성	운동을 일으키기 위해 수축된 근육이 운동이 끝난 다음 원래의 길이로 돌아가는 성질을 말한다.

5 운동반응과 트레이닝

(1) 수축운동의 형태

등척성 운동과 등장성 운동 그리고 등저항성 운동으로 구분할 수 있다.

① **등척성 운동:** 등척성 운동이란 근육의 길이에는 아무런 변화가 없이 단지 긴장만 초래하는 것으로서 '매달리기', '버티기' 등 등반 중 상체의 정지 동작에 도움을 줄 수 있다. 등척성 운동 방법으로 최대 근력의 약 2/3 정도의 힘을 발휘하면서 6 내지 10초 동안 동작을 유지하며 각 근육 부위마다 그러한 형태를 1회에서 5회 정도 반복, 1주일에 5회 이상 실시할 수 있다. 하지만 이러한 등척성 운동은 모든 근육을 운동시키기가 어렵고 혈압이 급상승하는 단점이 있다.

② **등장성 운동:** 등장성 운동이란 '웨이트 트레이닝'이나 '팔굽혀펴기', '턱걸이'와 같이 근육의 길이를 변화시키는 동적인 트레이닝으로서 근력 증가에 효과적이다. 등장성 운동의 훈련방법은 6회 내지 10회의 반복으로 1세트에서 3세트씩 1주일에 2회 내지 3회 실시한다. 등장성 운동은 운동 강도를 스스로 판단, 결정할 수 있고, 향상의 정도가 관찰되고 기록될 수 있다는 장점이 있으며 등척성 운동에 비해 주요 근육들을 운동시키기가 쉽고, 심리적으로 자극을 줄 수 있다. 근력을 향상시키기 위해서는 최대 근력의 60% 이상의 강도로 운동해야 하는데 예를 들어 최대 근력이 50kg인 사람은 30kg 이상의 부하로 운동해야 한다.

③ **등저항성 운동:** 등저항성 운동은 관절 부위가 일정한 속도로 움직이면서 근육이 힘을 발휘하고 또한 근육의 길이가 짧아지는 수축운동이다. 등저항성 운동이 위의 두 가지 운동방법과 다른 것은 고정이나 변화하는 저항이 아닌 적응하는 저항을 사용하여 운동하는 사람이 발휘하는 힘과 동일한 저항이 기계에 의해 제공된다는 것이다. 또한 등장성 운동은 근육의 길이가 짧아지는 수축운동만 하게 되나, 등저항성 운동은 밀거나 당기는 동작에서 저항하는 수축운동을 하기 때문에 하나의 운동으로 두 가지의 상반되는 근육을 운동시킬 수 있다. 하지만 이러한 운동기구는 상당히 고가이기 때문에 전문적인 트레이닝 장소에도 보급이 어려운 실정이다.

(2) 수축하는 근육의 형태에 따른 분류

① **등장성 수축:** 근육에 가해지는 힘은 일정하지만 근육의 길이가 변하는 수축이다.

㉮ 턱걸이, 윗몸일으키기, 팔굽혀펴기

② **등척성 수축:** 근육에 가해지는 힘이 변하며 근육의 길이에는 변화가 없는 수축이다.

㉮ 매달리기, 벽 밀기

③ **등속성 수축:** 근육근에 의해 발생한 힘이 물체의 저항력보다 커서 물체가 움직이고 근육의 길이도 변화된, 수축 속도가 일정한 수축이다.

㉮ 재활훈련 기구

6 운동의 역할

운동 중에도 에너지를 소모하지만 운동이 끝난 후에도 계속적으로 에너지를 소모한다. 근육강화운동이나 유산소운동은 다 같이 근육량을 증가시켜서 기초대사율을 높인다. 간혹 처음 본격적으로 운동을 하면서 약간의 체중 증가를 경험하곤 한다. 하지만 이것은 어디까지나 근육의 일시적인 증가에 의해서 발생되는 반응이다. 하지만 근육은 같은 무게에 대해서 지방과 비교하면 훨씬 부피가 작기 때문에 실제 운동을 했을 때 소모되는 지방량과 증가한 근육량은 서로를 상쇄하며 약간의 체중 증가와 눈에 띄는 신체사이즈의 변화를 유도한다. 증가한 근육량은 기초대사율을 높여서 자동적으로 소모되는 에너지량이 더욱 더 많이 늘게 되어 전반적인 체중 증가를 유도한다. 결국 체중 감소를 위해서는 균형 있는 식사와 적절한 운동이 함께 필요하다. 급격한 식사량의 감소보다는 적절한 양만큼의 에너지 섭취가 권장되며 동시에 운동을 포함한 활발한 신체활동이 바로 올바른 체중 감량의 핵심이다.

CHECK 건강한 체중 감소를 위한 권장사항

- 여자는 1,200칼로리 , 남자는 1,500칼로리 이하로는 식사량을 제한해서는 안 된다.
- 근육을 소모하지 않고 지방을 줄이기 위해서는 절대로 1주일에 1~2파운드 이상은 빠지도록 하면 안 된다 (1킬로는 2.2파운드).
- 운동을 처음 시작하는 경우 1주일에 4번~5번 정도 하루 5분~10분 정도부터 유산소운동을 시작하며, 이때 운동강도는 최대심박수의 약 60~70% 정도가 적당하다.
- 체력이 좋아짐에 따라 최대의 체중 감소 효과를 위해서 쉬지 않고 30분~60분 정도의 유산소운동을 최대심박수의 70~85% 정도의 수준에서 실시한다.
- 근육강화운동(웨이트 트레이닝)을 반드시 큰 근육을 포함하여 주 3일 격일제 간격으로 실시한다. 예를 들면 월, 수, 금 또는 화, 목, 토 중 하나를 선택한다. 근육강화운동은 근육량을 늘려서 다이어트 중에 근육이 손실되지 않도록 함과 동시에 기초대사율을 높여주고 신체의 외모를 좋게 만들어 준다.
- 항상 꾸준히 참고 즐기며 운동해야 한다. 한정적인 운동이 아닌 평생운동으로 하는 것이 좋으며 저지방 다이어트와 규칙적인 유산소운동, 근육강화운동을 생활화하는 것이 가장 이상적인 방법이다.

CHAPTER 02

트레이닝 기초

1 근육별 훈련

보디빌딩에서는 한 번의 훈련 동안 모든 신체근육을 훈련하지 않는다. 가슴, 어깨, 팔, 복부, 다리 등으로 나누어서 **한 번에 한 부위 또는 두 부위 정도만을 훈련**하는 경우가 대다수이다. 그리고 **한 부위에는 여러 가지의 운동을 복합**해서 하게 된다. 예를 들어서 가슴 근육의 발달을 위해서는 push up(팔굽혀펴기), dips(평행봉), bench press 등을 함께 해주는 것이다. 이처럼 한 번에 한두 가지 부위만을 훈련하는 것은 각 부위의 근육이 휴식할 수 있는 시간을 확보하고, 각 부위에 대한 보다 강도 높은 훈련을 보장하기 위함이다. 또한 여러 운동을 복합해서 한 부위를 훈련하는 것은 해당 근육의 균형적인 발달을 꾀하기 위함도 있다.

2 세트(Set)

세트는 **운동 강도를 결정하는 3대 요인인 weight, reps, set**의 하나로서, **하나의 세트**는 **한 가지 운동을 하면서 몇 번의 반복을 한 것**을 말한다. 예를 들어 여러분이 팔굽혀펴기를 쉬지 않고 열 번 정도를 하고 마쳤다면 그것이 한 세트가 된다. 그리고 잠시 쉬고 다시 열 번을 하면 그것이 두 번째 세트가 되는 것이다. 그래서 열 번 하고 쉬는 식으로 다섯 번을 했다면 10회 반복의 5세트를 했다고 말한다. 이는 운동 목적에 따라 다르게 하는데 일반적으로 운동을 할 때에는 부위별로 5~15세트 정도를 실시한다. 예를 들어 chest 운동을 할 경우 flat bench press 5세트, incline dumbbell press 4세트, decline bench press 4세트를 실시한다면, 가슴운동에 사용된 총 세트 수는 13세트가 된다. 초보자의 경우 한 부위별 10세트 정도 실시하는 것을 권장하는데, 대부분의 초보자는 운동에 대한 집중도가 떨어지기 때문에 10세트보다 적은 세트를 실시하면 충분한 자극이 이루어지지 않으며, 이보다 많은 세트를 실시하는 것은 체력의 한계로 인해 큰 의미가 없을 수 있다.
대근육과 소근육에 따라 권장 세트 수가 달라지기도 하는데, 등, 대퇴, 가슴 등 대근육 부위에는 좀 더 많은 세트 수를, 팔, 복근, 종아리 등 소근육 부위에는 상대적으로 적은 세트 수를 실시한다. 또한 무조건 많은 세트 수가 운동 효율을 높이지는 않으므로, 적절한 세트 수에 집중적으로 훈련하는 것이 바람직하다.

3 웨이트(Weight)

보디빌딩은 **저항 훈련**을 기본으로 한다. 즉 바벨, 덤벨 등의 중량을 가지고 훈련한다는 것이다. 바벨, 덤벨 등을 사용하지 않고 실시하는 pull up, chinning, push up, dips 등의 경우 자신의 체중이 중량이 된다.

바벨과 덤벨 등을 이용한 중량 훈련 시 처음에는 자신의 한계를 잘 모르고, 운동을 정확하게 하는 것이 중요하기 때문에 가벼운 것으로부터 시작한다. 운동감각을 익히고 자신의 능력치를 발견한 후에는 무게를 점차 늘리기 시작하면 된다.

초보자에게 적절한 무게는 한 번에 8~12회 반복할 수 있는 무게이다. 8~12회는 그냥 만들어진 숫자가 아니다. 근육 성장에 가장 효과적인 반복 횟수이다. 일반적으로 한 번의 운동 시 최대근력의 70% 정도로 한다. 최대근력의 70%의 힘은 8~12번의 반복을 할 수 있게 한다(근력을 키우려 하면 90%, 근력과 근량을 키우려 하면 80%로 함). 1, 2세트 때에는 좀 더 가볍게 15~20회 정도를 할 수 있는 가벼운 무게로 워밍업시켜 주는 것이 좋다.

또한 운동 종류에 따라 적절한 중량은 달라질 수 있다. 덤벨을 이용한 가슴운동이라 하더라도 덤벨 프레스와 같은 **다중관절운동(2가지 이상의 관절이 함께 움직이는 운동)**을 실시할 경우에는 좀 더 무거운 중량을 이용하여 훈련하는 것이 권장되며, 덤벨 플라이와 같은 **단순관절운동(1가지의 관절이 움직이는 운동)**을 실시할 경우에는 좀 더 가벼운 중량을 이용하여 훈련하는 것이 좋다. 이와 같은 예로 어깨운동에서 숄더 프레스와 레이즈 운동이 있다. 숄더 프레스는 다중관절운동이므로 좀 더 무거운 중량을, 프론트 레이즈나 사이드 레이즈 같은 운동은 단순관절운동이므로 좀 더 가벼운 중량을 이용하여 훈련한다. 중급자 단계에 이르게 되면 필요에 따라 2~5회 반복만 가능한 더욱 무거운 중량을 다루기도 하며, 어떤 경우에는 20회 이상의 고반복을 실시하기 위해 가벼운 중량을 선택적으로 사용하기도 한다.

4 바른 자세

웨이트 트레이닝에 있어 **올바른 자세**는 정말 중요하다. 근육의 효과적 발달, 부상 예방을 위해 올바른 자세는 아무리 강조해도 지나치지 않다. 늘 자신의 운동 자세에 대해 긴장하며, 잘 모르겠으면 반드시 트레이너에게 도움을 청하여 올바른 자세를 만들어야 할 것이다.

보디빌딩 트레이닝에서 대부분의 부상은 잘못된 자세에서 유발된다. 잘못된 자세로 트레이닝 할 경우, 그 부상이 즉각적으로 나타날 수도 있고, 잠재된 형태로 누적되는 경우도 있다. 즉각적인 부상은 오히려 쉽게 그 원인을 파악하고 치료, 추가 부상을 예방할 수 있지만 잠재된 형태로 누적될 경우 이는 쉽게 고치거나 예방하는 것이 어려울 수 있다. 또한 오랜 기간 동안 트레이닝을 실시하였지만 근육 성장이 매우 더디거나, 불균형한 근육 성장을 보인다면 이 또한 잘못된 자세에서 비롯되는 경우가 많다. 흔히 하기 쉬운 잘못된 자세의 예는 완전 가동 범위를 활용하지 않은 부분 반복, 의도적이지 않은 치팅, 척추 및 관절에 좋지 못한 자세 등이 있다. 운동 능력을 향상하는 것 못지 않게 완성된 자세를 만들어가는 것도 보디빌딩 트레이닝의 중요한 목표이므로 언제나 자신의 자세를 꼼꼼히 돌아보는 노력이 필요하다.

5 반복 속도

하나의 세트는 다수의 반복 횟수로 구성된다. 다수의 반복을 통해 한 번의 반복으로는 얻지 못하는 자극을 얻을 수 있는데, 반복의 속도에 따라 결과는 다르게 나타날 수 있다.

초보 단계에서는 **가급적 천천히 반복**하는 것이 좋다. 운동 상해의 염려가 적을 뿐 아니라 올바른 자세를 만들기에도 좋기 때문이다. 지나치게 빠른 반복 속도는 근육과 관절에 해를 끼칠 수 있지만, 중급 이상의 경력이 되면 필요에 따라 스피드 훈련을 실시하기도 한다. 최대한 빨리 반복을 수행하는 스피드 훈련을 통해 파워를 향상시킬 수 있기 때문에, 벤치프레스나 스쿼트와 같이 무거운 중량을 다루는 훈련에서, 최대 중량을 증가시키는 목적으로 실시하게 된다.

최대 중량이 증가한다는 것은 곧 근육에 주어지는 저항이 더욱 커진다는 것을 의미하기 때문에 장기적으로 근육 성장의 토대를 마련할 수 있게 된다. 이와는 달리 고급 훈련 방법으로 반복 속도를 극도로 느리게 하여 실시하기도 한다. 주로 HIT 훈련 방법에서 사용되는데, 근섬유에 최대한의 자극을 줄 수 있어 파워나 근력 발달보다는 근육의 성장에 주 목표를 두는 방법이다. 아울러 운동 목표에 따라 반복의 횟수가 달라지기도 한다. 보통 근력 발달을 주 운동 목표로 할 경우 1~6회 반복이 가능한 중량으로 훈련하며, 근육의 매스 형성을 주 운동 목표로 할 경우 6~15회 반복이 가능한 중량으로, 근지구력과 운동신경발달을 주 운동 목표로 할 경우 15~30회 반복이 가능한 중량으로 실시하게 된다.

6 호흡법

호흡은 올바른 자세와 함께 가장 먼저 익혀야 할 중요 포인트이다. 한 번의 반복을 하게 되면 힘을 쏟게 되는 시점(근육이 수축되는 시점)과 힘을 풀게 되는 시점(근육이 이완되는 시점)이 있는데 **힘을 쏟을 때 숨을 내쉬고, 힘을 풀 때 숨을 들이 마신다**. 팔굽혀펴기를 예로 들면, 바닥으로 내려갈 때에는 근육이 이완될 때이므로 숨을 들이 마시고, 다시 바닥으로부터 올라올 때에는 힘을 쓰며 근육이 수축될 때이므로 숨을 내쉰다. 턱걸이를 할 때에는 올라갈 때 숨을 내쉬고 내려올 때 숨을 들이 마신다.

이러한 호흡법의 기본은 보통 숨을 내쉴 때, 복근을 비롯한 아랫배에 힘이 들어감으로써 몸통을 강하게 만들어주므로 보다 강한 힘을 낼 수 있게 하는 것이다. **중상급자의 경우**, 호흡이 2단계가 아닌, 3단계로 이루어지기도 하는데 즉 내쉬고, 들이 마시는 것이 아니라, **들이 마시고, 잠깐 멈춘 후, 내쉬는 방법**이다. **발살바 매뉴바(Valsalva maneuver)**라고 하는 방법으로 숨을 멈추고 복강에 강한 압력을 주어 척추에 무리가 가지 않게 단단히 고정시킴으로써, 보다 강한 힘을 낼 수 있게 해준다. 주로 squat, deadlift 같이 전신을 활용한 운동 종목에서 강한 파워를 필요로 할 때 사용된다.

7 세트 간의 휴식시간

한 세트를 마치고 나서 다음 세트를 할 때에는 보통 45~90초 정도를 쉰다. 좀 더 무거운 무게를 들고자 할 때에는 2분 정도 쉬면 된다. 최대 중량을 도전할 경우 5분 가까이 휴식을 취하기도 한다. 다만 이러한 세트 간 휴식시간은 운동 종목에 따라서도 달라지는데, 대근육을 목표로 한 2개 이상의 관절을 사용하는 다중관절운동 시에는 좀 더 긴 휴식 시간을 갖게 되고, 소근육을 목표로 한 1개의 관절을 사용하는 단순관절 운동 시에는 상대적으로 짧은 휴식 시간을 갖게 된다. 그리고 세트 간 휴식시간에는 가만히 앉아있는 것보다는 운동 부위에 대해 가벼운 스트레칭을 실시하여 근육의 유연성을 확보하는 것이 도움이 된다. 또한 일정한 호흡을 유지하여 긴장을 지속하는 것도 필요하다.

8 훈련 빈도

훈련 빈도는 근육의 성장 원리와 관련이 깊다. 근육은 웨이트 트레이닝을 통해 주어진 근섬유의 미세한 손상이 회복되는 과정에서 성장, 발달하게 되는데 미처 회복이 채 이루어지지 않은 상태에서 반복적으로 훈련이 이루어지게 되면 성장, 발달의 속도가 더뎌지게 된다. 일반적으로 근육은 훈련 후 완전히 회복되기까지 최소 48시간, 많게는 2주, 3주가 걸린다고 알려져 있다. 그러므로 월요일에 가슴 운동을 하였다면 최소한 그 다음날에는 가슴 운동은 하지 않는 것이 좋다.

우수한 보디빌더들은 한 부위당 일주일에 1~2회 정도로 분할훈련을 철저히 지키며 트레이닝한다. 다만 초보자의 경우 운동에 대한 집중도가 떨어지기 때문에 1회 트레이닝 시 가해지는 근섬유의 자극이 적은 편이므로 주당 2~4회까지 같은 부위를 훈련하는 것도 좋다. 이런 측면에서 보디빌딩을 처음 하는 경우 하루는 상체를 하고, 하루는 하체 그리고 하루 휴식하는 것을 많이 권장한다. 또는 서킷트레이닝(circuit training)이라 하여, 하루에 전 신체부위를 골고루 훈련하는 방법을 사용하기도 한다. 유산소 운동 차원에서 또는 신체 전반의 운동 능력 향상을 위해 하는 방법이다.

9 훈련 시간

보디빌딩은 어떤 스포츠보다 과학적인 기반을 중요하게 여기는 운동이다. 많은 스포츠 종목의 수행 능력은 장기간에 걸친 반복적인 연습이 가장 중요한 발달 요인이지만, 보디빌딩만큼은 이에 해당되지 않는 종목이다. 물론 일정량 이상의 체계적인 반복 연습이 필수임은 틀림없지만 수행 능력의 향상보다는 근육의 양을 늘리는 것에 우선적인 목표를 두게 되므로, 과학적으로 검증된 기준을 일반적으로 적용하여 훈련 시간 등의 훈련량을 설정하게 된다. 한 부위당 훈련 시간이 한 시간을 넘어가지 않는다는 것과 전체 운동 시간이 두 시간을 넘어가지 않는다는 것이 일반적인 가이드라인이다. 그리고 이는 중상급자에 해당하는 내용으로써, 초보자의 경우 이보다 더 짧은 훈련시간이 권장되기도 한다.

10 운동 시 유의사항

어떤 운동을 새롭게 시작하려고 할 때, 특히 최근 몇 년간 아무런 운동을 하지 않다가 처음 시작하는 경우라면 반드시 자신의 건강 상태와 체력 상태에 맞추어 운동을 해야 한다. 처음부터 무리해서 운동하게 되면, 각종 운동 상해와 부상을 입을 수 있으며, 이러한 경험을 하게 된다면 운동에 대한 나쁜 편견만을 가지게 될 것이다. 보디빌딩은 운동을 하면 할수록 그 결과가 즉시 자신의 몸을 변화시키는 형태로 나타나기 때문에 대부분의 사람들은 운동 초기에 대단히 놀라운 경험을 하고, 이러한 경험은 강력한 열정의 근원이 된다.

이때 흔히 하기 쉬운 실수가 자신의 신체 능력의 조건을 감안하지 않고 무리한 운동을 하는 것이다. 이렇게 되면 오히려 효과가 반감될 수 있으며, 이로 인해 운동에 대한 흥미를 잃게 되기도 한다. 많은 운동들이 그러하겠지만, 보디빌딩 역시 운동 경력에 따른 내공이 매우 중요한 운동이다. 단기간에 모든 목표를 이루려 하지 말고, 오랜 시간동안 운동을 즐기면서 하는 것이 가장 좋다.

(1) 초보가 유념할 사항

① 근육 성장은 보디빌딩의 궁극적 목표이며, 운동의 좋은 자극제가 될 수도 있겠지만 반대로 운동을 포기하게 만드는 요인이 되기도 한다. 대부분의 보디빌딩 선수들이 가지고 있는 유전자, 훈련 조건, 영양 조건을 온전히 갖추지 못한 초보 보디빌더들에게 근육의 성장만을, 그것도 단기간에 완성을 목표로 트레이닝하는 것은 오히려 운동 스트레스의 원인, 나아가 운동을 그만두게 하는 요인이 된다.

② 보디빌딩은 단기간에 결과를 보여주는 운동이 아니다. 웨이트 트레이닝 자체를 즐기는 운동 습관 속에서 절제된 생활을 유지하는 것이 건강한 인생뿐 아니라 근육 성장에도 효과적이다.

③ 근육 성장에 일희일비하는 사람들이 가장 많이 하게 되는 실수는 자신의 프로그램을 자주 변경하는 것이다. 신체 전반을 모두 활용하는 트레이닝 – 데드리프트, 스쿼트, 클린 등 – 을 통해 신체 각 부위의 협응 능력을 발달시키는 것도 의미 있는 일이며, 근골격계의 피로뿐만 아니라 운동신경계의 누적된 피로를 해소하기 위해 한 번에 신체 전반을 활용한 트레이닝을 하고, 2~3일 동안 완전 휴식을 취하는 방법도 좋은 방법이다. 특히 근육 성장만을 위한 트레이닝이 아니라, 스포츠 능력을 향상시키고자 웨이트 트레이닝을 실시할 경우에는 부분 훈련보다 전신 훈련이 더 효과적이다.

(2) 안전 수칙

건강한 육체를 만들기 위해서 열심히 땀을 흘리는 사람에게 가장 두려운 것은, 운동 중 부상을 당하는 것이다.

보디빌딩은 다른 스포츠 종목에 비해 안전한 스포츠에 속하는 편이며, 오히려 여러 종류의 부상을 방지해주는 역할을 하기도 한다. 그러나 무거운 중량을 다루는 특성상, 작은 방심이나 부주의로 인하여 상당히 심각한 부상을 얻을 수도 있다.

① 바벨을 사용할 때는 조임쇠(칼러, collar)를 꼭 끼운다.

② 운동 중 호흡을 멈추지 않고 리드미컬한 호흡을 유지한다.

③ 장갑, 웨이트 벨트, 신발은 최소한의 안전 장비이다.

④ 올바른 자세를 유지한다.

⑤ 준비운동과 정리운동을 철저히 한다.

⑥ 웨이트 기구로 장난을 치지 않는다.

⑦ 원판이나 덤벨을 집어 올릴 경우 무릎을 구부리고 허리를 편 동작으로 한다.

⑧ 무거운 중량을 들기 전에는 워밍업 세트를 최소한 2세트 실시한다.

⑨ 신체적, 정신적으로 매우 피곤하여 집중력이 떨어진 상태에서는 트레이닝을 하지 않는다.

⑩ 보디빌딩에 관련된 지식을 많이 습득하여, 자신의 몸 상태에 대해 잘 알아야 한다.

11 대회 출전 기본

(1) 체급

보디빌딩의 체급은 신장 구분제였다. 종전의 세계선수권대회도 키에 따라 C급(short: 短身部)은 1.65m까지, B급(medium: 中身部)은 1.72m까지, A급(tall: 長身部)은 1.72m 이상으로 구분하였다. 그러나 1979년부터는 **체급별**로 변경되었다. 1983년부터 신설된 **밴텀급(65kg까지)**을 비롯하여 **라이트급(70kg까지) · 미들급(80kg까지) · 라이트헤비급(90kg까지) · 헤비급(90kg 이상)**으로 구분되며, 한국도 이에 준한다. '미스터 유니버스'나 '미스터 아시아'는 각 체급별로 선발되어 각기 칭호가 주어지나, '미스터 코리아'에서는 각 체급별 우승자 중에서 최고 득점자 1명에만 칭호가 주어진다. '미스터 올림피아'는 '미스터 유니버스'보다 한 차원 높은 수준이다. 1965년부터는 무차별제이던 것이 1974년부터는 90kg 이하의 경량급과 그 이상의 중량급으로 나누어 선발하고 있다.

(2) 심사

보디빌딩의 선발에서는 IFBB **규정**이 적용되나, 세부적으로는 각 선발대회마다 적절한 시행규칙에 따라 운영된다. 신체 각 부위는 원칙적으로는 24시간 전에 계측되어야 한다. 실지로는 각자의 기재 · 신고에 맡기고, 체중계측으로 체급구분만 하고 있다. 이에 비해 한국의 심사방법은 각 개인별로 심사대에 등장하여, 바른 몸가짐으로 체격의 전면 · 측면 · 후면 · 측면(먼저 보인 측면의 반대쪽)을 보인다. 자연 그대로의 포즈여야 하며, 의도적으로 지나친 긴장 · 수축 등을 보이면 퇴장당한다. 이후 진행 신호에 따라 60~90초 동안 근육의 발달상태 등을 자유로운 포즈로 보인다. 채점은 각 부분의 균형 · 조화부문(자연미 · 용모 · 태도)에서 20점, IFBB의 지정 포즈 6가지 부문에서 20점, 근육의 발달상(이두박근 · 삼두박근 · 삼각근 · 전완근 · 승모근 · 대흉근 · 활배근 · 경근 · 복직근 · 대퇴근 · 삼두퇴근 · 이두퇴근 · 비장근)을 보이기 위한 자유 포즈 부문에서 20점이 배점되어 있다. 이와 같이 3개 장면(자연미 · 지정 포즈 · 자유 포즈)의 성적을 합계하여 순위를 정하되, 동점의 경우에는 동점자끼리 다시 자유 포즈를 취하게 하여 우열을 정한다.

CHAPTER 03

웨이트 트레이닝 용어

<table>
<tr>
<td>1</td>
<td>그립
(Grip)</td>
<td>그립이란 쉽게 말해 바를 잡는 손의 모양을 말한다. 그립은 운동종목과 중량에 따라 달라지는데 대부분은 오버(Over)나 언더(Under) 그립이며 섬레스(Thumbless) 그립은 운동을 손쉽게 해주고, 리버스(Reverse) 그립은 무거운 웨이트를 들 때에 사용한다.
• 와이드 그립: 바를 잡을 시 넓게 잡는 그립
• 내로우 그립: 바를 잡을 시 좁게 잡는 그립
• 언더 그립 : 바를 아래쪽에서 잡는 그립(예 바벨 컬)
• 오버 그립 : 바를 위에서 잡는 그립으로 헬스에서 가장 많이 잡는 그립 (예 벤치프레스)
• 리버스 그립 : 한 손은 오버, 다른 한 손은 언더로 서로 엇갈려 잡는 그립 데드시프트같은 고중량을 들어 올릴 시 언더 그립 이상의 그립 안정감을 요할 때 사용됨
• 섬레스 그립 : 다섯 손가락을 모아 잡는 그립으로 벤치프레스나 비하인드 넥 프레스 같은 미는 운동 시 효율적으로 잡는 그립
• 훅 그립 : 엄지손가락을 집게손가락과 가운뎃손가락으로 누르면서 잡는 그립 

언더 그립 

오버 그립 

리버스 그립</td>
</tr>
</table>

1	그립 (Grip)	섬레스 그립(Thumbless Grip) 훅 그립(Hook Grip) 뉴트럴 그립(Neutral Grip)
2	근지구력	일반적으로 지구력에는 **근지구력**과 **전신지구력** 모두가 포함되는데 이것은 각기 별개이다. 근지구력이란 어떤 근육이 계속 힘을 지속할 수 있는 능력을 말한다. 이에 비하여 전신지구력은 흔히 말하는 지구력으로 어떤 운동을 지속할 수 있는 능력을 말한다.
3	내전(Pronation)과 외전(Supination)	팔이나 어깨 근육에 효과적인 자극을 주는 방법으로 **프로네이션**(Pronation)과 **슈피네이션**(Supination)이 있다. 이것은 근육이 풀 컨트렉션(최대 추축)한 후에 다시 비트는 동작을 넣어 보다 강하게 근육을 자극시키는 것이다. 예를 들어 덤벨 컬을 할 때 팔꿈치를 최대로 굽힌 상태에서 상완이두근을 풀 컨센트레이션하는데 이 상태에서 다시 엄지손가락을 바깥쪽을 향하도록 비틈으로써 상완 이두근을 보다 강하게 수축시킬 수 있다. 이것이 슈피네이션이다. 이와는 반대로 엄지손가락을 내전시키면서 비트는 동작이 프로네이션인데, 예를 들어, 사이드레이즈에서 덤벨을 최상점까지 들어 올린 후 새끼손가락을 약간 위로 올리는 동작을 가미하면 삼각근을 보다 강하게 수축시킬 수 있다.
4	다관절운동	일반적으로 1개의 관절만 움직이는 운동을 1관절운동, 2개의 관절은 2관절운동, 그 이상은 **다관절운동**이라고 한다. 관절 수가 많아지면 그만큼 사용하는 근육의 수도 많아져서 다루는 웨이트의 무게도 무거워진다. 헬스의 3대 운동인 데드리프트, 스쿼트, 벤치프레스가 다관절운동에 속하며 스트레칭 워밍업 후 본운동(중량운동)에 들어갈 때 첫 종목, 첫 세트는 저중량 고반복 다관절운동으로 시작하는 것이 좋다.

5	데피니션 (Definition)	근육의 명확성을 말한다. 근육 위에 덮여 있는 체지방을 고강도의 훈련과 엄격한 다이어트, 그리고 수분조절을 통해 걷어냄으로써 나타나는 근육의 선명도이다. 흔히 근육의 윤곽이 선명하게 나타날 때 "데피니션이 좋다"고 한다.
6	로크(Lock)	관절을 완전히 뻗어 고정하는 것을 말한다. 초보자는 가동 범위 전체를 사용한다는 의미에서 의식적으로 해야 한다.
7	분할운동	몸을 각 부분으로 나누어 각 부분에 적당한 훈련을 하는 것이다. 예를 들어 이두근 한 가지의 운동에 세 가지 방법을 병용하는 것이다. 이렇게 함으로써 각 근육부위를 고르게 발달시키며 근육별 효과적인 휴식이 가능한 프로그램 작성에 용이하다.
8	수의근과 불수의근	자신의 의지대로 움직일 수 있는 근육을 **수의근**이라 하고 의지로 움직일 수 없는 근육을 **불수의근**이라고 한다. 웨이트 트레이닝으로 단련하는 근육은 수의근으로 골격근이라고도 한다.
9	쓰리 모어 랩스 (Three More Reps)	자신이 한계점에 도달했다고 의식한 시점에서 보조자를 동반하여 안정을 확보하면서 다시 3회를 더 실시하는 방법이다. 반복이 불가능할 것처럼 생각될 때도 실제로는 약간의 여력이 남아 있기 때문에 이것을 끌어내어 올아웃(All out)하는 것이다.
10	오버 로드 (Over Load)원칙	근육은 평소에 사용하는 이상의 부하를 받으면 그 수준에 견딜 수 있을 때까지 운동능력을 향상시키려는 생리 기능을 가지고 있다. 예를 들어 최대 70kg의 바벨을 들려고 노력하면 근육은 75kg의 부하에 대하여 적응하기 위해 운동 능력을 높이려고 한다. 이러한 보다 강한 부하를 **오버로드(과부하)**라고 한다.
11	오버 트레이닝 (Over Training)	**오버 트레이닝**은 지나친 의욕으로 운동의 양과 빈도, 강도가 증가하고 이것이 휴식 없이 반복될 때 신체의 손실 및 정신적인 손실이 생겨나는 것을 말한다. 신체적으로 근육의 염증이나 통증이 동반되고 근육의 손실이 생겨나며 정신적으로 무력감과 의욕상실 등의 증상이 나타난다. 오버 트레이닝을 예방하는 방법은 충분한 휴식과 자신에게 알맞은 운동 프로그램을 선택하는 것이다.
12	초강도 회수법	초강도 회수법은 정신적, 육체적 도전의 새로운 기회를 제공해준다. 다분히 실험적인 프로그램 훈련으로서 극도의 정신력을 요한다. 초강도 반복훈련이라고도 하며 각 세트당 100회의 반복훈련을 의미한다. 100회를 쉬지 않고 운동하는 것으로서 물론 중량은 계속할 수 있을 정도의 가벼운 무게로 실시하여야 한다. 약 10회 정도 반복 시 사용하는 중량의 약 20~30% 무게의 중량으로 실시한다. 이것은 고도의 훈련이기 때문에 완벽한 지식과 트레이닝 파트너의 도움이 필요하며 근육구조가 성숙된 선수들에게 적합하다.

13	초과 회복	트레이닝 후에 일정기간 휴식하면 체력 수준이 한동안 운동하기 전보다 높아진다. 이것을 **초과 회복**(Super Compensation)이라고 한다. 트레이닝에 의해 소모된 체력은 그 후의 충분한 휴식과 영양 보충에 의해 서서히 회복되어 트레이닝 전의 수준에 도달하는데 여기서 머무는 것이 아니라 다시 일정 기간 향상을 계속한다. 그리고 어느 수준에 도달하면 서서히 저하되어 최종적으로 트레이닝 전과 같은 상태에 머무르게 된다. 따라서 항상 초과 회복기를 겨냥하여 트레이닝을 하면 체력은 연속적으로 상승된다.
14	포지티브 무브먼트 (Positive Movement), 네거티브 무브먼트 (Nagative Movement)	저항력과 반대 방향으로 운동하는 동작을 **포지티브 무브먼트**, 저항력과 같은 방향으로 운동하는 동작을 **네거티브 무브먼트**라고 한다. 근육에 보다 효과적인 자극을 주기 위해서는 포지티브, 네거티브 모두로 근육의 긴장을 유지하는 것이 중요하다. 예를 들어 바벨 컬을 할 때 저항 방향이 중력에 의해 아래로 향하기 때문에 바벨을 위로 들어 올리는 동작이 포지티브, 아래로 내리는 동작이 네거티브이다.
15	치팅 (Cheating)	근육으로부터 자극을 제거하는 것이 아니라 자극을 증가하는 하나의 방법이다. 쉽게 말해서 정확한 동작으로 실시해야 하는 운동을 반동을 이용해서 실시하는 것을 말한다.
16	슈퍼 세트	길항관계에 있는 두 근육의 운동을 한 세트로 묶어서 휴식 없이 연속적으로 실시하는 훈련법으로 근육에 펌핑을 가하는 데 뛰어난 테크닉이지만 반복을 적게 하면 원하는 만큼의 펌핑이 생기지 않는다.
17	피라미드 세트	무게를 늘려감에 따라 반복 횟수를 줄여주는 훈련법으로 첫 세트는 대개 15회 반복 가능한 무게로 하며, 세트 수가 늘어감에 따라 8~12회, 최종적으로는 5~6회 반복 가능한 무게로 실시하는 훈련법으로 웨이트 트레이닝에서 가장 일반적으로 사용되는 운동방법이다.
18	디센딩 세트	반복 횟수를 더해감에 따라 무게를 줄여주는 훈련방법으로 드롭 세트라고도 한다. 처음부터 끝까지 양질의 과부하를 근육에 줄 수 있는 장점과 데피니션 향상에 효과적이지만 매우 힘든 방법이므로 자주 사용해서는 안 된다.
19	자이언트 세트	같은 부위의 운동을 휴식 없이 연속적으로 4~6개 정도 실시하는 훈련법으로 한 부위의 근육을 완전히 지치게 하기 위한 운동방법이다. 혈관의 확장과 근지구력을 높여 주며 높은 칼로리 소모량이 특징이다.
20	트라이 세트법	한 부위에 대해 세 가지 운동을 휴식 없이 연속적으로 실시하는 훈련법으로 각기 다른 각도에서 자극을 줄 수 있는 종목으로 한 세트를 구성하여 실시한다. 근 지구력을 높여주고 혈관을 확장시켜주는 장점이 있으나 이 기술은 아주 힘들기 때문에 보디빌딩 선수들이 대회 전에 아주 짧은 기간 동안 실시한다.

21	분할훈련 시스템 훈련원칙	몸 전체를 한 번에 효과적으로 훈련한다는 것은 불가능하기 때문에 운동 목적에 따라 서로 나눠 실시하는 훈련법으로 전통적인 분할 방법은 하루는 상체 운동을 하고 다음날은 하체 운동을 하는 것이다. 더욱 효과적인 방법으로는 3일 분할방식으로 푸시/풀/레그 방식으로 미는 동작이 주가 되는 가슴과 어깨, 삼두근을 같이 훈련하고 당기는 동작을 하는 등, 승모근, 이두근을 같이 하고, 대퇴사두근과 슬와근과 같은 다리 운동을 한다. 전체 훈련시간이 2시간 이상 넘지 않도록 한다(2시간 이상이 넘을 경우 오버트레이닝이 될 수 있다).
22	점진적 과부하법	점차적으로 훈련의 강도나 양을 늘려가며 훈련함으로써 근사이즈와 근력의 향상을 도모하는 훈련법이다.
23	근육 우선 훈련원칙	발달이 덜 되었거나 약한 부위를 먼저 훈련하는 방법으로 훈련 초기에 전력을 다하여 집중적으로 실시한다.
24	근육 혼돈법	운동의 방법과 순서, 세트 수, 기구 등의 변화를 주어 근육이 일정한 운동 방법에 적응되는 것을 막기 위한 운동 원리로써 훈련정체기를 극복할 수 있다는 장점이 있다.
25	선피로 훈련법	대근육을 단일 관절 고립 운동으로 미리 지치게 한 뒤, 복합 운동으로 근육을 더 피로하게 만드는 방법이다.
26	RM	RM이란 Repetition Maximum으로 최대 반복 가능횟수를 말한다.
27	과부하의 원리	일상적인 부하 이상의 자극을 가하여 운동효과를 높이는 것이다.
28	점진성의 원리	운동의 양이나 강도를 점차적으로 늘려나가며 운동하는 것이다.
29	반복성의 원리	일시적이 아닌 정기적으로 반복하여 운동의 효과를 높이는 것이다.
30	개별성의 원리	표준화되거나 획일적인 방법이 아닌 개개인의 체력, 건강, 기호, 특수한 조건을 고려하여 트레이닝하는 것이다.
31	식성의 원리	운동의 목적이나 목표 훈련 전반에 걸친 과정을 숙지하여 운동효과를 극대화시키는 것이다.
32	수성의 원리	운동의 대사적, 기능적 특수성을 고려하여 훈련의 목적에 부합된 내용과 방법을 바르게 선택하여 트레이닝하는 것이다.
33	등장성 수축	근육의 길이가 변하면서(짧아지면서) 힘을 발휘하는 근 수축(덤벨을 들어 올릴 때)이다.
34	등척성 수축	근육의 길이에는 변화가 없으면서 장력이 발생하는 근 수축(벽을 밀거나 손을 마주 밀 때)이다.
35	등속성 수축	운동의 전반에 걸쳐 일정한 속도로 근수축을 유도하는 것(일정한 장치를 이용한 재활 시)이다.

36	Set와 Lap	한 가지 운동을 한 번 실시한 경우를 한 세트라 한다. 그리고 Lap은 Set당 반복한 횟수를 말한다.
37	세퍼레이션 (Separation)	'분리, 구분'이란 의미로 개개의 근육을 구분하고, 각 근육의 강점과 취약점을 파악하여 선택적으로 근육을 증가시키는 것을 목적으로 한다.
38	서킷 트레이닝	저항운동을 두 개 이상 번갈아 가며 쉬지 않고 실시해 유산소 운동화 시키는 것이다. 심폐지구력과 체지방 연소에 도움을 준다.
39	인터벌 트레이닝	운동 중간에 충분한 휴식을 갖지 않고 가벼운 운동을 하면서 불완전한 휴식을 취하거나 피로가 충분히 회복되기 전에 다시 운동을 실시하여 운동의 지속능력을 높이고자하는 훈련방법으로 전신 지구력과 스피드를 기르는 운동이며, 인터벌 연습법, 구간훈련, 간격운동이라고도 한다. 주로 육상경기, 수영경기의 중 · 장거리 연습에 쓰이는 트레이닝법이다.
40	스탠스 (Stance)	서 있는 자세를 말하며, 어깨너비의 기본적인 발 보폭으로 서는 것을 스탠다드 스탠스(Standard Stance)라고 한다. 내로우 스탠스(Narrow Stance), 와이드 스탠스(Wide Stance), 인라인 스탠스(Inline Stance) 등이 있다.  스탠다드 스탠스  / 인라인 스탠스  내로우 스탠스  / 와이드 스탠스

memo

PART 02

보디빌딩
실기 정복

CHAPTER 01 상체, 가슴 / 팔 ◆

CHAPTER 02 상체, 등, 어깨 ◆

CHAPTER 03 하체, 복근, 전신 ◆

CHAPTER 04 실전기술 ◆

M스포츠지도사

상체, 가슴 / 팔(21동작)

QR 동작 모아보기

01 바벨 벤치 프레스
Barbell Bench Press

02 덤벨 벤치 프레스
Dumbbell Bench Press

03 덤벨 플라이
Dumbbell Fly

04 덤벨 풀오버
Dumbbell Pull-over

05 클로즈 그립 푸쉬업
Close Grip Push-up

06 덤벨 컬
Dumbbell Curl

07 해머 컬
Hammer Curl

08 바벨 컬
Barbell Curl

09 컨센트레이션 컬
Concentration Curl

10 리버스 그립 바벨 컬
Reverse Grip Barbell Curl

11 얼터네이트 덤벨 컬
Alternate Dumbbell Curl

12 얼터네이트 해머 컬
Alternate Hammer Curl

13 덤벨 리스트 컬
Dumbbell Wrist Curl

14 바벨 리스트 컬
Barbell Wrist Curl

15 스탠딩 바벨 트라이셉스 익스텐션
Standing Barbell Triceps Extension

16 라잉 바벨 트라이셉스 익스텐션
Lying Barbell Triceps Extension

17 원암 덤벨 오버헤드 트라이셉스 익스텐션
One Arm Dumbbell Overhead Triceps Extension

18 시티드 트라이셉스 익스텐션
Seated Triceps Extension

19 덤벨 킥 백
Dumbbell Kick Back

20 벤치 딥
Bench Dip

21 푸쉬업
Push-up

바벨 벤치 프레스

Barbell Bench Press

★★★

정복 POINT

• 주동근: 대흉근

• 장비: 벤치, 바벨

QR 동작

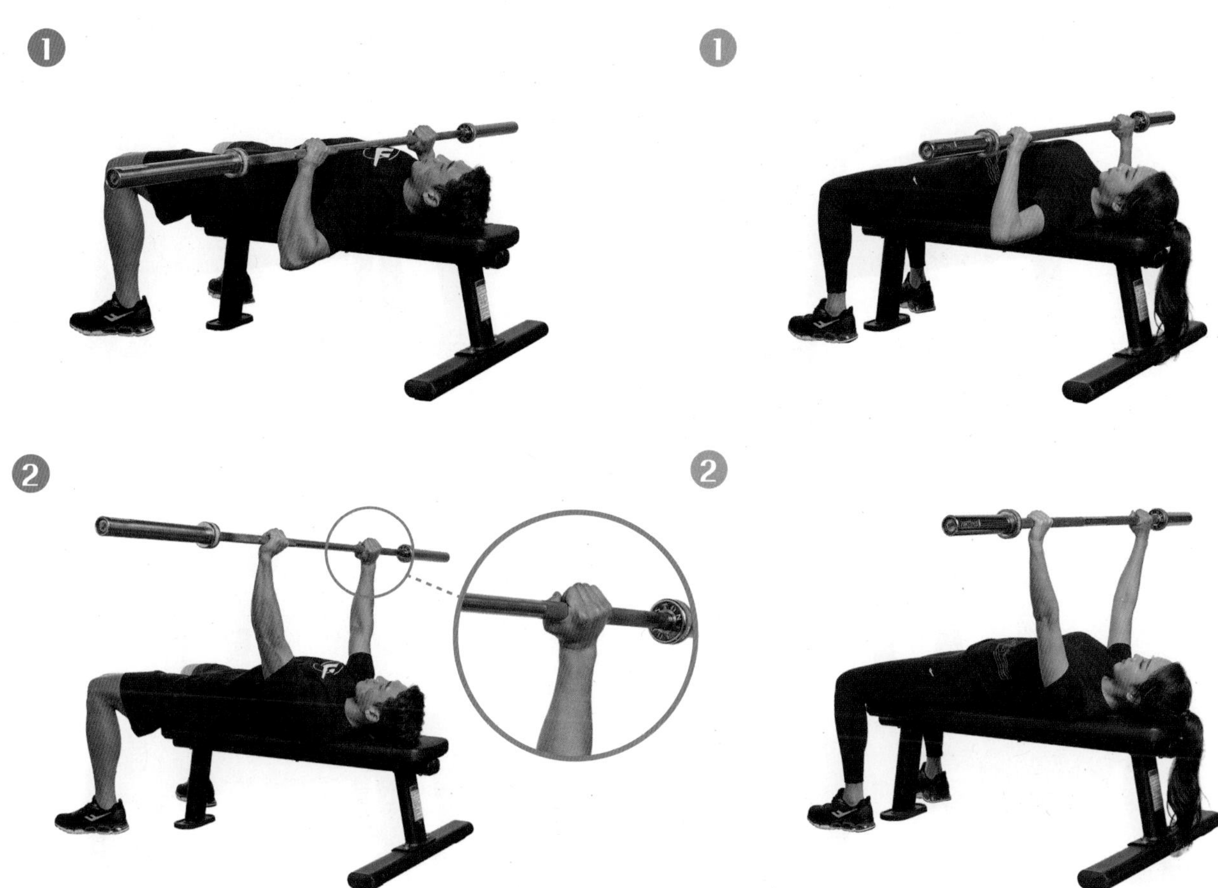

자세 바로 알기

- 등을 벤치에 대고 눕는다. 양손을 어깨너비보다 약간 넓게 벌려 오버핸드 그립으로 바벨을 잡고 팔을 완전히 편 상태로 가슴 위로 든다.
- 천천히 주의를 기울여 바를 일직선으로 내린다. 팔꿈치를 몸 가까이 붙여 아래로 내려왔을 때 상완이 몸통과 45도 각도를 이루도록 한다. 잠시 멈춘 후, 바벨을 일직선으로 밀어 처음 위치로 돌아온다.

세부 평가기준

① 바벨은 어깨너비보다 넓게 잡았는가? ○

② 벤치에 머리, 어깨, 엉덩이가 밀착되어 있는가? ○

③ 그립은 오버핸드 그립으로 정확히 잡고 있는가? ○

④ 바가 수직으로 보이도록 눕고 턱을 가슴으로 당겨 고정되어 있는가? ○

⑤ 팔꿈치와 어깨가 일직선이 되게 옆으로 펴고 손목이 뒤로 꺾이지 않았는가? ○

덤벨 벤치 프레스

Dumbbell Bench Press

★★★

정복 POINT

바벨 벤치 프레스에 비하여 가동범위가 넓기 때문에 가슴 바깥쪽과 안쪽을 고루 발달시킬 수 있으며 어깨와 팔꿈치 근육들의 협응력을 향상시킴

- 주동근: 대흉근의 흉골지
- 협력근: 전면 삼각근, 상완 삼두근

QR 동작

자세 바로 알기

덤벨을 내려주는 동작 시 팔꿈치와 손은 수직선상을 유지하고 팔꿈치를 펴는 동작 시 팔을 편다는 느낌이 아닌 가슴을 바깥쪽에서 안쪽으로 모아준다는 느낌으로 진행한다.

세부 평가기준

① 어깨는 고정되어 있는가? ◯
② 덤벨을 올릴 때 가슴을 수축하고 있는가? ◯
③ 팔은 정확히 밀고 있는가? ◯
④ 호흡은 덤벨을 내릴 때 들이마시고 올릴 때 내뱉고 있는가? ◯

상체, 가슴/팔

3

덤벨 플라이

Dumbbell Fly

★☆☆

정복 POINT

대흉근의 단순관절 운동으로, 대흉근의 양증가 운동보다는 분리 운동에 해당함. 고중량보다는 저중량으로 진행하는 것이 효과적임

• 주동근: 대흉근

QR 동작

❶

Not Good

무리한 가동범위 시 어깨통증을 유발할 수 있다.

❷

❶

❷

자세 바로 알기

• 운동 간 팔꿈치의 구부러짐은 일정하게 유지하고 어깨 관절에서의 움직임만을 이용하여 진행한다.

• 덤벨을 내려주는 동작 시 가슴근육에 긴장감이 유지될 수 있을 정도까지만 내려주며 진행한다.

세부 평가기준

① 어깨는 고정되어 있는가? ○

② 덤벨을 올릴 때 가슴을 수축하고 있는가? ○

③ 주관절의 굽힘 정도가 적정한가? ○

덤벨 풀오버

Dumbbell Pull-over

★★★

정복 POINT

덤벨 프레스나 덤벨 플라이만큼 대중적인 운동은 아니지만, 가슴 근육과 등 근육을 고루 발달시켜 흉곽을 넓게 만드는 데 효과적임

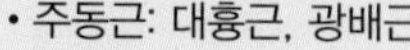
- 주동근: 대흉근, 광배근

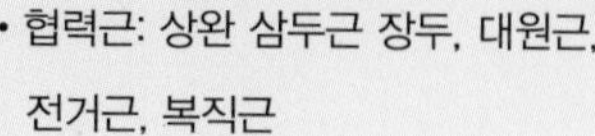
- 협력근: 상완 삼두근 장두, 대원근, 전거근, 복직근

QR 동작

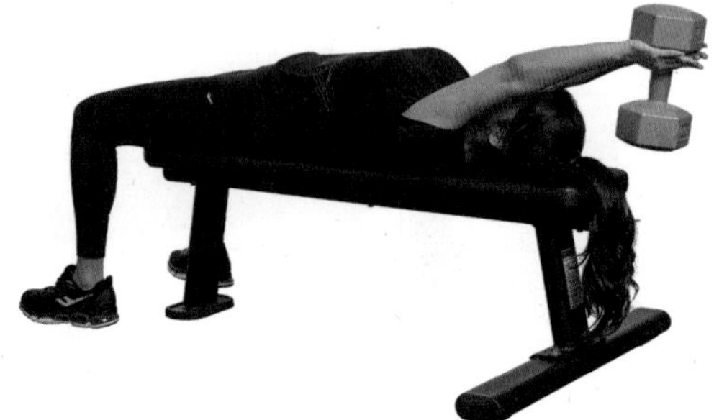

자세 바로 알기

- 운동 시 팔꿈치는 움직이지 않도록 하며 견관절을 이용하여 진행한다.
- 덤벨을 머리 뒤로 내리는 동작 시 과도하게 내릴 경우 어깨 부상을 초래할 수 있으므로 적당히 광배근의 긴장감을 유지할 수 있는 범위 내에서 진행한다.

세부 평가기준

① 양발이 어깨너비로 고정이 되어 있는가? ◯
② 팔꿈치 관절을 충분히 연 상태에서 수직이 되도록 팔을 올리는가? ◯
③ 팔이 바닥과 평행이 될 때까지 내리는가? ◯
④ 덤벨이 가슴 앞쪽으로 오면서 호흡을 내쉬는가? ◯

클로즈 그립 푸쉬업

Close Grip Push-up

★☆☆

정복 POINT

좁은 그립으로 실시하는 팔굽혀펴기 동작.
일반 푸쉬업보다 삼두근이 더 많이 개입됨

- 주동근: 대흉근, 상완 삼두근
- 협력근: 전면 삼각근

QR 동작

❶

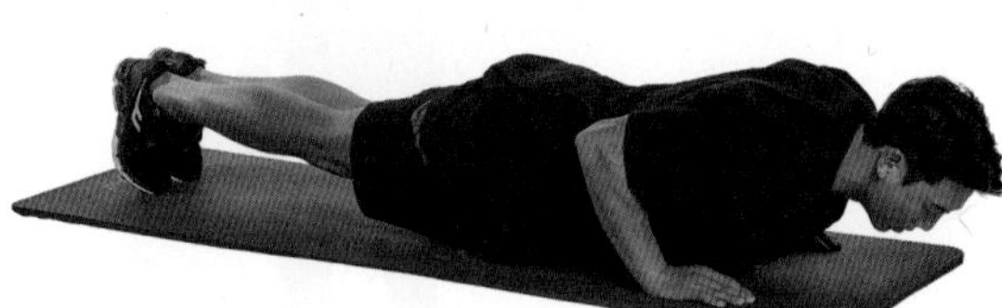

❶

❷

❷

자세 바로 알기

- 손의 위치는 가슴 중앙부위에 위치시켜 주며, 팔꿈치를 구부려 내려가는 동작 시 날개뼈가 뒤로 밀리지 않도록 주의한다.
- 근력이 없는 여성들은 무릎을 꿇고 진행한다.

세부 평가기준

① 그립은 어깨너비보다 좁게 위치하였는가? ○
② 내리는 단계에 팔꿈치가 몸통에서 멀어지지 않고 있는가? ○
③ 올리는 단계에 삼두근의 수축이 일어나는가? ○
④ 운동하는 동안에 몸통이 고정되어 있는가? ○
⑤ 머리, 어깨, 골반, 무릎, 발목 일직선을 유지하는가? ○

덤벨 컬

Dumbbell Curl

★☆☆

정복 POINT

어깨를 이용한 운동보다 이두근을 균형 있게 발달시켜주며, 근 선명도를 높여줌

- 주동근: 상완 이두근
- 협력근: 상완근, 상완 요골근, 전완근, 전면 삼각근

QR 동작

자세 바로 알기

운동 중 어깨와 팔꿈치가 움직이지 않도록 덤벨을 내려주는 동작 시 팔꿈치를 완전하게 펴지 말고 살짝 구부려 이두근에 적당한 긴장감을 유지한다.

세부 평가기준

① 팔꿈치가 어깨 뒤로 빠지지 않게 하고 있는가?

② 팔꿈치가 움직이지 않도록 고정하고 있는가?

③ 덤벨을 올릴 때 호흡을 내쉬고 있는가?

해머 컬

Hammer Curl

★☆☆

정복 POINT

전완근과 이두근의 사이즈를 증가시켜주는 데 효과적인 동작

- 주동근: 이두근
- 협력근: 상완근, 상완 요골근

QR 동작

자세 바로 알기

- 상완 요골근과 상완 이두근의 외측 장두근을 발달시켜주는 데 효과적인 운동법이다.
- 운동 중 어깨가 움직이지 않도록 한다.

세부 평가기준

① 덤벨을 뉴트럴 그립으로 잡았는가? ◯
② 팔꿈치가 어깨 뒤로 빠지지 않게 하고 있는가? ◯
③ 팔꿈치가 움직이지 않도록 고정시키고 있는가? ◯
④ 덤벨을 올릴 때 호흡을 내쉬고 있는가? ◯

바벨 컬

Barbell Curl

★★☆

정복 POINT

상완 이두근을 발달시키는 데 효과가 있는 대표적인 운동법

- 주동근: 상완 이두근
- 협력근: 전완근

QR 동작

❶ 전면

❶ 측면

❷ 전면

❷ 측면

상체, 가슴/팔

8

바벨 컬

Barbell Curl

★★☆

정복 POINT

상완 이두근을 발달시키는 데 효과가 있는 대표적인 운동법

• 주동근: 상완 이두근

• 협력근: 전완근

QR 동작

전면

❶ 측면

❷ 전면

❷ 측면

자세 바로 알기

운동 중 어깨가 움직이지 않도록 주의한다. 바벨을 넓게 잡고 진행할 경우 이두근의 단두를 발달시키는 데 효과적이고, 바벨을 좁게 잡고 진행할 경우 이두근의 장두를 발달시키는 데 효과적이다.

세부 평가기준

① 바를 잡는 양손의 간격이 어깨너비 정도인가? ○

② 팔꿈치가 어깨 뒤로 빠지지 않게 하고 있는가? ○

③ 팔꿈치가 움직이지 않도록 고정하고 있는가? ○

④ 바를 들어 올릴 때 호흡을 내쉬고 있는가? ○

컨센트레이션 컬

Concentration Curl

★★☆

정복 POINT

단어 그대로 이두근에 최대한 집중할 수 있는 동작임. 근육의 분리, 선명도에 좋은 영향을 미침

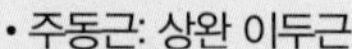
• 주동근: 상완 이두근

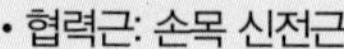
• 협력근: 손목 신전근

QR 동작

자세 바로 알기

- 의자가 있을 시 의자에 앉아서 진행한다.
- 운동 시 팔꿈치는 무릎 안쪽에 잘 고정하고 팔꿈치 관절에서의 움직임만을 이용하여 진행한다.
- 이두근을 수축시키는 동작 시 전완을 회외시켜주면 이두근을 더욱 강력하게 수축시켜줄 수 있다.

세부 평가기준

① 덤벨을 잡고 벤치에 앉아있는가?
② 팔꿈치를 대퇴부 안쪽에 고정하였는가?
③ 숨을 내쉬면서 팔꿈치를 구부려 전완을 들어 올리며 다시 시작 자세로 돌아오며 숨을 들이마시는가?

리버스 그립 바벨 컬

Reverse Grip Barbell Curl

★★☆

정복 POINT

팔의 사이즈와 전완근의 사이즈를 증가시키는 데 효과적인 운동법

- 주동근: 이두근, 상완근
- 협력근: 손목 신전근

QR 동작

❶ 전면

Check

일반적으로 오버핸드 그립으로 수행

❶ 측면

❷ 전면

❷ 측면

리버스 그립 바벨 컬

Reverse Grip Barbell Curl

★★☆

정복 POINT

팔의 사이즈와 전완근의 사이즈를 증가시키는 데 효과적인 운동법

• 주동근: 이두근, 상완근

• 협력근: 손목 신전근

QR 동작

❶ 전면

❶ 측면

❷ 전면

❷ 측면

자세 바로 알기

상완과 전완을 동시에 발달시켜 팔과 전완부의 사이즈를 증가시키는 데 효과적인 운동법으로, 운동 중 어깨에서 움직임이 일어나지 않도록 주의한다.

세부 평가기준

① 서서 리버스 그립으로 바벨을 잡았는가? ○

② 숨을 내쉬면서 팔꿈치를 굽혀 바벨을 들어 올리고 다시 내리면서 숨을 들이마시는가? ○

③ 팔꿈치가 움직이지 않도록 고정시키고 있는가? ○

얼터네이트 덤벨 컬

Alternate Dumbbell Curl

★☆☆

정복 POINT

한 팔씩 번갈아가면서 실시하는 덤벨 컬로 한 쪽 팔을 쉬게 하여 더 많이 반복할 수 있음

- 주동근: 상완 이두근
- 협력근: 상완근, 상완 요골근

QR 동작

얼터네이트 덤벨 컬

Alternate Dumbbell Curl

★☆☆

정복 POINT

한 팔씩 번갈아가면서 실시하는 덤벨 컬로 한쪽 팔을 쉬게 하여 더 많이 반복할 수 있음

- 주동근: 상완 이두근
- 협력근: 상완근, 상완 요골근

QR 동작

자세 바로 알기

- 견관절이 아닌 팔꿈치에서만 움직임이 일어날 수 있도록 하며, 덤벨을 들어 올리는 마지막 동작 시 전완을 외회전하면 이두근을 좀 더 강하게 수축시킬 수 있다.
- 호흡법: 한쪽 팔을 기준으로 잡고 엇갈려서 내렸다가 올리는 동작 시 호흡을 내쉰다. 그 다음, 반대편 팔을 내리는 동작 시 호흡을 들이마신다.

세부 평가기준

① 팔꿈치가 어깨 뒤로 빠지지 않게 하고 있는가? ○
② 팔꿈치가 움직이지 않도록 고정시키고 있는가? ○
③ 덤벨을 올릴 때 호흡을 하고 있는가? ○
④ 양팔을 교대로 들어 올리는가? ○

얼터네이트 해머 컬

Alternate Hammer Curl

정복 POINT

한 팔씩 따로 진행하기 때문에 집중도를 높여줌

- 주동근: 상완 이두근
- 협력근: 상완근, 상완 요골근

QR 동작

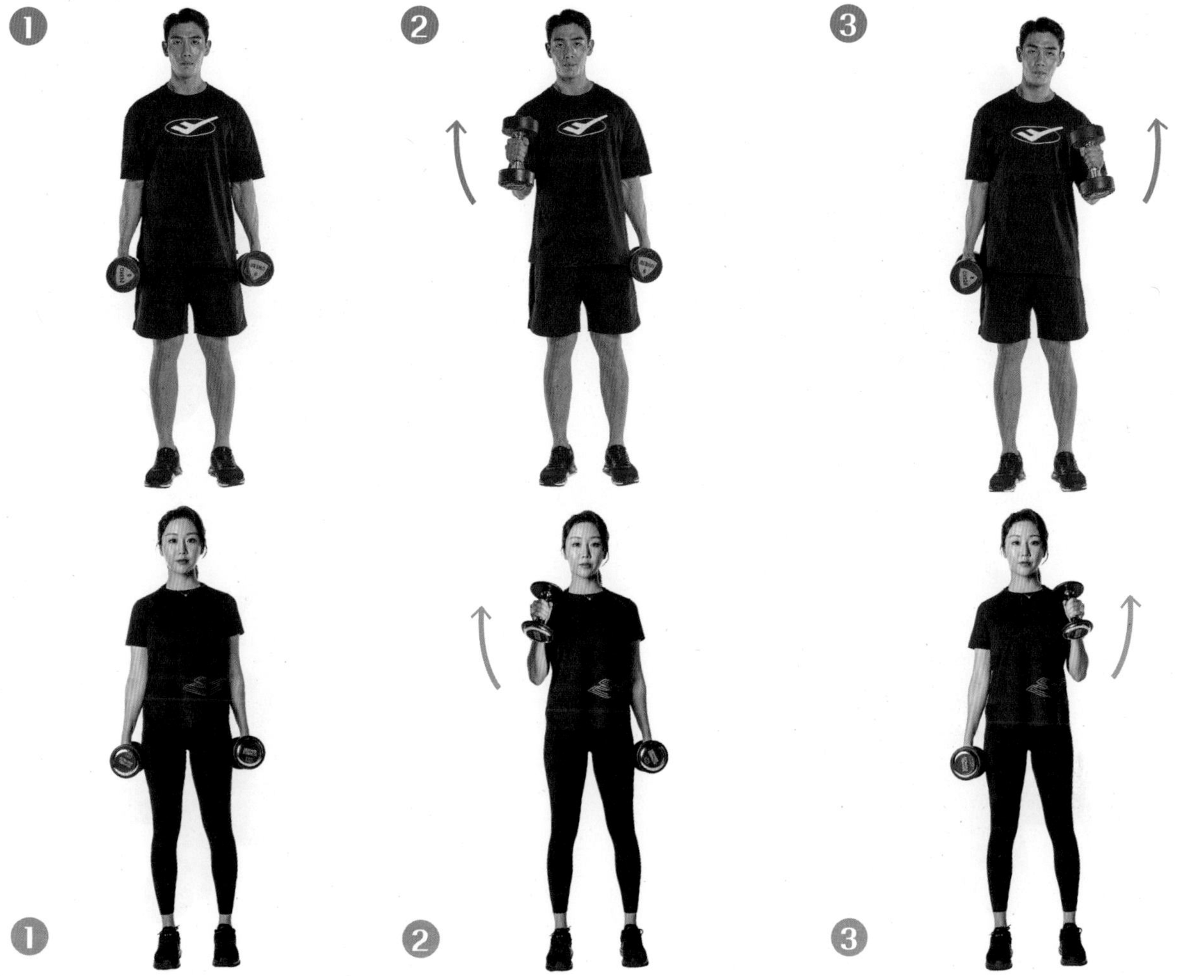

❶ ❷ ❸

❶ ❷ ❸

자세 바로 알기

- 덤벨을 번갈아 가며 들어 올려주는 동작 시 견관절에서의 움직임이 일어나지 않도록 주의한다.
- 호흡법: 운동 시작 전 호흡을 들이마시고, 이두근을 수축시켜준 뒤 호흡을 내쉰다.

세부 평가기준

① 덤벨을 뉴트럴 그립으로 잡았는가? ○
② 팔꿈치가 어깨 뒤로 빠지지 않게 하고 있는가? ○
③ 팔꿈치가 움직이지 않도록 고정시키고 있는가? ○
④ 덤벨을 올릴 때 호흡을 하고 있는가? ○
⑤ 양팔을 교대로 들어 올리는가? ○

덤벨 리스트 컬

Dumbbell Wrist Curl

★☆☆

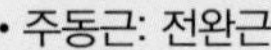

정복 POINT

전완에서 손목 굽힘근을 단련시키는 대표적인 동작. 덤벨을 잡는 그립에 따라 자극 받는 부위가 달라짐

- 주동근: 전완근
- 협력근: 손가락 굽힘근

QR 동작

자세 바로 알기

손목의 굴곡근과 함께 손가락의 굴곡근도 함께 발달시키고 싶으면, 덤벨을 내리는 동작 시 손가락에 걸어 내린 뒤 손가락을 말아 올리는 형태로 운동을 진행하여 주면 된다.

세부 평가기준

① 벤치에 앉거나 대퇴부에 팔을 올려놓은 다음 언더 그립으로 덤벨을 잡았는가?
② 숨을 내쉬며 손목을 올리고, 손목을 내리면서 숨을 들이쉬는가?
③ 팔꿈치가 움직이지 않도록 고정시키고 있는가?

바벨 리스트 컬

Barbell Wrist Curl

★☆☆

정복 POINT

손목을 굴곡시킬 때 쓰이는 전완의 사이즈를 발달시켜주는 데 효과적인 동작

- 주동근: 전완근
- 협력근: 상완근, 상완 이두근

QR 동작

❶

Good
언더 그립

❶

❷

❷

자세 바로 알기

손목의 굴곡근과 함께 손가락의 굴곡근도 함께 발달시키고 싶으면, 바벨을 내리는 동작 시 손가락에 걸어 내리고 손가락을 말아 올린 뒤 손목을 말아 올리는 형태로 운동을 진행하면 된다.

세부 평가기준

① 벤치에 앉거나 대퇴부에 팔을 올려놓은 다음 언더 그립으로 바벨을 잡았는가? ○
② 숨을 내쉬며 손목을 올리고, 손목을 내리면서 숨을 들이쉬는가? ○
③ 팔꿈치가 움직이지 않도록 고정시키고 있는가? ○

스탠딩 바벨 트라이셉스 익스텐션

Standing Barbell Triceps Extension

★★★

정복 POINT

상완 삼두근의 장두 발달에 효과적인 운동

- 주동근: 상완 삼두근
- 협력근: 삼각근

QR 동작

상체, 가슴/팔

15

스탠딩 바벨 트라이셉스 익스텐션

Standing Barbell Triceps Extension

★★★

정복 POINT

상완 삼두근의 장두 발달에 효과적인 운동

- 주동근: 상완 삼두근
- 협력근: 삼각근

QR 동작

① 전면

① 측면

② 전면

② 측면

자세 바로 알기

- 바벨을 머리 위로 들어 올리는 동작 시 허리에 부담이 가지 않도록 엉덩이와 복부 근육에 적당한 긴장감을 유지하여야 한다.
- 바벨을 머리 뒤로 내리는 동작 시 바벨이 머리 뒤를 타고 내려간다는 느낌으로 뒤통수와 바벨이 멀어지지 않도록 하고, 어깨가 움직이거나 팔꿈치가 과하게 벌어지지 않도록 주의하여야 한다.

세부 평가기준

① 서서 허리는 곧게 세우며 펴고 있는가? ○

② 양손의 간격을 어깨너비보다 좁게 하고 있는가? ○

③ 바벨을 머리 뒤쪽으로 내리고 있는가? ○

④ 바벨을 잡은 상완이 지면과 수직이 되도록 하였는가? ○

⑤ 바벨을 내릴 때 숨을 들이마시고 올릴 때 내뱉고 있는가? ○

상체, 가슴/팔
16

라잉 바벨 트라이셉스 익스텐션
Lying Barbell Triceps Extension

★★☆

정복 POINT
• 삼두근의 사이즈 증가에 효과적인 동작
• 주동근: 삼두근

QR 동작

❶

❶

❷

❷

자세 바로 알기

바벨을 이마 중앙부위로 내리는 동작 시 어깨가 움직이지 않도록 고정하고 팔꿈치가 과도하게 벌어지지 않도록 한다.

세부 평가기준

① 가슴은 들고 척추는 정상 만곡을 유지하고 있는가? ◯
② 양손의 간격을 어깨너비보다 좁게 하고 있는가? ◯
③ 바벨을 머리 쪽으로 내리고 있는가? ◯
④ 바벨을 잡은 팔이 지면과 수직이 되도록 하였는가? ◯
⑤ 바를 내릴 때 숨을 들이마시고 올릴 때 내뱉고 있는가? ◯

원암 덤벨 오버헤드 트라이셉스 익스텐션

One Arm Dumbbell Overhead Triceps Extension

★☆☆

정복 POINT

삼두근의 장두와 외측두를 발달시키고, 팔의 라인을 잡는 데 효과적인 운동

• 주동근: 상완 삼두근

QR 동작

❶ 전면

❷ 전면

❶ 후면

❷ 후면

원암 덤벨 오버헤드 트라이셉스 익스텐션

One Arm Dumbbell Overhead Triceps Extension

★☆☆

정복 POINT

삼두근의 장두와 외측두를 발달시키고, 팔의 라인을 잡는 데 효과적인 운동

• 주동근: 상완 삼두근

QR 동작

❶ 좌측

❶ 우측

❷ 좌측

❷ 우측

자세 바로 알기

운동 중 어깨가 움직이지 않도록 주의해야 하며, 손목의 회전 방향에 따라 자극 부위가 조금씩 달라질 수 있다. 삼두근의 장두를 발달시키는 데 효과적인 운동법이다.

세부 평가기준

① 팔꿈치가 고정이 되어 있는가? ○
② 덤벨이 내려갈 때 팔꿈치의 각도를 90도까지 내리는가? ○
③ 팔꿈치를 펼 때 호흡을 내쉬는가? ○

상체, 가슴/팔

18

시티드 트라이셉스 익스텐션

Seated Triceps Extension

★☆☆

정복 POINT

서서 진행하는 운동법은 치팅을 사용할 수 있지만 앉아서 진행하게 될 경우 치팅 사용 없이 고립도를 조금 더 높여 진행할 수 있음

• 주동근: 상완 삼두근

QR 동작

❶ 전면

❷ 전면

❶ 측면

❷ 측면

상체, 가슴/팔
18

시티드 트라이셉스 익스텐션

Seated Triceps Extension

★☆☆

정복 POINT

서서 진행하는 운동법은 치팅을 사용할 수 있지만 앉아서 진행하게 될 경우 치팅 사용 없이 고립도를 조금 더 높여 진행할 수 있음

• 주동근: 상완 삼두근

QR 동작

❶ 전면

❷ 전면

❶ 측면

❷ 측면

자세 바로 알기

• 벤치가 있을 시 벤치에 앉아서 진행한다.
• 어깨에서의 움직임이 아닌 팔꿈치 관절에서의 움직임만을 이용하여 진행한다.

세부 평가기준

① 앉아서 허리는 곧게 세우며 펴고 있는가? ◯
② 양손의 간격을 어깨너비보다 좁게 하고 있는가? ◯
③ 바벨(덤벨)을 머리 뒤쪽으로 내리고 있는가? ◯
④ 바벨(덤벨)을 잡은 상완이 지면과 수직이 되도록 하였는가? ◯
⑤ 바벨(덤벨)을 내릴 때 숨을 들이마시고 올릴 때 내뱉고 있는가? ◯

상체. 가슴/팔
19

덤벨 킥 백
Dumbbell Kick Back

★☆☆
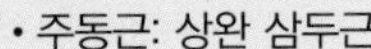

정복 POINT
삼두근 분리 운동의 대표적인 운동법. 삼두근의 모양을 다듬는 데 효과적인 운동법
• 주동근: 상완 삼두근

QR 동작

자세 바로 알기
• 어깨가 움직이지 않도록 하고 고중량을 이용하기보다 저중량으로 정확한 자세로 진행한다.
• 팔꿈치를 편 상태에서 다시 시작 자세로 돌아오는 과정에서 삼두근의 힘을 빼지 말고 신장성 수축을 이용하여 천천히 견디면서 돌아와 준 뒤 반복하여 진행한다.

세부 평가기준
① 운동 중 상완은 바닥과 수평인 상태를 유지하는가?
② 팔꿈치는 몸통에서 붙인 상태를 유지하는가?
③ 등은 곧게 편 상태를 유지하는가?
④ 발은 바닥에 밀착시켰는가?

상체, 가슴/팔

20

벤치 딥

Bench Dip

★☆☆

정복 POINT

삼두근의 양 증가에 관한 대표적인 운동법으로 체중을 이용하여 진행함

- 주동근: 상완 삼두근
- 협력근: 주근, 대흉근, 전면 삼각근

QR 동작

❶ 사선

❷ 사선

❶ 측면

❷ 측면

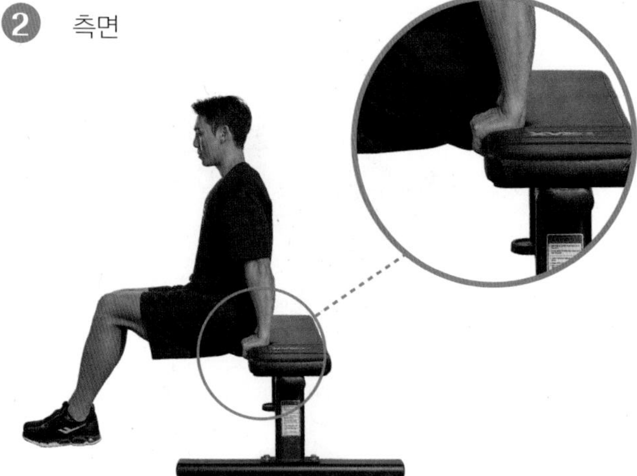

상체, 가슴/팔
20

벤치 딥
Bench Dip
★☆☆

정복 POINT
삼두근의 양 증가에 관한 대표적인 운동법으로 체중을 이용하여 진행함
• 주동근: 상완 삼두근
• 협력근: 주근, 대흉근, 전면 삼각근

QR 동작

❶ 사선

❷ 사선

❶ 측면

❷ 측면

자세 바로 알기
• 발을 다른 벤치에 얹거나 다리에 원판을 올리면 강도를 높일 수 있고, 무릎을 구부리면 강도를 낮춰서 실시할 수 있다.
• 팔꿈치를 구부려 내려가는 동작 시 엉덩이가 앞으로 빠지거나 팔꿈치가 과하게 벌어지지 않도록 주의하고 삼두근의 힘을 이용하여 팔꿈치를 펴는 동작 시 손과 어깨가 수직이 되도록 한다.

세부 평가기준
① 허리는 곧게 편 자세를 유지하는가? ○
② 내리는 단계에 팔꿈치가 직각으로 내려가는가? ○
③ 올리는 단계에 팔꿈치가 완전히 펴지는가? ○
④ 호흡을 똑바로 하고 있는가? ○

푸쉬업

Push-up

★☆☆

정복 POINT

팔을 이용해서 지면에서 수평으로 동작을 반복함

- 주동근: 대흉근
- 협력근: 상완 삼두근

QR 동작

❷

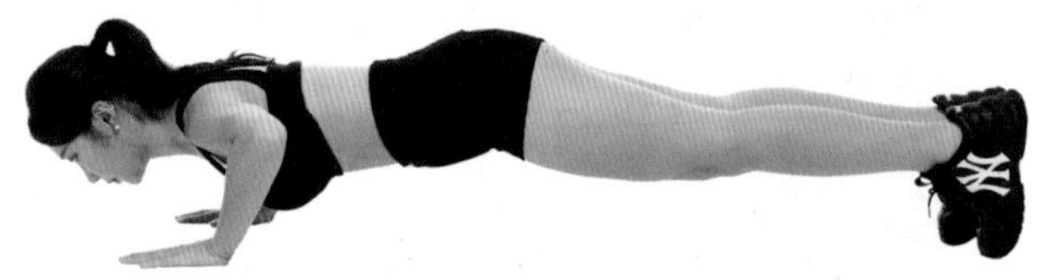

자세 바로 알기

상지의 근력과 근지구력은 물건을 밀고, 당기고, 들고 하는 일상적인 생활에서 중요한 역할을 한다. 또한 위급한 상황에서 생명을 구하고, 위험을 극복하는 데 상지의 근력과 근지구력은 매우 중요한 기능을 한다.

세부 평가기준

① 그립을 어깨너비로 위치하였는가? ○
② 밀어 올리는 단계에 대흉근의 수축이 일어나는가? ○
③ 운동하는 동안에 몸통이 고정되어 있는가? ○
④ 머리, 어깨, 골반, 무릎, 발목을 일직선으로 유지하는가? ○

CHAPTER 02 상체, 등, 어깨(16동작)

QR 동작 모아보기

01 벤트 오버 원암 덤벨 로우
Bent Over One Arm Dumbbell Row

02 벤트 오버 바벨 로우
Bent Over Barbell Row

03 언더 그립 바벨 로우
Under Grip Barbell Row

04 뉴트럴 그립 투암 덤벨 로우
Neutral Grip Two arms Dumbbell Row

05 바벨 굿모닝 엑서사이즈
Barbell Good Morning Exercise

06 백 익스텐션
Back Extension

07 바벨 밀리터리 프레스
Barbell Military Press

08 비하인드 넥 프레스
Behind Neck Press

09 덤벨 숄더 프레스
Dumbbell Shoulder Press

10 덤벨 레터럴 레이즈
Dumbbell Lateral Raise

11 덤벨 프론트 레이즈
Dumbbell Front Raise

12 벤트 오버 레터럴 레이즈
Bent Over Lateral Raise

13 바벨 프론트 레이즈
Barbell Front Raise

14 바벨 업라이트 로우
Barbell Upright Row

15 덤벨 쉬러그
Dumbbell Shrug

16 바벨 쉬러그
Barbell Shrug

상체, 등, 어깨
1

벤트 오버 원암 덤벨 로우

Bent Over One Arm Dumbbell Row

★☆☆

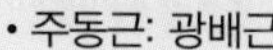

정복 POINT

광배근과 승모근, 대원근, 후면 삼각근 등 등근육을 전체적으로 발달시켜주는 데 효과적인 운동법

- 주동근: 광배근
- 협력근: 대원근, 능형근, 승모근, 이두근

QR 동작

❶

❶

❷

❷

자세 바로 알기

광배근을 바깥쪽에서 안쪽까지 깊게 자극할 수 있는 운동법으로, 광배근을 효과적으로 고루 발달시키기 위해서 덤벨을 당길 때 팔꿈치를 등 뒤에 얹어준다는 느낌으로 당긴다.

세부 평가기준

① 팔꿈치를 몸통 가까이 들어 올렸는가? ○
② 손목은 구부리지 않고 편 상태를 유지했는가? ○
③ 덤벨을 위로 당기는 단계에서 반동을 이용하지 않고 진행했는가? ○
④ 머리, 몸통, 손, 발의 위치와 무릎 각도를 유지했는가? ○

상체, 등, 어깨
2

벤트 오버 바벨 로우

Bent Over Barbell Row

정복 POINT

허리의 각도와 바를 당기는 위치, 그립의 폭에 따라서 집중하는 근육 부위가 조금씩 달라짐

- 주동근: 광배근
- 협력근: 상완 이두근, 대원근, 후면 삼각근, 승모근, 능형근

QR 동작

❶ 사선

❷ 사선

❶ 측면

❷ 측면

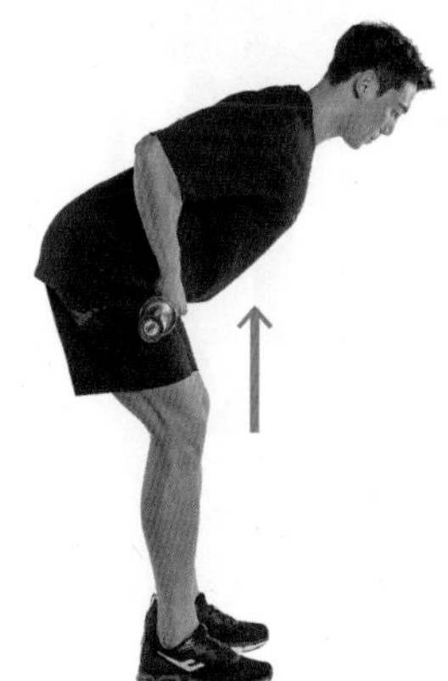

상체, 등, 어깨
2

벤트 오버 바벨 로우

Bent Over Barbell Row

★★★

정복 POINT

허리의 각도와 바를 당기는 위치, 그립의 폭에 따라서 집중하는 근육 부위가 조금씩 달라짐

- 주동근: 광배근
- 협력근: 상완 이두근, 대원근, 후면 삼각근, 승모근, 능형근

QR 동작

❶ 전면

❷ 전면

❶ 사선

❷ 사선

자세 바로 알기

- 상체의 각도를 45도 아래로 숙인 상태에서 바벨을 복부 아래 방향으로 당기게 되면 광배근의 하부를 발달시킬 수 있으며, 상체가 45도 이상 세워진 상태에서 바벨을 명치 위쪽으로 당기게 되면 등상부와 이두근의 참여도가 높아진다.
- 바벨을 넓게 잡고 진행하게 될 경우 견갑골의 내전 동작을 조금 더 효과적으로 할 수 있기에 등 안쪽 근육을 자극시켜줄 수 있다.

세부 평가기준

① 허리는 곧게 펴져 있는가? ○
② 엉덩이를 심하게 뒤로 빼지 않고 있는가? ○
③ 무릎은 바를 내리면서 약간 구부리고 있는가? ○
④ 바를 올리는 동작 시 배 방향으로 올리고 있는가? ○
⑤ 등은 곧게 펴져 있는가? ○

상체, 등, 어깨
3

언더 그립 바벨 로우

Under Grip Barbell Row

★★★

정복 POINT

광배근의 중 · 하부를 발달시키는 데 효과적인 운동

- 주동근: 광배근
- 협력근: 상완 이두근, 대원근, 후면 삼각근, 승모근, 능형근

QR 동작

❶ 사선

❷ 사선

❶ 측면

❷ 측면

상체, 등, 어깨
3

언더 그립 바벨 로우

Under Grip Barbell Row

★★★

정복 POINT

광배근의 중 · 하부를 발달시키는 데 효과적인 운동

- 주동근: 광배근
- 협력근: 상완 이두근, 대원근, 후면 삼각근, 승모근, 능형근

QR 동작

❶ 전면

❷ 전면

❶ 사선

❷ 사선

자세 바로 알기

바벨을 당기는 동작 시 바벨의 위치가 가슴 쪽으로 가까워지게 되면 이두근의 개입도가 높아지므로, 명치 아래 방향으로 당겨 주어야 한다.

세부 평가기준

① 바벨을 언더 그립으로 잡고 몸통은 곧게 편 자세를 유지하는가? ○
② 바를 올리는 단계에서 손목을 펴고 올리는가? ○
③ 목을 과도하게 뒤로 펴진 않았는가? ○
④ 몸의 무게중심을 균형적으로 고르게 유지하는가? ○

상체, 등, 어깨
4

뉴트럴 그립 투암 덤벨 로우

Neutral Grip Two arms Dumbbell Row

정복 POINT

등 분리 운동으로 덤벨을 잡는 그립, 각도에 따라서 여러 신체부위에 자극을 줄 수 있는 유용한 운동

- 주동근: 광배근
- 협력근: 대원근, 능형근, 승모근, 이두근

QR 동작

❶ 전면

❷ 전면

❶ 사선

❷ 사선

❶ 측면

❷ 측면

뉴트럴 그립 투암 덤벨 로우

Neutral Grip Two arms Dumbbell Row

★★☆

정복 POINT

등 분리 운동으로 덤벨을 잡는 그립, 각도에 따라서 여러 신체부위에 자극을 줄 수 있는 유용한 운동

- 주동근: 광배근
- 협력근: 대원근, 능형근, 승모근, 이두근

QR 동작

❶ 전면

❷ 전면

❶ 사선

❷ 사선

자세 바로 알기

광배근과 등 중앙부위를 발달시키는 데 효과적인 운동으로, 허리가 과도하게 움직이지 않도록 주의해야 한다. 아랫배를 향해 당길 경우 광배근의 하부를, 명치를 향해 당길 경우 광배근의 상부와 승모근을 발달시킬 수 있다.

세부 평가기준

① 덤벨을 뉴트럴 그립으로 잡고 팔꿈치를 몸통 가까이 들어 올렸는가? ○
② 손목은 구부리지 않고 편 상태를 유지했는가? ○
③ 덤벨을 위로 당기는 단계에서 반동을 이용하지 않았는가? ○
④ 머리, 몸통, 손, 발의 위치와 무릎 각도를 유지했는가? ○

바벨 굿모닝 엑서사이즈

Barbell Good Morning Exercise

★☆☆

정복 POINT

햄스트링과 대둔근, 척추 기립근 강화에 효과적인 운동으로 아침에 인사하는 동작과 비슷하다고 해서 붙여진 이름

- 주동근: 척추 기립근
- 협력근: 슬굴곡근, 대둔근

QR 동작

❶ 사선

❷ 사선

❶ 측면

❷ 측면

바벨 굿모닝 엑서사이즈

Barbell Good Morning Exercise

★☆☆

정복 POINT

햄스트링과 대둔근, 척추 기립근 강화에 효과적인 운동으로 아침에 인사하는 동작과 비슷하다고 해서 붙여진 이름

- 주동근: 척추 기립근
- 협력근: 슬굴곡근, 대둔근

QR 동작

❶ 사선

❷ 사선

❶ 측면

❷ 측면

자세 바로 알기

운동 시 몸의 체중이 앞쪽으로 실리게 될 경우 허리에 많은 자극이 가게 되며, 반대로 몸의 체중이 뒤쪽으로 실리게 될 경우 엉덩이와 햄스트링 자극을 극대화 할 수 있다.

세부 평가기준

① 바벨을 승모근에 올리고 있는가? ○
② 무릎과 허리를 펴고 내려가는가? ○
③ 시선은 전방을 주시하는가? ○
④ 올라올 때 호흡을 내쉬고 있는가? ○

백 익스텐션

Back Extension

★☆☆

정복 POINT

초보자도 할 수 있는 맨몸운동으로 척추 기립근 발달에 효과적

- 주동근: 척추 기립근
- 협력근: 대둔근, 슬굴곡근

QR 동작

❶

❶

❷

❷

자세 바로 알기

- 허리 근력이 부족할 경우 손의 위치를 머리 뒤가 아닌 허리 뒤 또는 앞으로 나란히 한 상태에서 진행한다.
- 다리를 바깥쪽으로 들어 올리는 동작 시 무릎은 최대한 펴준 상태에서 진행하고, 대둔근의 활성화를 위하여 발끝을 바깥쪽으로 돌려준 상태(외회전)에서 진행한다.

세부 평가기준

① 매트에 배를 깔고 엎드려 있는가?
② 상체와 하체를 함께 올리고 있는가?
③ 호흡은 올리는 단계에 내쉬고 있는가?

바벨 밀리터리 프레스

Barbell Military Press

★★★

정복 POINT

삼각근의 대표적인 양 증가 운동으로 벌크업, 체중 증가의 목적 등 어깨 근육을 두껍게 만드는 데 효과적

- 주동근: 전면 삼각근, 측면 삼각근

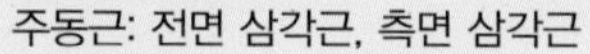

- 협력근: 상완 삼두근, 승모근

QR 동작

① 전면

② 전면

① 사선

② 사선

① 측면

② 측면

바벨 밀리터리 프레스

Barbell Military Press

★★★

정복 POINT

삼각근의 대표적인 양 증가 운동으로 벌크업, 체중 증가의 목적 등 어깨 근육을 두껍게 만드는 데 효과적

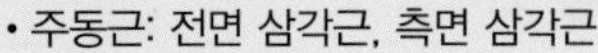

- 주동근: 전면 삼각근, 측면 삼각근

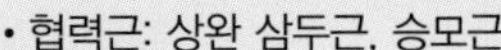

- 협력근: 상완 삼두근, 승모근

QR 동작

❶ 전면

❷ 전면

❶ 측면

❷ 측면

자세 바로 알기

- 바벨을 머리 위로 들어 올리는 동작 시 허리에 무리가 가지 않도록 복부와 둔근에 적당한 힘을 유지한 상태에서 진행한다.
- 바벨을 내리는 동작 시 바벨을 잡은 손과 팔꿈치가 수직이 되도록 하고, 바벨이 몸에서 멀어지게 될 경우 어깨 관절에 무리를 줄 수 있으므로 주의한다.

세부 평가기준

① 반동 없이 얼굴 가까이 바닥과 수직으로 들어 올렸는가? ○
② 올리는 단계에서 팔꿈치를 이용하지 않고 운동하였는가? ○
③ 운동 시 주동근의 긴장을 유지했는가? ○
④ 내리는 단계 시 갑자기 힘을 빼지 않고 팔꿈치를 천천히 굽혔는가? ○

상체, 등, 어깨
8

비하인드 넥 프레스

Behind Neck Press

★★★

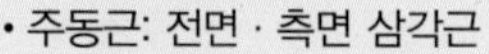

정복 POINT

프론트 밀리터리 프레스보다 고립도가 더 높아서 프론트로 할 때보다 측면 삼각근에 더 큰 자극을 줄 수 있음

- 주동근: 전면 · 측면 삼각근
- 협력근: 상완 삼각근, 승모근

QR 동작

❶ 전면

❷ 전면

❶ 사선

❷ 사선

❶ 측면

❷ 측면

상체, 등, 어깨 8

비하인드 넥 프레스

Behind Neck Press

★★★

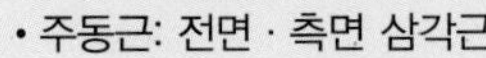

정복 POINT

프론트 밀리터리 프레스보다 고립도가 더 높아서 프론트로 할 때보다 측면 삼각근에 더 큰 자극을 줄 수 있음

- 주동근: 전면 · 측면 삼각근
- 협력근: 상완 삼각근, 승모근

QR 동작

❶ 전면

❷ 전면

❶ 측면

❷ 측면

Not Good

무리한 가동범위로 인한 통증이 있는 경우에는 삼가야 한다.

자세 바로 알기

프론트 밀리터리 프레스보다 근육에 대한 집중도가 높으나 과하게 무거운 무게를 사용하면 부상의 위험이 높다.

세부 평가기준

① 반동 없이 머리 뒤쪽 가까이 바닥과 수직으로 들어 올렸는가? ○
② 올리는 단계에서 팔꿈치를 이용하지 않고 운동하였는가? ○
③ 운동 시 주동근의 긴장을 유지했는가? ○
④ 내리는 단계에서 팔꿈치의 각도를 90도로 유지했는가? ○

덤벨 숄더 프레스

Dumbbell Shoulder Press

★★☆

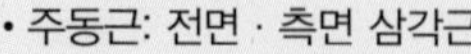

정복 POINT

바벨 숄더 프레스에 비해 가동범위가 넓으며 삼각근의 전면, 측면을 고루 발달시키는 데 효과적인 운동

- 주동근: 전면 · 측면 삼각근
- 협력근: 상완 삼두근, 승모근

QR 동작

❶

❷

❷

자세 바로 알기

- 바벨을 이용한 어깨운동에 비해서 가동범위가 자유롭고 삼각근 분리 운동에 효과적이다.
- 고중량을 이용한 운동보다는 적당한 중량을 설정하여 자극 위주로 진행한다.

세부 평가기준

① 운동 중 덤벨이 움직이지 않도록 통제하였는가? ○
② 올리는 단계에서 팔꿈치를 이용하지 않고 운동하였는가? ○
③ 운동 시 주동근의 긴장을 유지했는가? ○
④ 내리는 단계 시 팔꿈치의 각도를 90도로 유지했는가? ○

덤벨 레터럴 레이즈

Dumbbell Lateral Raise

정복 POINT

측면 삼각근과 상완의 분리를 만들어주는 대표적인 운동

- 주동근: 측면 삼각근
- 협력근: 극상근, 승모근

QR 동작

자세 바로 알기

덤벨을 옆으로 들어 올리는 동작 시 팔꿈치는 어깨와 수평이 되도록 하며 손의 위치가 어깨보다 높지 않도록 위치시키고, 견갑골이 30~35도 앞으로 기울어져 있기에 수평으로 들어 올리기보다는 살짝 대각선 방향으로 들어 올리는 것이 좋다. 과도한 회내 동작은 어깨의 통증을 유발할 수 있으므로 주의한다.

세부 평가기준

① 옆으로 올리는 동작 시 상체를 곧게 펴고 시선은 전면을 유지했는가? ○
② 덤벨을 잡은 손이 팔꿈치보다 아래 있는가? ○
③ 몸통을 곧게 폈는가? ○
④ 올리는 단계에서 숨을 내쉬었는가? ○
⑤ 내리는 동작 시 몸통이 견고하게 지지하고 있는가? ○

덤벨 프론트 레이즈

Dumbbell Front Raise

★☆☆

정복 POINT

어깨 전면 삼각근 분리에 효과적인 운동법

- 주동근: 전면 삼각근
- 협력근: 대흉근, 오훼완근, 상완 이두근

QR 동작

❶ 전면

❷ 전면

❶ 측면

❷ 측면

덤벨 프론트 레이즈

Dumbbell Front Raise

★☆☆

정복 POINT

어깨 전면 삼각근 분리에 효과적인 운동법

- 주동근: 전면 삼각근
- 협력근: 대흉근, 오훼완근, 상완 이두근

QR 동작

❶ 전면

❷ 전면

❶ 측면

❷ 측면

자세 바로 알기

- 덤벨을 어깨 앞으로 들어 올리는 동작 시 덤벨, 팔꿈치, 어깨는 수평이 되도록 한다.
- 승모근이 과도하게 쓰이지 않도록 어깨를 들썩거리지 않는다.

세부 평가기준

① 위로 올리는 동작 시 상체를 곧게 펴고 시선은 전면을 유지했는가? ◯
② 어깨보다 약간 높은 위치까지 팔을 들어 올렸는가? ◯
③ 몸통을 곧게 폈는가? ◯
④ 올리는 단계에서 숨을 내쉬었는가? ◯
⑤ 내리는 동작 시 몸통이 견고하게 지지하고 있는가? ◯

상체, 등, 어깨
12

벤트 오버 레터럴 레이즈

Bent Over Lateral Raise

★★☆

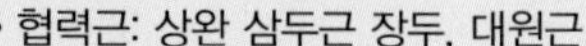

정복 POINT

후면 삼각근 분리에 효과적인 운동

- 주동근: 후면 삼각근
- 협력근: 상완 삼두근 장두, 대원근

QR 동작

자세 바로 알기

과도한 가동범위로 실시하면 어깨 부상의 위험이 있고 후면 삼각근보다 중부 승모근과 능형근 등을 많이 사용하게 된다. 따라서 견갑골이 심하게 움직이지 않는 범위 내에서 고중량보다는 저중량을 이용하여 실시하는 것이 효과적이다.

세부 평가기준

① 상체를 구부린 자세에서 팔꿈치와 상완이 덤벨보다 높은 상태를 유지하고 있는가? ○

② 어깨보다 약간 높은 위치까지 팔을 들어 올렸는가? ○

③ 몸통을 곧게 펴고 무릎은 약간 구부린 자세를 유지했는가? ○

④ 모든 동작의 단계에서 몸의 반동을 이용하지 않았는가? ○

바벨 프론트 레이즈

Barbell Front Raise

★☆☆

정복 POINT

전면 삼각근 양 증가에 효과적인 운동법

- 주동근: 전면 삼각근
- 협력근: 대흉근, 오훼완근, 상완 이두근

QR 동작

❶ 전면

❷ 전면

❶ 측면

❷ 측면

상체, 등, 어깨
13

바벨 프론트 레이즈
Barbell Front Raise

★☆☆

정복 POINT

전면 삼각근 양 증가에 효과적인 운동법

- 주동근: 전면 삼각근
- 협력근: 대흉근, 오훼완근, 상완 이두근

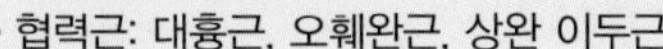

QR 동작

❶ 전면

❷ 전면

❶ 측면

❷ 측면

자세 바로 알기

덤벨이나 바벨을 들어 올릴 때 상부 승모근이 과도하게 쓰이지 않도록 어깨를 낮춰주며, 어깨 높이 이상으로 바벨을 들어 올리지 않는 것이 중요하다.

세부 평가기준

① 위로 올리는 동작 시 상체를 곧게 펴고 시선은 전면을 유지했는가? ◯
② 어깨보다 약간 높은 위치까지 팔을 들어 올렸는가? ◯
③ 몸통을 곧게 폈는가? ◯
④ 올리는 단계에서 숨을 내쉬었는가? ◯
⑤ 내리는 동작 시 몸통이 견고하게 지지하고 있는가? ◯

바벨 업라이트 로우

Barbell Upright Row

★★☆

정복 POINT

상부 승모근과 측면 삼각근 발달에 효과적인 운동법

- 주동근: 삼각근, 승모근
- 협력근: 상완 이두근

QR 동작

❷ 전면

❶ 측면

❷ 측면

바벨 업라이트 로우

Barbell Upright Row

★★☆

정복 POINT

상부 승모근과 측면 삼각근 발달에 효과적인 운동법

- 주동근: 삼각근, 승모근
- 협력근: 상완 이두근

QR 동작

❶ 전면

❷ 전면

❶ 측면

❷ 측면

자세 바로 알기

- 바벨이 몸에서 멀어지지 않도록 하고 바벨을 들어 올리는 동작 시 팔꿈치는 어깨와 수평이 아닌 어깨보다 앞에 위치하도록 한다.
- 바벨을 좁게 잡고 진행하게 될 시 팔꿈치를 조금 더 높이 들어 올릴 수 있게 되어 상부 승모근의 근활성도가 높아지며, 바벨을 넓게 잡고 팔꿈치가 어깨와 수평이 되도록 들어 올리게 되면 측면 삼각근을 조금 더 효과적으로 자극시킬 수 있다.

세부 평가기준

① 바벨을 들어 올렸을 때 팔꿈치가 어깨와 평행이 되었는가? ○
② 허리를 곧게 펴고 있는가? ○
③ 시선은 전면을 주시하고 있는가? ○
④ 오버 그립으로 바벨을 잡고 있는가? ○

덤벨 쉬러그

Dumbbell Shrug

★☆☆

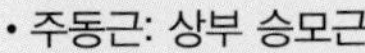

정복 POINT

상부 승모근 발달에 대표적인 운동으로 바벨을 이용한 쉬러그 운동에 비해서 가동범위가 넓음

- 주동근: 상부 승모근
- 협력근: 견갑거근, 소능형근

QR 동작

❶

❷

❶

❷

자세 바로 알기

덤벨을 잡은 손과 전완, 상완이 하나로 합쳐져 있다고 연상하면서 턱 끝을 당긴 상태에서 순수 승모근의 힘을 이용하여 어깨를 위로 들어 올린다. 어깨를 위로 들어 올리는 동작 시 목이 앞으로 이동되거나 어깨가 앞으로 말리지 않도록 한다.

세부 평가기준

① 어깨너비로 서서 양손에 덤벨을 들고 있는가?	○
② 등을 곧게 펴고 있는가?	○
③ 천천히 어깨를 끌어올리고 내리는가?	○

바벨 쉬러그

Barbell Shrug

★☆☆

정복 POINT

상부 승모근 발달에 대표적인 운동법으로 와이드 그립을 이용한 쉬러그 운동은 상부 승모근의 근육주행 방향에 맞춰 균형 있게 발달시켜줌

- 주동근: 상부 승모근, 견갑거근
- 협력근: 견갑거근, 소능형근

QR 동작

❶

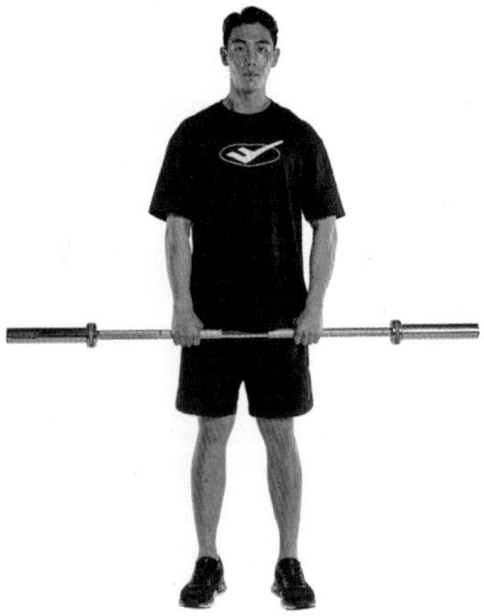

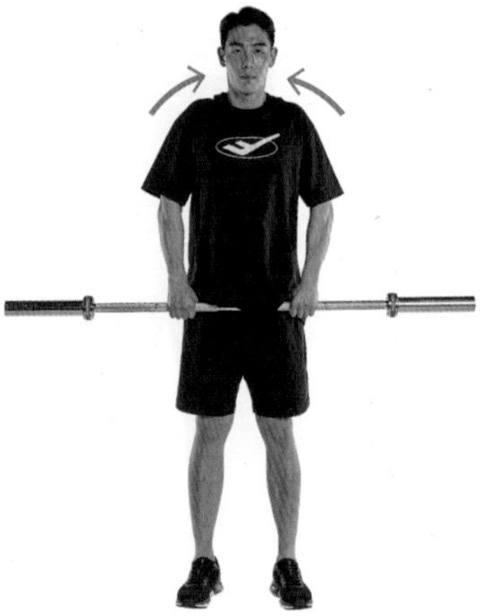

❷

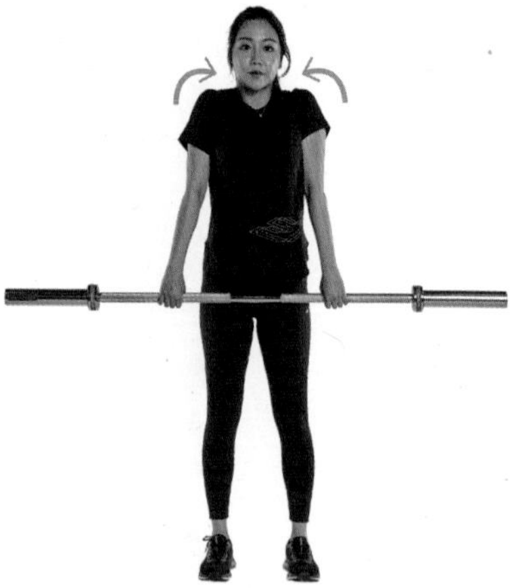

자세 바로 알기

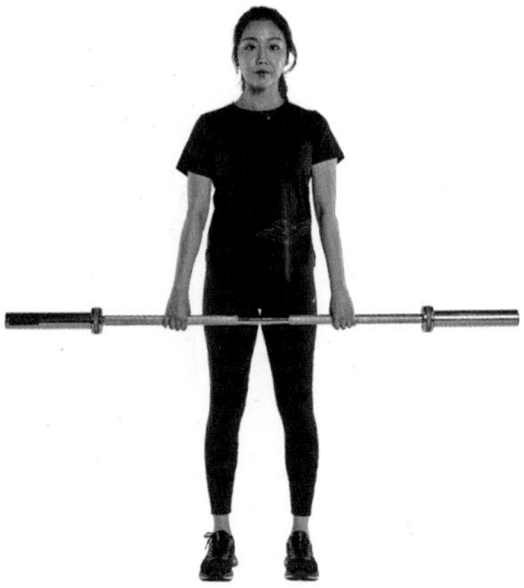

- 바벨을 최대한 몸에 밀착시킨 상태에서 진행한다.
- 바벨은 어깨너비보다 조금 더 넓게 잡고 바벨을 들어 올리는 동작 시 상부 승모근의 바깥쪽(상부 승모근의 정지점)이 사선 방향으로 목과 가까워진다는 느낌으로 진행한다.
- 바벨을 승모근의 힘을 이용하여 들어 올리는 동작 시 목이 앞으로 이동되거나 어깨가 앞으로 말리지 않도록 주의한다.

세부 평가기준

① 어깨너비로 서서 바벨을 어깨너비의 스탠다드 그립으로 잡았는가? ○
② 등을 곧게 펴고 있는가? ○
③ 천천히 어깨를 끌어올리고 내리는가? ○

CHAPTER 03 하체, 복근, 전신(24동작)

QR 동작 모아보기

01 백 스쿼트
Back Squat

02 프론트 스쿼트
Front Squat

03 바벨 런지
Barbell Lunge

04 덤벨 런지
Dumbbell Lunge

05 시티드 카프 레이즈
Seated Calf Raise

06 힙 브릿지
Hip Bridge

07 덩키 킥
Donkey kick

08 바벨 힙 트러스트(주동근: 대둔근)
Barbell Hip Thrust

09 힙 트러스트(주동근: 하복부)
Hip Thrust

10 루마니안 데드리프트
Romanian Deadlift

11 스티프 레그 데드리프트
Stiff Leg Deadlift

12 컨벤셔널 데드리프트
Conventional Deadlift

13 덤벨 사이드 밴드
Dumbbell Side Bend

14 크런치
Crunch

15 레그 레이즈
Leg Raise

16 오블리크 크런치
Oblique Crunch

17 시티드 니업
Seated Knee-up

18 리버스 크런치
Reverse Crunch

19 V-싯업
V-Seat-up

20 스쿼팅 바벨 컬
Squatting Barbell Curl

21 와이드 스탠스 스쿼트
Wide Stance Squat

22 풀(딥)스쿼트
Pull(Dip) Squat

23 플랭크
Plank

24 사이드 플랭크
Side Plank

백 스쿼트

Back Squat

★★★

정복 POINT

보디빌딩 3대 종목 중 하나이며 웨이트 트레이닝의 꽃이라고 할 수 있을 만큼 대표적인 하체 운동

- 주동근: 대퇴 사두근, 슬굴곡근, 대둔근
- 협력근: 척추 기립근, 복근

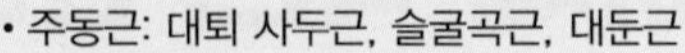

QR 동작

❶ 전면

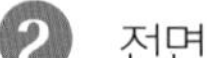

❷ 전면

❶ 측면

❷ 측면

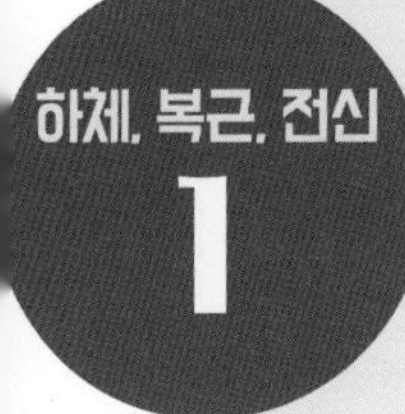

백 스쿼트

Back Squat

★★★

정복 POINT

보디빌딩 3대 종목 중 하나이며 웨이트 트레이닝의 꽃이라고 할 수 있을 만큼 대표적인 하체 운동

- 주동근: 대퇴 사두근, 슬굴곡근, 대둔근
- 협력근: 척추 기립근, 복근

QR 동작

❶ 전면

❷ 전면

❶ 측면

❷ 측면

자세 바로 알기

팔꿈치를 충분히 앞으로 들어 올려 바벨을 확실하게 걸쳐준 뒤, 무릎을 구부려서 앉는 동작 시 무릎이 모이거나 허리가 굽지 않도록 주의한다.

세부 평가기준

① 몸통과 바닥이 이루는 각도를 일정하게 유지하면서 서서히 앉았는가? ○
② 무게중심을 양발과 중앙 부분에 놓이게 했는가? ○
③ 대퇴가 바닥과 수평이 될 때까지 앉았는가? ○
④ 일어설 때 반동을 이용하거나 상체를 구부리지 않았는가? ○
⑤ 바벨이 승모근에 위치하고 있는가? ○

하체, 복근, 전신
2

프론트 스쿼트
Front Squat
★★★

정복 POINT

어깨 앞쪽에 바벨을 얹어 놓고 하는 스쿼트, 역도 용상 동작과 연관성이 크며, 백 스쿼트만큼 고중량을 다룰 수는 없지만 대퇴 사두근을 집중적으로 트레이닝하는 데 효과적

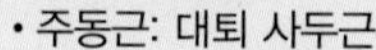

- 주동근: 대퇴 사두근
- 협력근: 대둔근, 슬굴곡근, 척추 기립근, 전면 삼각근

QR 동작

❶ 전면

❷ 전면

❶ 측면

❷ 측면

하체, 복근, 전신
2

프론트 스쿼트
Front Squat
★★★

정복 POINT

어깨 앞쪽에 바벨을 얹어 놓고 하는 스쿼트. 역도 용상 동작과 연관성이 크며, 백 스쿼트만큼 고중량을 다룰 수는 없지만 대퇴 사두근을 집중적으로 트레이닝하는 데 효과적

• 주동근: 대퇴 사두근
• 협력근: 대둔근, 슬굴곡근, 척추 기립근, 전면 삼각근

QR 동작

❶ 전면

❷ 전면

❶ 측면

❷ 측면

자세 바로 알기

쇄골과 전면 삼각근 부위에 바벨이 어깨 아래로 내려가게 되면 상체가 앞으로 굽게 되어 허리에 무리가 갈 수 있다. 따라서 팔꿈치를 충분히 앞으로 들어 올려 바벨을 확실하게 걸쳐준 뒤, 무릎을 구부려서 앉는 동작 시 무릎이 모이거나 허리가 굽지 않도록 주의한다.

세부 평가기준

① 바벨은 쇄골과 어깨로 지탱하고 있는가? ○
② 가슴과 팔꿈치를 들고 허리는 꼿꼿이 세우고 있는가? ○
③ 무릎이 발끝을 넘지 않고 있는가? ○
④ 시선은 전면을 주시하고 있는가? ○

하체, 복근, 전신
3

바벨 런지
Barbell Lunge

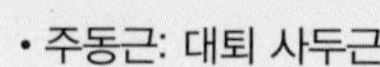

정복 POINT

직립 보행을 하는 인간의 보행 움직임에 적합한 운동임. 스플릿 스쿼트와는 다르게 포워드 런지, 백 런지 등 앞 · 뒤 움직임을 통해 중둔근도 효과적으로 발달시켜줄 수 있음

- 주동근: 대퇴 사두근
- 협력근: 대둔근, 중둔근, 슬굴곡근

QR 동작

❶ 측면

❷ 측면

❶ 사선

❷ 사선

바벨 런지

Barbell Lunge

★★☆

정복 POINT

직립 보행을 하는 인간의 보행 움직임에 적합한 운동임. 스플릿 스쿼트와는 다르게 포워드 런지, 백 런지 등 앞 · 뒤 움직임을 통해 중둔근도 효과적으로 발달시켜줄 수 있음

- 주동근: 대퇴 사두근
- 협력근: 대둔근, 중둔근, 슬굴곡근

QR 동작

❶ 측면

❷ 측면

❶ 사선

❷ 사선

자세 바로 알기

앞에 위치한 다리에 전반적으로 체중을 싣고, 허리가 과도하게 굽거나 앞에 위치한 다리의 무릎이 안으로 들어가거나 발끝을 벗어나지 않도록 주의한다.

세부 평가기준

① 앞으로 내딛는 다리의 발바닥이 바닥에 닿도록 했는가? ○
② 허리와 등을 곧게 편 상태로 유지하고 몸의 균형을 잡았는가? ○
③ 무릎이 발끝보다 나오지 않게 하였는가? ○
④ 올라오는 단계에서 숨을 내쉬었는가? ○
⑤ 동작 중 앞발과 무릎이 일직선을 유지하는가? ○
⑥ 바벨이 승모근에 위치하고 있는가? ○

하체, 복근, 전신

4

덤벨 런지

Dumbbell Lunge

★☆☆

정복 POINT

양손에 덤벨을 든 상태로 진행하는 런지 동작. 보폭이 클수록 내딛은 다리의 대둔근이 더 많이 동원됨

• 주동근: 대둔근, 대퇴 사두근

• 협력근: 장요근, 대퇴직근

QR 동작

❶

❶

❷

❷

자세 바로 알기

앞에 위치한 다리에 전반적으로 체중을 싣고 덤벨의 위치가 골반을 기준으로 앞으로 이동하게 되면 상체가 앞으로 기울어질 수 있으므로, 팔이 흔들리지 않도록 하고 앞에 위치한 다리의 무릎이 안으로 들어가거나 발끝을 벗어나지 않도록 주의한다.

세부 평가기준

① 앞으로 내딛는 다리의 발바닥이 바닥에 닿도록 했는가? ◯

② 허리와 등을 곧게 편 상태로 유지하고 몸의 균형을 잡았는가? ◯

③ 무릎이 발끝보다 나오지 않게 하였는가? ◯

④ 올라오는 단계에서 숨을 내쉬었는가? ◯

⑤ 동작 중 앞발과 무릎이 일직선을 유지하는가? ◯

⑥ 덤벨을 양손에 들고 덤벨이 흔들리지 않게 유지하는가? ◯

시티드 카프 레이즈

Seated Calf Raise

★☆☆

정복 POINT

- 주동근: 가자미근
- 협력근: 비복근

QR 동작

❶

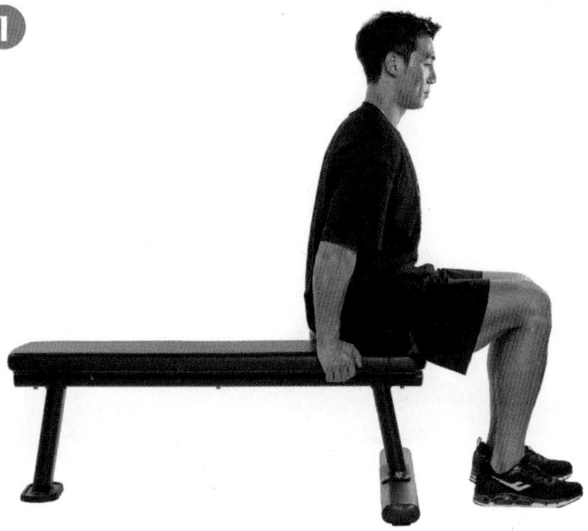

❶

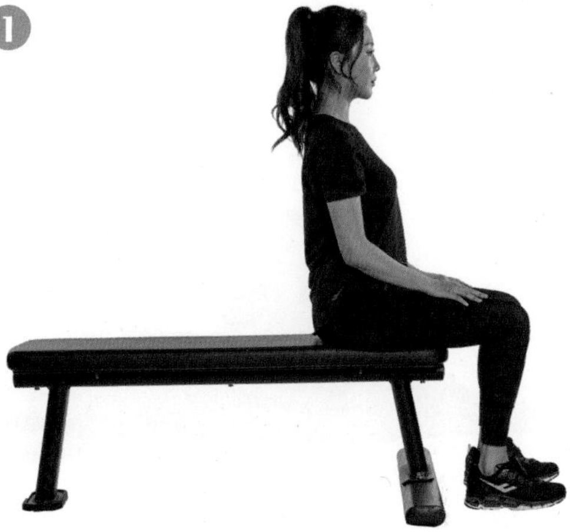

❷

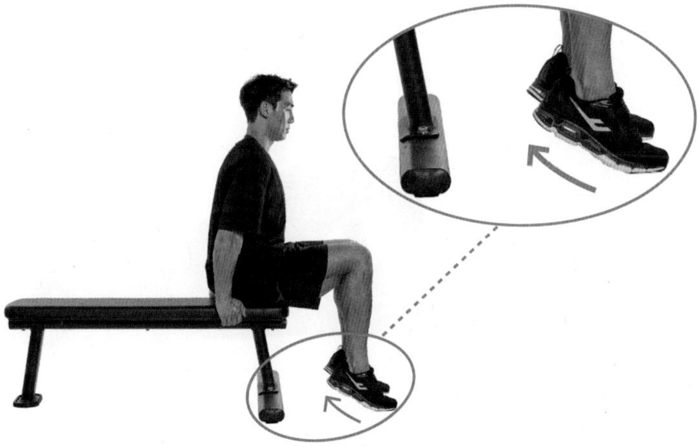

❷

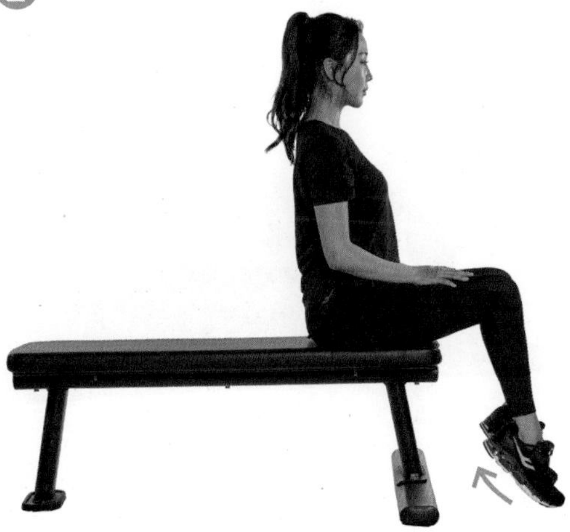

자세 바로 알기

부하를 증가시키고 싶다면 위에 바벨이나 덤벨을 올려놓고 진행한다. 무릎을 구부리고 했는지, 펴고 했는지에 따라 자극받는 부위가 다르다는 것이 중요하다.

세부 평가기준

① 앉은 상태로 발뒤꿈치를 최대한 들어 올리고 있는가?
② 발뒤꿈치가 지면에 닿기 전에 다시 올리는가?

힙 브릿지

Hip Bridge

★☆☆

정복 POINT

코어 운동으로 잘 알려진 운동법으로 대둔근과 척추 주변 근육들 강화에 효과적인 운동

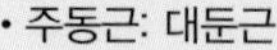

• 주동근: 대둔근

• 협력근: 슬굴곡근, 척추 기립근

QR 동작

❶

❶

❷

❷

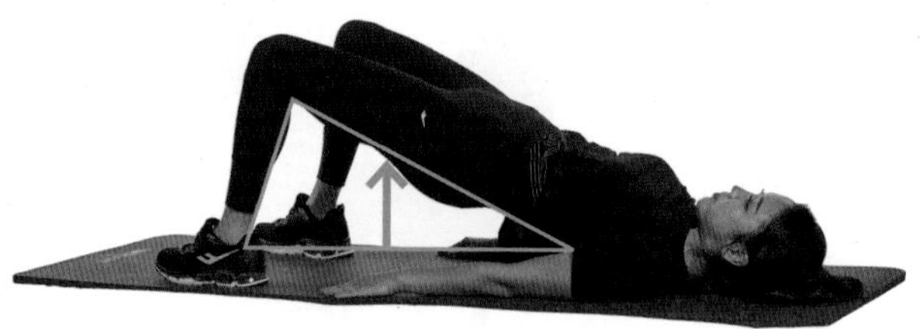

자세 바로 알기

- 양손은 바닥을 누르며 삼두근과 광배근에 적당한 힘을 유지한 상태에서 진행하고, 다리의 위치는 바닥에서 엉덩이를 들어 올렸을 때 무릎과 발목이 수직 또는 무릎보다 살짝 앞쪽에 위치하여 햄스트링에 과하게 힘이 들어가지 않도록 한다.
- 엉덩이를 너무 높이 들게 되면 허리에 부담을 줄 수 있으므로 엉덩이 근육의 힘이 유지될 수 있을 정도까지만 들어 올린다.

세부 평가기준

① 천장을 바라보고 누워 양팔은 펴서 손바닥을 바닥에 대고 무릎은 세웠는가? ○
② 숨을 내쉬면서 엉덩이를 위로 올렸는가? ○
③ 동작 시 허리를 곧게 펴고 엉덩이에 긴장을 주고 있는가? ○

하체, 복근, 전신
7

덩키 킥

Donkey kick

정복 POINT

힙 업 운동으로 많이 알려진 운동으로 대둔근 발달에 효과적

- 주동근: 대둔근
- 협력근: 대퇴 이두근

QR 동작

자세 바로 알기

손은 바닥을 밀어 견갑골이 후인되지 않도록 하고, 대둔근의 힘을 이용하여 다리를 뒤로 뻗어주는 동작 시 무릎이 구부러지거나 허리가 아래로 내려가지 않도록 주의한다.

세부 평가기준

① 엎드린 자세로 한쪽 다리의 허벅지가 수평이 되도록 들어 올리는가?
② 골반이 바닥과 수평이 되도록 유지하였는가?
③ 골반이 틀어지지 않도록 중심을 잡고 있는가?

하체, 복근, 전신

8

바벨 힙 트러스트

Barbell Hip Thrust

★★☆

정복 POINT

무게저항을 이용하는 운동으로 척추 기립근과 대둔근 발달에 효과적

- 주동근: 대둔근
- 협력근: 척추 기립근, 복근

QR 동작

자세 바로 알기

- 단축성 수축만큼 신장성 수축에도 집중하여 진행한다. 햄스트링에 자극이 많이 올 경우, 운동 전 충분히 햄스트링 스트레칭을 진행한 후 실시한다.
- 무릎과 발은 수직으로, 다리의 넓이는 어깨너비보다 넓게, 발끝은 바깥쪽을 향하도록 하는 것이 효과적이다.
- 엉덩이를 들어 올리는 동작 시 반동을 사용하지 말고, 골반이 기울지 않도록 한다.

세부 평가기준

① 벤치에 등을 대고 무릎을 세워 누웠는가? ○

② 바벨이나 원판을 하복부 위에 올렸는가? ○

③ 바닥과 수평이 될 때까지 몸통을 올렸는가? ○

④ 몸통을 올리면서 호흡을 내쉬었는가? ○

하체, 복근, 전신
9

힙 트러스트

Hip Thrust

(주동근: 하복부)

정복 POINT

엉덩이를 하복근의 힘으로 들어 올리는 동작으로 발 끝을 수직으로 들어 올리는 느낌으로 하면 하복근에 강한 자극을 줄 수 있음

- 주동근: 하복부 전체
- 협력근: 장요근, 대퇴직근

QR 동작

❶

❶

❷

❷

자세 바로 알기

무릎의 폄을 유지한 상태에서 진행하고, 다리를 들어 올리는 동작 시 수직으로 들어 올린다는 느낌보다 하복부의 힘을 이용하여 골반을 말아 올린다는 느낌으로 진행한다.

세부 평가기준

① 바닥에 등을 대고 누워서 두 팔을 몸통 옆 바닥에 밀착시켰는가? ○
② 두 다리를 펴고 수직으로 올렸는가? ○
③ 무릎을 편 상태로 천장을 향해 힙과 발바닥을 똑바로 들어 올렸는가? ○
④ 하복부를 위로 올리면서 호흡을 내쉬었는가? ○

루마니안 데드리프트

Romanian Deadlift

★★★

정복 POINT

대둔근과 척추 기립근 발달에 효과적임

- 주동근: 대둔근, 슬굴곡근
- 협력근: 광배근, 대퇴 사두근, 척추 기립근

QR 동작

❶ 사선

❷ 사선

❶ 측면

❷ 측면

루마니안 데드리프트

Romanian Deadlift

★★★

정복 POINT

대둔근과 척추 기립근 발달에 효과적임

- 주동근: 대둔근, 슬굴곡근
- 협력근: 광배근, 대퇴 사두근, 척추 기립근

QR 동작

❶ 사선

❶ 측면

❷ 사선

❷ 측면

자세 바로 알기

- 바벨의 위치는 중간 부위에 위치시키고 광배근 · 대둔근 · 복부에 힘을 유지하며, 무릎을 구부려 상체를 숙여주는 동작 시 척추 기립근과 광배근, 대둔근은 근육의 힘이 유지된 상태에서 천천히 늘어난다는 느낌으로(신장성 수축) 진행한다.
- 컨벤셔널 데드리프트는 아래에서부터 시작을, 루마리안 데드리프트는 위에서부터 시작을 하는 것이 두 동작의 차이점이기도 하다.

세부 평가기준

① 바를 어깨너비 혹은 약간 넓게 잡고 있는가? ○
② 운동하는 동안 등이 굽지 않도록 곧게 편 자세를 유지하는가? ○
③ 올리는 동작 시 바벨이 대퇴부에 가까이 위치하여 올려지는가? ○
④ 내리는 동작에 시선은 전면을 향하고 있는가? ○
⑤ 내리는 동작에서 무릎이 고정되어 있는가? ○

스티프 레그 데드리프트

Stiff Leg Deadlift

★★☆

정복 POINT

햄스트링과 대둔근 발달에 효과적인 데드리프트의 한 종목

- 주동근: 슬굴곡근, 대둔근
- 협력근: 척추 기립근, 광배근

QR 동작

Good

데드리프트 종목 중 바닥에서 시작하는 운동법

❶ 사선

❷ 사선

❶ 측면

❷ 측면

스티프 레그 데드리프트

Stiff Leg Deadlift

★★☆

정복 POINT

햄스트링과 대둔근 발달에 효과적인 데드리프트의 한 종목

- 주동근: 슬굴곡근, 대둔근
- 협력근: 척추 기립근, 광배근

QR 동작

❶ 사선

❷ 사선

❶ 측면

❷ 측면

자세 바로 알기

- 내려가는 동작 시 엉덩이를 뒤로 밀어 힙과 햄스트링 근육의 이완성 긴장을 느끼면서 진행한다.
- 올라오는 동작 시 뒤로 밀었던 힙을 앞으로 당겨주며 허벅지 뒤와 엉덩이 근육의 힘을 이용하여 진행한다.
- 일어서는 동작 시 상체를 과도하게 뒤로 젖히게 되면 둔근의 자극보다 척추 기립근의 피로도를 유발할 수 있으므로 주의한다.
- 실기 시 무릎의 펴짐과 시선은 전면, 바벨은 몸에서 멀어지지 않도록 한 상태에서 등이 굽어지지 않는 범위 내에서 진행한다.
- 전형적인 역도의 동작이다.

세부 평가기준

① 척추 기립근은 펴져 있는가? ○
② 고개는 들고 전면을 주시하며 동작을 실시하고 있는가? ○
③ 올리는 동작 시 바벨이 대퇴부에 가까이 위치하여 올려지는가? ○
④ 동작 수행 간 무릎의 관절은 구부러지지 않는가? ○

컨벤셔널 데드리프트

Conventional Deadlift

★★★

정복 POINT

보디빌딩 운동 중 가장 많은 관절과 근육을 사용하는 전신운동. 스트렝스 향상 목적으로 많이 진행하는 운동법이기도 함

- 주동근: 대둔근, 슬굴곡근
- 보조근: 광배근, 대퇴 사두근, 척추 기립근

QR 동작

Check

데드리프트 종목 중 바닥에서 시작하는 운동법

❶ 측면

컨벤셔널 데드리프트

Conventional Deadlift

★★★

정복 POINT

보디빌딩 운동 중 가장 많은 관절과 근육을 사용하는 전신운동. 스트렝스 향상 목적으로 많이 진행하는 운동법이기도 함

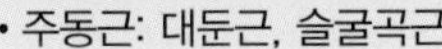

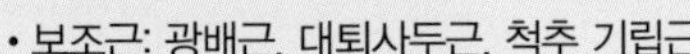

- 주동근: 대둔근, 슬굴곡근
- 보조근: 광배근, 대퇴사두근, 척추 기립근

QR 동작

❶ 사선

Not Good
바벨은 발의 중간에 둔다.

❷ 사선

❶ 측면

❷ 측면

자세 바로 알기

- 발바닥 전체는 바닥을 살짝 꼬집는다는 느낌으로, 바벨은 발의 중간(Mid Foot)에 두고 몸에서 떨어지지 않도록 광배근과 둔근의 힘을 유지한다.
- 척추의 각도는 고관절의 움직임에 따라서 자연스럽게 등이 굽지 않도록 진행한다.

세부 평가기준

① 바를 어깨너비 혹은 약간 넓게 잡고 있는가? ○
② 바벨을 바닥에 완전히 내렸다가 올렸는가? ○
③ 운동하는 동안 등이 굽지 않도록 곧게 편 자세를 유지하는가? ○
④ 올리는 동작 시 바벨이 대퇴부에 가까이 위치하여 올려지는가? ○

덤벨 사이드 밴드

Dumbbell Side Bend

정복 POINT

대표적인 옆구리 운동으로 복부의 측면 복사근 발달에 효과적

- 주동근: 외복사근
- 협력근: 요방형근, 광배근

QR 동작

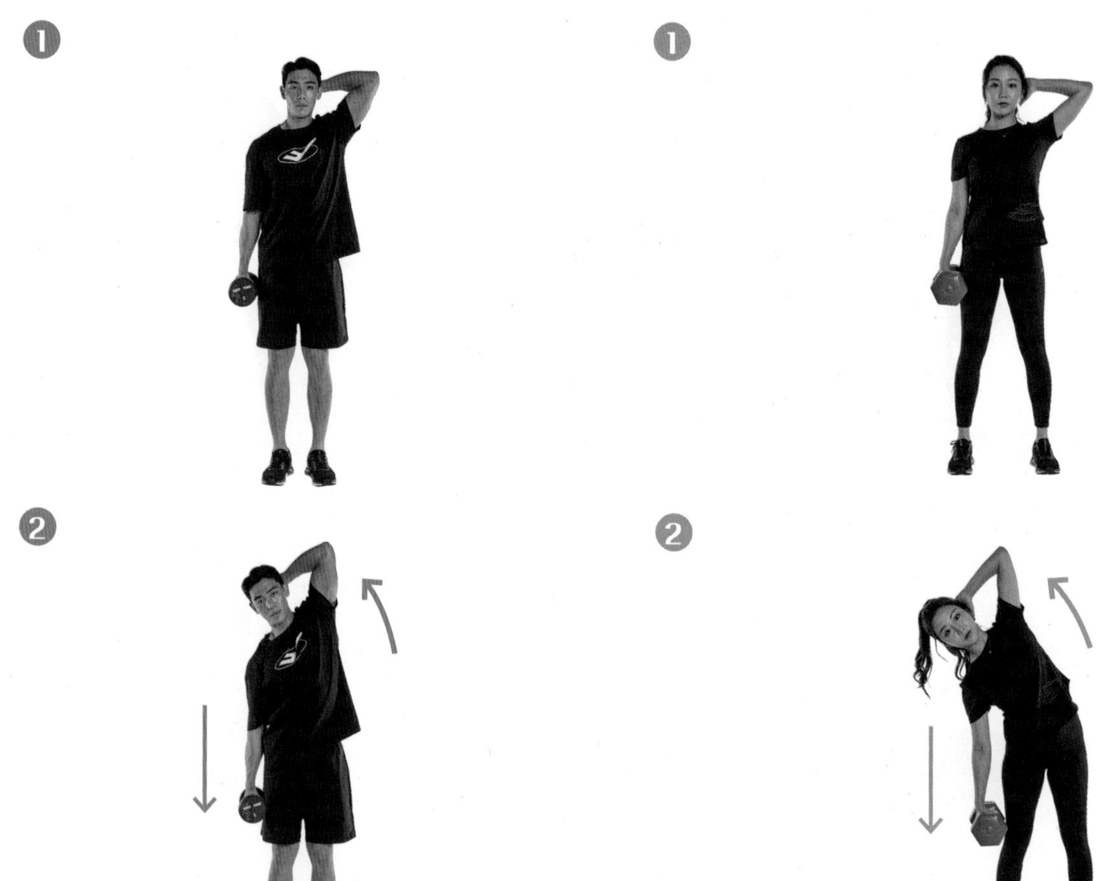

자세 바로 알기

상체를 옆으로 기울여 내려가는 동작 시 엉덩이가 옆으로 빠지거나 상체가 앞, 뒤로 기울지 않도록 주의한다.

세부 평가기준

① 덤벨을 옆구리에 밀착시키는가? ○
② 엉덩이가 앞뒤로 흔들리지 않게 통제하는가? ○
③ 덤벨이 몸에서 멀어지지 않도록 운동하고 있는가? ○
④ 엉덩이가 좌우로 과도하게 움직이지 않는가? ○

하체, 복근, 전신

14

크런치

Crunch

★☆☆

정복 POINT

복직근 상부 운동으로 싯업에 비해 허리에 부담이 적어 초보자도 할 수 있는 동작

• 주동근: 복직근 상부

QR 동작

자세 바로 알기

• 머리 뒤에 위치한 손은 머리를 받쳐준다고 생각하고 상체를 일으키는 동작 시 머리를 잡아당기지 않도록 한다.

• 허리가 바닥에서 들썩거리지 않도록 상복부에 지속적인 긴장감을 유지한 상태에서 진행한다.

세부 평가기준

① 목이 고정된 상태에서 상체를 숙였는가? ○

② 양어깨가 바닥에 닿지 않을 정도까지 내렸는가? ○

③ 들어 올리는 단계에서 몸통의 반동을 이용하지 않았는가? ○

④ 양손을 머리에서 떨어뜨리지 않고 운동을 실시하였는가? ○

⑤ 허리를 바닥에서 떨어뜨리지 않았는가? ○

레그 레이즈

Leg Raise

★☆☆

정복 POINT

하복부를 발달시키는 대표적인 운동법

- 주동근: 복직근 하부
- 협력근: 장요근, 대퇴 사두근

QR 동작

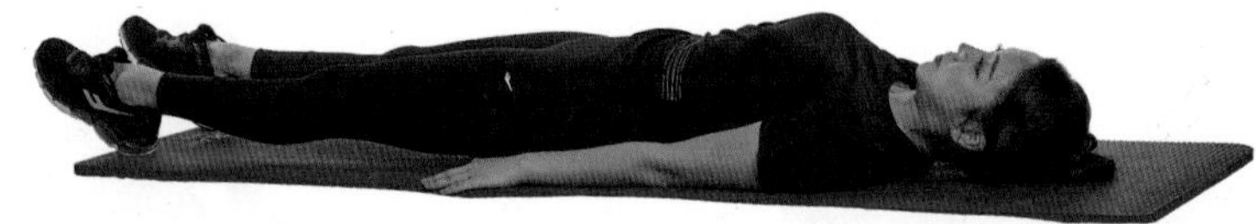

자세 바로 알기

배 근력이 약할 경우 다리를 내리는 동작 시 바닥에서 허리가 뜨게 될 수 있는데, 계속해서 그러한 형태로 운동을 지속할 시 허리 통증을 유발할 수 있다. 따라서 다리를 내리는 동작 시 바닥에서 허리가 뜨지 않는 범위 내에서 진행한다.

세부 평가기준

① 숨을 내쉬며 양발이 바닥과 90도를 이룰 때까지 올렸는가? ◯
② 양어깨와 등 상부를 바닥과 밀착시켰는가? ◯
③ 발끝이 바닥에 닿지 않을 정도까지 천천히 내렸는가? ◯
④ 올리는 단계에 숨을 내쉬었는가? ◯

오블리크 크런치

Oblique Crunch

★★☆

정복 POINT

크런치와 비슷한 형태의 운동으로 외복사근 발달에 효과적

- 주동근: 내 · 외복사근
- 협력근: 복직근

QR 동작

❶

❷

자세 바로 알기

- 목은 고정하고 상복부와 복사근의 힘을 이용하여 상체를 일으키는 동작 시 골반이 움직이지 않도록 한다.
- 내려가는 동작 시 양어깨가 바닥에 닿기 전까지 내려간 뒤 반복하여 진행한다.

세부 평가기준

① 목이 고정된 상태에서 상체를 숙였는가? ○
② 양어깨가 바닥에 닿지 않을 정도까지 내렸는가? ○
③ 들어 올리는 단계에서 몸통의 반동을 이용하지 않았는가? ○
④ 손을 머리에서 떨어트리지 않고 운동을 실시하였는가? ○

시티드 니업

Seated Knee-up

★★☆

정복 POINT

초보자도 쉽게 진행할 수 있는 하복부 발달 운동

- 주동근: 복직근
- 협력근: 고관절 굴곡근

QR 동작

❶

❶ **Not Good**

발이 땅에 닿지 않도록 한다.

❷

❷

자세 바로 알기

- 무릎의 구부러짐은 일정하게 유지하고, 무릎이 많이 펴질수록 허리에 부담을 줄 수 있으므로 주의한다.
- 바닥을 짚고 있는 손은 안정감 있게 바닥을 짚고 상체를 일으키는 동작 시에 상복부의 힘을 이용하여 상체를 일으켜 준다고 생각하며 진행한다.

세부 평가기준

① 앉아서 상체를 고정시키고 무릎을 구부리는가? ○
② 발이 땅에 닿지 않게 운동하는가? ○
③ 발끝이 바닥에 닿지 않을 정도까지 천천히 내렸는가? ○
④ 올리는 단계에 숨을 내쉬었는가? ○

하체, 복근, 전신

18

리버스 크런치

Reverse Crunch

★☆☆

정복 POINT

하복부를 고립시켜서 발달시키는 데 효과적인 운동

- 주동근: 하부 복직근
- 협력근: 장요근

QR 동작

❶

❶

❷

❷

자세 바로 알기

- 무릎을 가슴 쪽으로 당겨 주는 동작 시 무릎을 당긴다는 느낌보다 하복부의 힘을 이용하여 골반을 끌어올린다고 생각하면서 진행한다.
- 시작 자세로 돌아가는 동작 시 바닥에서 허리가 뜨지 않도록 주의한다.

세부 평가기준

① 숨을 내쉬며 엉덩이가 바닥에서 떨어질 때까지 올렸는가? ○
② 양어깨와 등 상부를 바닥과 밀착시켰는가? ○
③ 발끝이 바닥에 닿지 않을 정도까지 천천히 내렸는가? ○
④ 올리는 단계에서 숨을 내쉬었는가? ○
⑤ 무릎 관절을 90도로 구부리며 하는가? ○

하체, 복근, 전신
19

V-싯업
V-Seat-up

★★★

정복 POINT

복직근을 발달시키는 데 효과적인 운동

- 주동근: 복직근
- 협력근: 장요근, 대퇴 사두근

QR 동작

❶

자세 바로 알기

- 다리를 내리는 동작 시 바닥에서 허리가 뜨지 않는 범위 내에서 진행한다.
- 다리가 지면과 가까워질 때 하복부 · 상체의 움직임이 많아지게 되면 상복부를 조금 더 효과적으로 자극시켜줄 수 있다.

세부 평가기준

① 다리와 상체를 동시에 올렸는가? ◯
② 양다리와 양팔을 천천히 내렸는가? ◯
③ 팔과 다리가 구부러지지 않고 펴져 있는가? ◯
④ 올리는 단계에서 숨을 내쉬었는가? ◯

전문

하체, 복근, 전신

20

스쿼팅 바벨 컬

Squatting Barbell Curl

정복 POINT

프리쳐 컬과 비슷한 동작으로 상완 이두근의 높이를 발달시켜주는 운동

QR 동작

❶ 사선

❷ 사선

❶ 측면

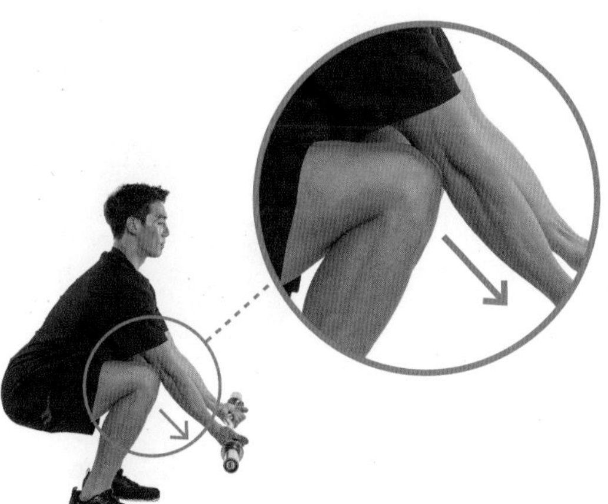

❷ 측면

전문

하체, 복근, 전신

20

스쿼팅 바벨 컬

Squatting Barbell Curl

★★★

정복 POINT

프리쳐 컬과 비슷한 동작으로 상완 이두근의 높이를 발달시켜주는 운동

QR 동작

❶ 사선

❷ 사선

❶ 측면

❷ 측면

자세 바로 알기

엉덩이가 높이가 낮아지면서 상완의 굴곡 각도가 커지면 이두근을 조금 더 강력하게 수축시켜주는 느낌을 받을 수 있으며, 완전 이완과 수축 시 긴장감을 극대화하면 할수록 근육의 발달속도가 높아진다.

세부 평가기준

① 발의 위치와 바벨을 잡은 양손 간격은 어깨너비 정도인가? ○

② 팔꿈치 뒷부분 위치가 양 무릎 위에 적당히 위치하는가? ○

③ 동작 시 앉은 스쿼트 자세와 상체 부분이 반동 없이 고정을 유지하는가? ○

④ 바벨을 얼굴 쪽으로 당길 시 숨을 내쉬고 천천히 원위치로 내리는가? ○

하체, 복근, 전신
21

와이드 스탠스 스쿼트

Wide Stance Squat

★★★

정복 POINT

대퇴부를 최대한 벌려서 스쿼트 동작을 반복함

- 주동근: 대퇴 사두근
- 협력근: 대퇴 이두근, 대둔근, 중둔근, 내외측광근

QR 동작

전면

❷ 전면

❶ 측면

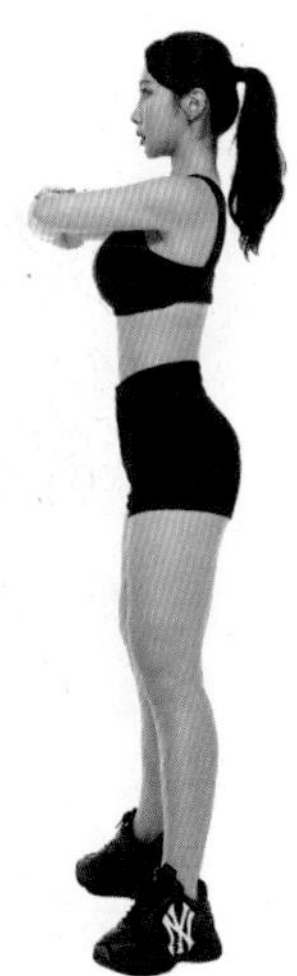

❷ 측면

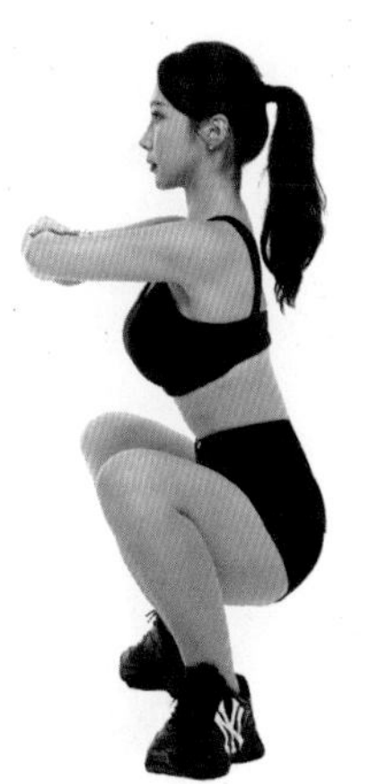

자세 바로 알기

다리 근육을 발달시키는 운동의 하나로, 다리를 어깨너비보다 두 배 넓게 벌리고 앉았다 일어나기를 반복한다.

세부 평가기준

① 양발의 간격이 어깨너비보다 넓게 위치하고 있는가? ○
② 일어설 때 반동을 이용하거나 상체를 과하게 구부리지 않았는가? ○
③ 동작 실행 중 척추 전만을 유지하였는가? ○
④ 무릎의 방향과 발의 각도가 일치하는가? ○

풀(딥)스쿼트

Pull(Dip) Squat

★★★

정복 POINT

최대한 지면으로 앉아야 하며, 허리의 중립을 최대한 유지함

- 주동근: 대퇴 사두근
- 협력근: 대퇴 이두근, 대둔근, 중둔근, 내외측광근

QR 동작

❶ 전면

❷ 전면

❶ 측면

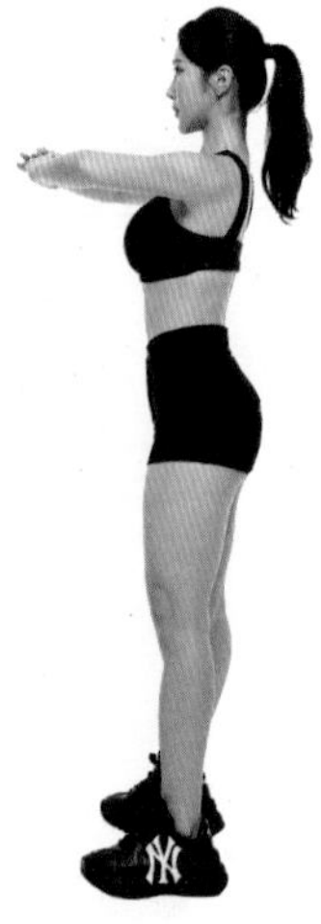

❷ 측면

자세 바로 알기

무릎보다 엉덩이가 더 아래까지 내려갔다가 일어나는 동작을 하며, 허리의 중립을 최대한 유지하면서 깊이 앉아야 하기 때문에 난이도가 가장 높다.

세부 평가기준

① 양발의 간격이 어깨너비보다 좁게 위치하였는가? ○
② 일어설 때 반동을 이용하거나 상체를 과하게 구부리지 않았는가? ○
③ 엉덩이의 높이가 무릎보다 아래 위치하도록 깊이 앉았는가? ○
④ 동작 실행 중 척추 전만을 유지하였는가? ○

하체, 복근, 전신
23

플랭크
Plank

★★☆

정복 POINT

평평하게 엎드린 상태로 실행하는 운동

- 주동근: 복직근
- 협력근: 전신근육

QR 동작

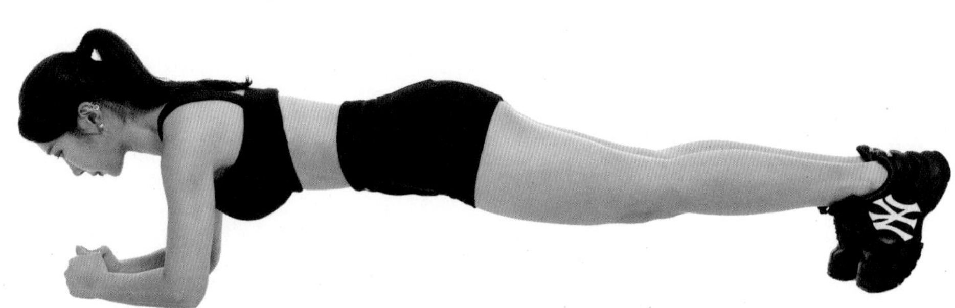

자세 바로 알기

허리, 관절, 힘줄, 인대를 사용하지 않는 손 운동의 일종으로서 땅과 몸만 있으면 어디서나 가능한 운동이다.

세부 평가기준

① 엎드린 자세에서 양팔의 전완부와 양발로 지지하며 자세를 유지하였는가? ○
② 몸통을 일직선으로 유지하였는가? ○
③ 자세를 유지하는 동안 몸통이 흔들리지 않았는가? ○

사이드 플랭크

Side Plank

★★★

정복 POINT

고난이도의 균형감각이 필요하며 최대한 유지하며 지탱해야 함

- 주동근: 복직근
- 협력근: 전신근육

QR 동작

자세 바로 알기

- 측면으로 자세를 지탱하며 엉덩이가 바닥으로 처지는 것을 막기 위해 자세를 유지하면서 코어에 강력한 힘을 주는 운동이다.
- 복부와 골반, 등 척추를 지탱하는 근육, 다양한 핵심영역의 근육을 발달시킨다.

세부 평가기준

① 옆으로 누운 자세에서 한쪽 팔의 전완부와 한쪽 발로 자세를 취하였는가? ○

② 몸통을 일직선으로 유지하였는가? ○

③ 자세를 유지하는 동안 몸통이 흔들리지 않았는가? ○

CHAPTER 04

실전기술

[남성]

보디빌딩 규정 포즈

1 프론트 더블 바이셉스
Front Double Biceps

2 프론트 랫 스프레드
Front Lat Spread

3 사이드 체스트
Side Chest

4 백 더블 바이셉스
Back Double Biceps

5 백 랫 스프레드
Back Lat Spread

6 사이드 트라이셉스
Side Triceps

7 업도미널 앤 타이
Abdominal & Thighs

클래식보디빌딩 쿼터 턴[2급 전문]

1 프론트 포지션
Front Position

2 쿼터 턴 라이트
Quarter Turn Right

3 쿼터 턴 백
Quarter Turn Back

4 쿼터 턴 라이트
Quarter Turn Right

[여성]

피지크 규정 포즈

1 프론트 포즈/ Front Pose

2 사이드 체스트/ Side Chest

3 백 포즈/ Back Pose

4 사이드 트라이셉스/ Side Triceps

피지크&보디 피트니스 쿼터 턴[2급 전문]

1 프론트 포지션
Front Position

2 쿼터 턴 라이트
Quarter Turn Right

3 쿼터 턴 백
Quarter Turn Back

4 쿼터 턴 라이트
Quarter Turn Right

비키니 피트니스 쿼터 턴[2급 전문]

1 프론트 포지션
Quarter Turn Right

2 쿼터 턴 라이트
Quarter Turn Right

3 쿼터 턴 백
Quarter Turn Back

4 쿼터 턴 라이트
Quarter Turn Right

보디빌딩 규정 포즈

남성 실전기술 1

프론트 더블 바이셉스
Front Double Biceps
(전면 이두근 포즈)

정복 POINT

심판은 처음에 상완 이두근 전체, 정점 발달, 전면부와 후면부의 분할을 심사하고 계속해서 머리부터 발끝까지 전완근, 삼각근, 흉부, 가슴 상부(pec-delt tie-ins), 복부, 허벅지, 종아리를 관찰한다. 심판은 또한 근육의 조밀도, 선명도 그리고 전반적인 균형을 심사한다.

QR 동작

자세 바로 알기

선수는 심판을 향해 전면으로 서서 두 팔을 들어서 두 어깨와 수평을 이루고, 두 팔꿈치를 올려 든다. 두 손은 주먹을 쥔다. 이 포즈에서 제일 중요한 근육 부위는 이두박근과 전완근이다. 이두박근 부위의 근육을 힘껏 수축해야 한다.

세부 평가기준

① 이두박근과 전완근을 표현하고 있는가? ○
② 팔의 높이는 어깨보다 같거나 높게 하고 있는가? ○
③ 가슴이 들리고 가슴근육의 선을 표현하고 있는가? ○
④ 광배근을 표현하고 있는가? ○
⑤ 하체에 힘을 지속적으로 유지하여 대퇴근을 표현하고 있는가? ○

보디빌딩 규정 포즈

남성 실전기술 2

프론트 랫 스프레드

Front Lat Spread

(전면 광배근 포즈)

정복 POINT

심판은 첫째로 몸통을 V-형태로 만들어서 훌륭한 광배근의 넓은 면적을 보이는지 심사한다. 그 후 전체적인 골격, 다양한 근육군의 조금 더 자세한 부분에 집중해서 머리부터 발끝까지 심사한다.

자세 바로 알기

선수는 심판을 향해 전면으로 서서 두 손을 허리 쪽에 두고 광배근을 힘껏 편다. 동시에 선수는 반드시 전면 근육의 이완과 수축을 조정할 수 있어야 한다.

세부 평가기준

① 가슴근육의 수축을 표현하고 있는가?
② 하체에 힘을 지속적으로 유지하여 대퇴근을 표현하고 있는가?
③ 심판을 향해 전면으로 서서 발의 간격을 최대 15cm로 유지하고 있는가?

남성 실전기술 3

사이드 체스트

Side Chest

(측면 가슴 포즈)

정복 POINT

심판은 가슴 근육과 흉곽의 아치(arch), 상완 이두근, 대퇴 이두근 그리고 비복근을 집중적으로 관찰하고 머리부터 발끝까지 심사한다. 옆모습을 통해 허벅지와 종아리 근육의 더 정확한 발달 정도를 확인할 수 있다.

자세 바로 알기

선수는 우측 또는 좌측의 자신 있는 가슴근육 쪽을 선택하여 연기한다. 한쪽 다리를 굽혀 다른 쪽 발 앞으로 착지한다. 선수는 가슴을 젖히고, 심판에게 보이는 쪽 팔을 힘껏 꺾고, 이두박근을 수축한다. 동시에 다리의 근육을 수축하며, 특히 이두박근과 종아리 근육을 수축한다.

세부 평가기준

① 가슴을 들고 가슴라인을 표현하고 있는가? ○

② 어깨와 이두근을 수축하여 표현하고 있는가? ○

③ 앞다리를 약간 구부려 대퇴 이두근을 표현하고 있는가? ○

④ 하체를 수축하여 대퇴근을 표현하고 있는가? ○

⑤ 종아리를 수축하여 비복근을 표현하고 있는가? ○

보디빌딩 규정 포즈

남성 실전기술 4

백 더블 바이셉스

Back Double Biceps

(후면 이두근 포즈)

정복 POINT

심판은 첫 째로 팔 근육을 심사하고 머리부터 발끝까지 관찰하며 다른 모든 포즈들보다 더 많은 근육군을 심사한다. 이 자세에는 목, 삼각근, 상완 이두근, 상완 삼두근, 전완근, 승모근, 원근, 견갑하근, 척추 기립근, 복사근, 광배근, 대둔근, 대퇴 이두근 그리고 비복근이 포함된다.

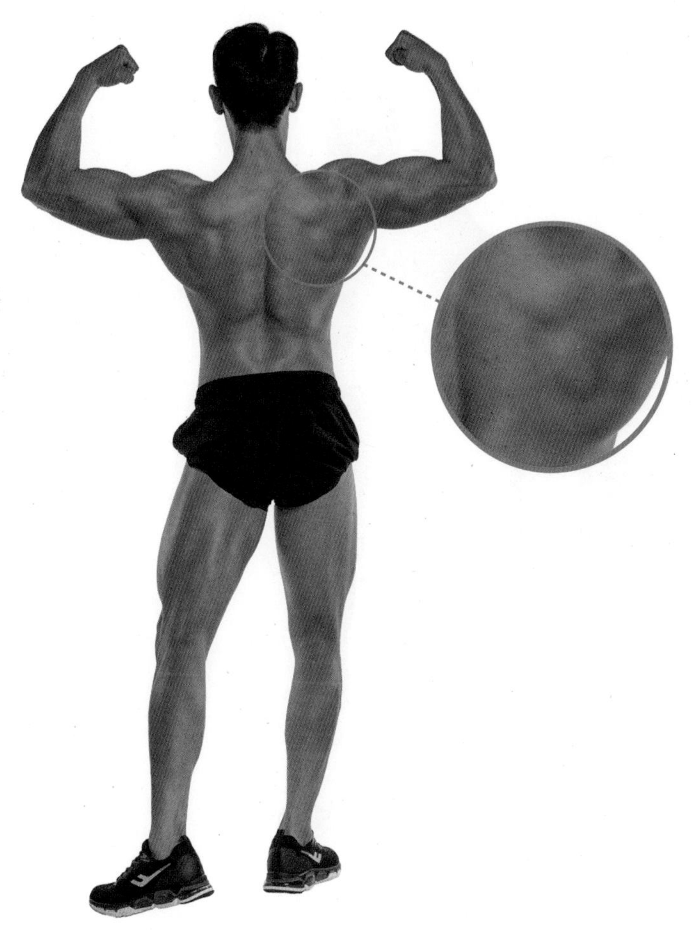

자세 바로 알기

선수는 뒷모습을 심판에게 보이게 서서 두 팔과 팔목 부분을 프론트 더블 바이셉스(Front Double Biceps) 동작과 똑같이 한다. 한쪽 다리를 발 앞으로 착지하고, 발꿈치를 쳐든다. 팔과 어깨, 등 근육을 수축하고 허벅다리, 종아리도 최대한 수축한다.

세부 평가기준

① 팔의 높이는 어깨보다 같거나 높게 하고 있는가? ○
② 등 근육을 수축하고 몸이 앞으로 구부러지지 않게 하고 있는가? ○
③ 한 다리를 뒤로 뻗어 슬와근을 표현하고 있는가? ○
④ 종아리를 수축하여 비복근을 표현하고 있는가? ○
⑤ 이두근과 삼각근을 수축하여 표현하고 있는가? ○

보디빌딩 규정 포즈

남성 실전기술 5

백 랫 스프레드

Back Lat Spread

(후면 광배근 포즈)

정복 POINT

선수는 심판이 양쪽 비복근을 동등하게 심사할 수 있도록 백 더블 바이셉스(Back Double Biceps) 때 보여주지 않았던 종아리 근육을 보여주도록 노력해야 한다. 심판은 훌륭하고 넓은 광배근과 근육의 조밀도를 심사하고 다시 머리부터 발끝까지 심사한다.

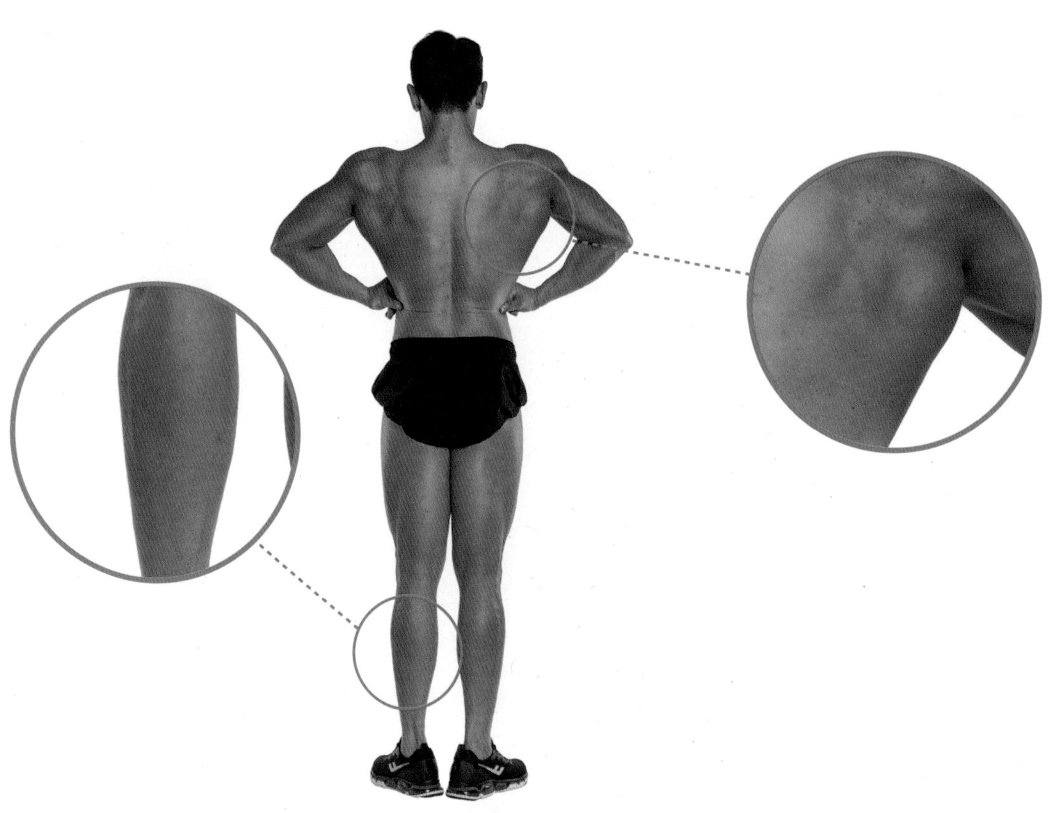

자세 바로 알기

선수는 뒷모습이 심판에게 보이게 서서 두 손을 허리 쪽에 놓는다. 광배근을 가능한 한 힘껏 펴고, 종아리도 힘껏 수축한다.

세부 평가기준

① 등 근육을 잘 펴고 있는가? ○
② 등 모양이 V자가 되고 있는가? ○
③ 발의 간격을 최대 15cm로 유지한 채 두 다리를 곧게 편 상태로 근육을 수축하고 있는가? ○
④ 종아리를 수축하여 비복근을 표현하고 있는가? ○
⑤ 팔꿈치는 어깨보다 전방을 향하고 있는가? ○

남성 실전기술 6

사이드 트라이셉스

Side Triceps

(측면 삼두근 포즈)

정복 POINT

심판은 첫 번째로 상완 삼두근을 심사하고 머리부터 발끝까지 심사한다. 이어서 심판은 프로필을 통해 허벅지와 종아리 근육의 더 정확한 발달 정도를 확인할 수 있다.

자세 바로 알기

선수는 자신의 어느 한쪽 팔의 삼두 부분을 정하여 연기한다. 우측 또는 좌측으로 심판을 향해 서고 두 손을 몸 뒤쪽에 놓는다. 심판을 향한 쪽의 다리는 반드시 조금 굽혀 다른 쪽 발 앞으로 착지한다. 선수는 앞에 있는 손을 힘껏 수축하고 근육을 과시한다.

세부 평가기준

① 삼두근을 수축하여 표현하고 있는가? ○

② 가슴의 모양을 보여 주고 있는가? ○

③ 심판과 가까운 쪽 다리의 무릎을 구부린 상태로 발을 지면 위에 두고, 다른 다리는 뒤로 뺀 채 무릎을 구부려 발가락으로 지탱하며 대퇴부와 비복근을 표현하고 있는가? ○

남성 실전기술 7

업도미널 앤 타이

Abdominal & Thighs

(복직근과 다리 포즈)

정복 POINT

심판은 복부와 허벅지 근육을 심사하고 난 후 머리부터 발끝까지 심사한다.

자세 바로 알기

선수는 심판을 향해 전면으로 서서 한쪽 다리는 앞으로 빼고, 이어서 복부 근육을 수축하고 몸을 약간 앞으로 하며 손을 깍지 낀 채 머리 뒤로 올리는 동작을 취한다. 동시에 앞으로 뻗은 다리 근육을 수축한다.

세부 평가기준

① 손은 머리 뒤에 위치하고 있는가? ○
② 복부를 수축하여 복근을 표현하고 있는가? ○
③ 이두근을 수축하여 표현하고 있는가? ○
④ 대퇴근을 수축하여 표현하고 있는가? ○
⑤ 광배근을 수축하여 표현하고 있는가? ○

남성 실전기술 1

프론트 포지션

Front Position

QR 동작

자세 바로 알기

바르게 서서 머리와 눈은 몸과 같은 방향으로 일치시킨다. 발뒤꿈치는 같은 선상에서 간격을 15cm 유지하고 발은 바깥쪽으로 벌리고 무릎은 구부리지 않은 채로 배는 안으로, 가슴은 바깥으로, 어깨는 뒤로 빼며 고개를 든다. 양팔은 신체 중심선을 따라 측면에 위치하여 팔꿈치는 약간 구부리고 손바닥은 신체를 바라보게 한 상태로 주먹을 쥔다.

세부 평가기준

① 머리와 눈이 몸과 같은 방향으로 향하고 있는가? ○

② 발뒤꿈치가 같은 선상에서 간격을 유지하며 양팔은 신체 중심선을 따라 측면에 위치하고 팔꿈치는 약간 구부린 상태로 손바닥이 신체를 바라보게 한 상태로 주먹을 쥐고 있는가? ○

남성 실전기술 2

쿼터 턴 라이트

Quarter Turn Right

Good
왼쪽 측면이 심판을 향함

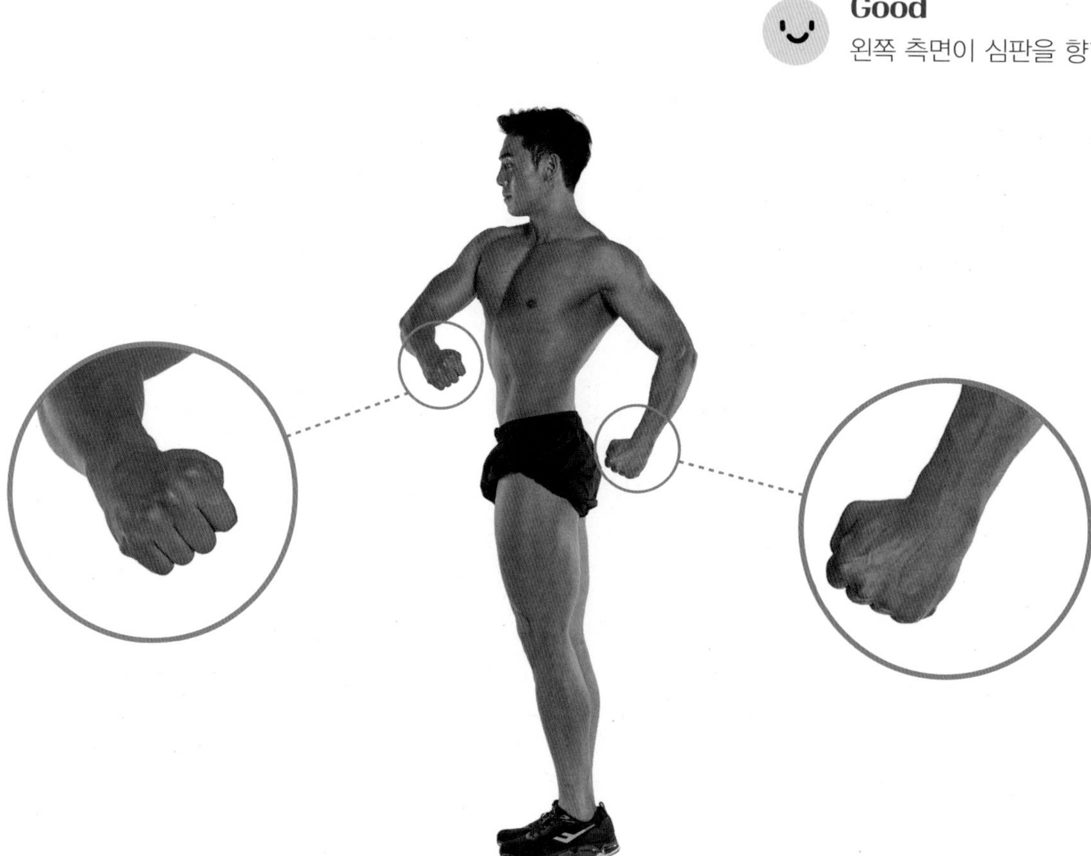

자세 바로 알기

바르게 서서 머리와 눈은 몸과 같은 방향으로 일치시킨다. 발뒤꿈치를 모은 상태로 발은 바깥쪽으로 벌리고 무릎은 구부리지 않은 채로 배는 안으로, 가슴은 바깥으로, 어깨는 뒤로 빼며 고개를 든다. 좌측 팔은 등 뒤의 신체 중심선에, 우측 팔은 신체 중심선 전방에 위치하며 팔꿈치는 약간 구부리고 손바닥은 신체를 바라보게 한 상태로 주먹을 쥔다.

세부 평가기준

① 머리와 눈이 몸과 같은 방향으로 향하고 있는가? ○
② 발뒤꿈치를 모으고 있으며 발을 바깥쪽으로 벌리고 있는가? ○
③ 좌측 팔은 등 뒤의 신체 중심선에, 우측 팔은 신체 중심선 전방에 위치하여 팔꿈치는 약간 구부리고 손바닥이 신체를 바라본 상태에서 주먹을 쥐고 있는가? ○

남성 실전기술 3

쿼터 턴 백

Quarter Turn Back

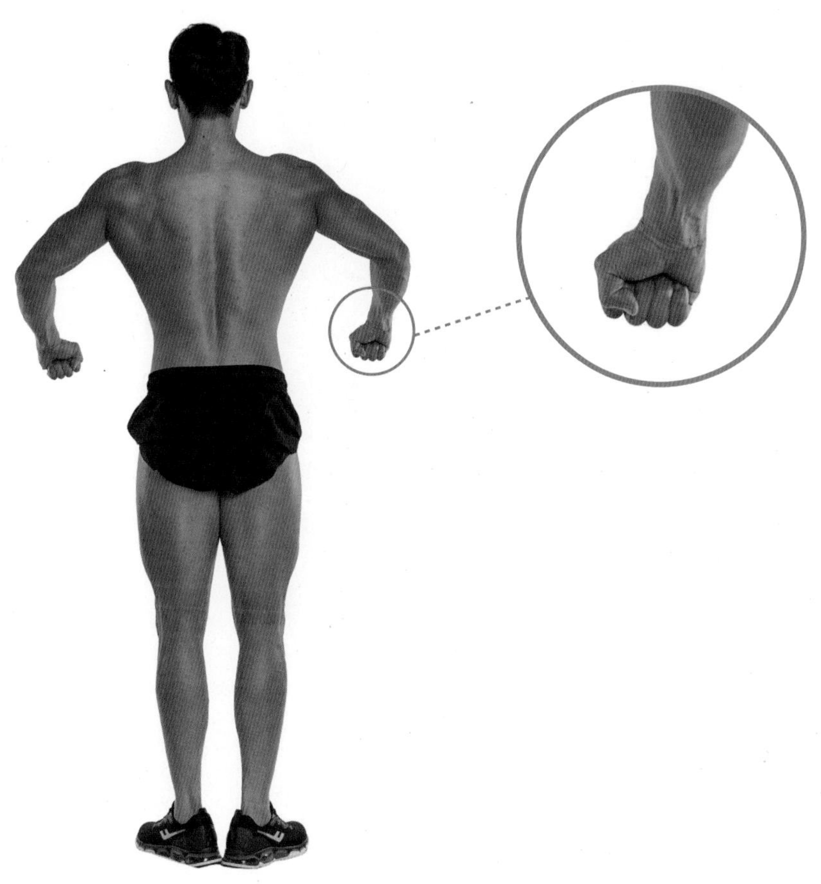

자세 바로 알기

뒤돌아 바르게 서서 머리와 눈은 몸과 같은 방향으로 일치시킨다. 발뒤꿈치는 같은 선상에서 간격을 15cm 유지하고 발은 바깥쪽으로 벌리고 무릎은 구부리지 않은 채로 배는 안으로, 가슴은 바깥으로, 어깨는 뒤로 빼며 고개를 든다. 양팔은 신체 중심선을 따라 측면에 위치하여 팔꿈치는 약간 구부리고 손바닥은 신체를 바라보게 한 상태로 주먹을 쥔다.

세부 평가기준

① 머리와 눈이 몸과 같은 방향으로 향하고 있는가? ○

② 발뒤꿈치가 같은 선상에서 간격을 유지하며 양팔은 신체 중심선을 따라 측면에 위치하고 팔꿈치는 약간 구부린 상태로 손바닥이 신체를 바라보게 한 상태로 주먹을 쥐고 있는가? ○

③ 무릎 곧게 펴고, 복부는 안으로, 가슴은 바깥으로, 어깨는 뒤로, 고개는 들고 있는가? ○

남성 실전기술 4

쿼터 턴 라이트

Quarter Turn Right

Good
오른쪽 측면이 심판을 향함

자세 바로 알기

바르게 서서 머리와 눈은 몸과 같은 방향으로 일치시킨다. 발뒤꿈치를 모은 상태로 발은 바깥쪽으로 벌리고 무릎은 구부리지 않은 채로 배는 안으로, 가슴은 바깥으로, 어깨는 뒤로 빼며 고개를 든다. 우측 팔은 등 뒤의 신체 중심선에, 좌측 팔은 신체 중심선 전방에 위치하여 팔꿈치는 약간 구부리고 손바닥은 신체를 바라보게 한 상태로 주먹을 쥔다.

세부 평가기준

① 머리와 눈이 몸과 같은 방향으로 향하고 있는가? ○
③ 발뒤꿈치를 모으고 있으며 발을 바깥쪽으로 벌리고 있는가? ○
③ 우측 팔은 등 뒤의 신체 중심선에, 좌측 팔은 신체 중심선 전방에 위치하여 팔꿈치는 약간 구부리고 손바닥이 신체를 바라본 상태에서 주먹을 쥐고 있는가? ○

피지크 규정 포즈

여성 실전기술 1

프론트 포즈

Front Pose

정복 POINT

심판은 머리부터 발끝까지 전체적인 바디 라인 및 균형, 각 신체 부분의 윤곽, 적절한 근육의 발달, 전체적인 신체 비율 및 대칭을 심사한다.

QR 동작

자세 바로 알기

전면으로 서서 오른쪽 또는 왼쪽 다리를 바깥쪽으로 빼고 다리와 발은 일직 선상에 둔다. 두 팔을 어깨높이까지 올린 다음 팔꿈치를 구부리고 손을 편 상태에서 손가락은 하늘을 향하게 한다. 전체적인 근육을 수축한다.

세부 평가기준

① 두 다리(오른쪽 또는 왼쪽 다리를 바깥쪽으로)와 발의 위치(일직선상)는 정확한가? ○
② 두 팔의 높이(어깨높이)와 팔꿈치가 구부리고 있는 동작이 정확한가? ○
③ 손과 손가락이 하늘을 향하고 있는가? ○
④ 최대한 많은 근육들을 수축하고 있는가? ○

피지크 규정 포즈

여성 실전기술 2

사이드 체스트
Side Chest

정복 POINT

심판은 머리부터 발끝까지 심사하지만 특히 가슴 근육, 상완 삼두근, 대퇴부 근육 및 비복근을 주의 깊게 심사할 것이다. 이 포즈에서는 전체적인 윤곽을 심사하지만 허벅지와 비복근을 중점적으로 평가할 것이다.

자세 바로 알기

선수는 왼팔 또는 오른팔 중 한쪽을 선택한다. 심판을 향해 왼쪽 또는 오른쪽 방향으로 약간 비틀게 서서 배는 안으로 집어넣고 왼쪽 또는 오른쪽 무릎은 구부리지 않은 채로 다리를 앞쪽으로 곧게 펴서 발을 바닥에 내려놓는다. 오른쪽 또는 왼쪽 무릎은 살짝 구부리고 양팔은 신체 앞에 두어 팔꿈치와 손가락을 곧게 펴게 한 채로 손바닥이 아래를 보게 한 다음 양 손을 같은 선상에 두거나 한 손을 다른 손 위에 올린다. 선수는 가슴근육, 상완 삼두근, 대퇴부 근육 및 비복근을 수축한다.

세부 평가기준

① 심판을 향해 오른쪽 또는 왼쪽으로 비틀게 서 있는가? ◯
② 오른쪽 또는 왼쪽 무릎은 구부리지 않은 채로 다리를 곧게 펴고 있으며 왼쪽 또는 오른쪽 무릎은 살짝 구부리고 있는가? ◯
③ 팔, 팔꿈치, 손가락 및 손바닥의 자세 및 위치는 정확한가? ◯
④ 가슴 근육, 상완 삼두근, 대퇴 사두근, 대퇴 이두근 및 비복근을 수축하고 있는가? ◯

여성 실전기술 3

백 포즈
Back Pose

정복 POINT

심판은 머리부터 발끝까지 전체적인 바디 라인 및 균형, 각 신체 부분의 윤곽, 적절한 근육의 발달 등을 심사할 것이다.

자세 바로 알기

뒤돌아서서 프론트 포즈와 마찬가지로 팔을 구부리고 손을 편 상태로 한 발을 뒤에 위치하여 발가락으로 지탱힌다. 선수는 삼각근, 등 상하부, 허벅지 및 비복근을 수축한다.

세부 평가기준

① 두 다리(한 발을 뒤에 위치하여 발가락으로 지탱)와 발의 위치는 정확한가?
② 두 팔의 높이(어깨높이)와 팔꿈치는 구부리고 있는 동작이 정확한가?
③ 손과 손가락이 하늘을 향하고 있는가?
④ 삼각근, 등 상하부, 대퇴 이두근 및 비복근을 수축하고 있는가?

피지크 규정 포즈

여성 실전기술 4

사이드 트라이셉스
Side Triceps

정복 POINT

전체적인 윤곽을 심사하지만 가슴, 복부, 허벅지 및 비복근을 집중하여 평가한다.

자세 바로 알기

선수는 왼팔 또는 오른팔 중 한쪽을 선택한다. 심판을 향해 왼쪽 또는 오른쪽 측면이 심판을 향하게 서서 심판을 바라보고 가슴은 바깥으로, 복부는 안으로 집어넣은 상태로 두 팔을 등 뒤에 위치시키고 왼쪽 또는 오른쪽에 있는 손목을 오른쪽 또는 왼쪽 손으로 움켜잡는다. 왼쪽 또는 오른쪽의 팔꿈치, 손 및 손가락을 편 상태로 손바닥이 아래 지면과 평행이 되게 한다. 왼쪽 또는 오른쪽 무릎은 구부리지 않은 채로 다리를 곧게 펴서 발을 바닥에 내려놓으며 오른쪽 또는 왼쪽 무릎은 살짝 구부린다.

세부 평가기준

① 오른쪽 또는 왼쪽 측면이 심판을 향해 서 있는가? ○

② 팔을 등 뒤에 위치시켜 오른쪽 또는 왼쪽 손목을 왼쪽 또는 오른쪽 손으로 잡고 있으며 손과 손가락을 편 상태로 손바닥이 아래 지면과 평행하게 되어 있는가? ○

③ 오른쪽 또는 왼쪽 무릎을 구부리지 않고 다리를 곧게 펴서 바닥에 내려놓았으며 왼쪽 또는 오른쪽 무릎은 살짝 구부렸는가? ○

④ 상완 삼두근, 가슴, 복부, 대퇴근부 및 비복근을 수축하고 있는가? ○

여성 실전기술 1

프론트 포지션

Front Position

QR 동작

자세 바로 알기

바르게 서서 머리와 눈은 몸과 같은 방향으로 일치시킨다. 발뒤꿈치를 모은 상태로 발은 바깥쪽으로 향하고 무릎은 구부리지 않은 채로 배는 안으로, 가슴은 바깥으로, 어깨는 뒤로 뺀다. 양팔은 신체 중심선을 따라 측면에 위치하여 팔꿈치는 약간 구부리고 손바닥은 신체를 바라보게 한 상태로 약간 떨어뜨리고 손은 오므린다.

세부 평가기준

① 머리와 눈이 몸과 같은 방향으로 향하고 있는가?
② 발뒤꿈치를 모으고 있으며 발은 바깥쪽으로 향하고 있는가?
③ 무릎을 곧게 펴고, 복부는 안으로, 가슴은 바깥으로, 어깨는 뒤로 뺐는가?

여성 실전기술 2

쿼터 턴 라이트
Quarter Turn Right

정복 POINT

상체가 약간 우측으로 틀어짐에 따라 우측 어깨가 내려가고 좌측 어깨는 올라가는데, 이는 정상적이나 너무 과장되지 않도록 한다.

Good

왼쪽 측면이 심판을 향함

자세 바로 알기

바르게 서서 머리와 눈은 몸과 같은 방향으로 일치시킨다. 발뒤꿈치를 모은 상태로 발은 바깥쪽으로 향하고 무릎은 구부리지 않은 채로 배는 안으로, 가슴은 바깥으로, 어깨는 뒤로 뺀다. 좌측 팔은 등 뒤 신체 중심선에, 우측 팔은 신체 중심선 전방에 위치하여 팔꿈치는 약간 구부리고 손바닥은 신체를 바라보게 한 상태로 손은 오므린다.

세부 평가기준

① 머리와 눈이 몸과 같은 방향으로 향하고 있는가? ○

② 발뒤꿈치를 모으고 있으며 발은 바깥쪽으로 향하고 있는가? ○

③ 좌측 팔은 등 뒤의 신체 중심선에, 우측 팔은 신체 중심선 전방에 위치하여 팔꿈치는 약간 구부리고 손바닥은 신체를 바라보게 한 상태로 손은 오므리고 있는가? 

여성 실전기술 3

쿼터 턴 백

Quarter Turn Back

자세 바로 알기

뒤돌아 바르게 서서 머리와 눈은 몸과 같은 방향으로 일치시킨다. 발뒤꿈치를 모은 상태로 발은 바깥쪽으로 향하고 무릎은 구부리지 않은 채로 배는 안으로, 가슴은 바깥으로, 어깨는 뒤로 뺀다. 양팔은 신체 중심선을 따라 측면에 위치하여 팔꿈치는 약간 구부리고 손바닥은 신체를 바라보게 한 상태로 약간 떨어뜨리고 손은 오므린다.

세부 평가기준

① 머리와 눈이 몸과 같은 방향으로 향하고 있는가?
② 발뒤꿈치를 모으고 있으며 발은 바깥쪽으로 향하고 있는가?

여성 실전기술 4

쿼터 턴 라이트

Quarter Turn Right

Good

오른쪽 측면이 심판을 향함

자세 바로 알기

바르게 서서 머리와 눈은 몸과 같은 방향으로 일치시킨다. 발뒤꿈치를 모은 상태로 발은 바깥쪽으로 향하고 무릎은 구부리지 않은 채로 배는 안으로, 가슴은 바깥으로, 어깨는 뒤로 뺀다. 우측 팔은 등 뒤 신체 중심선에, 좌측 팔은 신체 중심선 전방에 위치하여 팔꿈치는 약간 구부리고 손바닥은 신체를 바라보게 한 상태로 손은 오므린다.

세부 평가기준

① 머리와 눈이 몸과 같은 방향으로 향하고 있는가? ○
② 발뒤꿈치를 모으고 있으며 발은 바깥쪽으로 향하고 있는가? ○
③ 우측 팔은 등 뒤 신체 중심선에, 좌측 팔은 신체 중심선 전방에 위치하여 팔꿈치는 약간 구부리고 손바닥은 신체를 바라보게 한 상태로 손은 오므리고 있는가? ○

여성 실전기술 1

프론트 포지션

Front Position

QR 동작

자세 바로 알기

바르게 서서 머리와 눈은 몸과 같은 방향을 바라보고 있어야 하며 한 팔은 엉덩이 위에 올려놓고 한 쪽 다리는 약간 앞쪽 옆에 놓는다. 다른 손은 신체를 따라 약간 측면에 늘어뜨리고 손을 펴서 손가락을 곧게 편 상태로 미적으로 보이게 한다. 무릎은 구부리지 않고 복부는 안쪽으로, 상체를 앞으로, 어깨는 뒤로 뺀다.

세부 평가기준

① 바르게 서서 머리와 눈이 몸과 같은 방향을 바라보고 있는가?
② 한 손은 엉덩이 위에 두고, 다른 한 손은 몸 옆에 자연스레 늘어뜨리고 손을 편 상태로 미적으로 보이게 하는가?
③ 무릎을 구부리지 않고, 복부를 끌어당기고 가슴을 세우고 어깨는 폈는가?

여성 실전기술 2

쿼터 턴 라이트

Quarter Turn Right

정복 POINT

쿼터 턴을 수행하는 동안에, 선수들은 흔들림 없이 움직이지 않고 서 있어야 한다.

Good

왼쪽 측면이 심판을 향함

자세 바로 알기

왼쪽 측면이 심판을 향하게 되며 심판을 바라보기 위해서 상체를 약간 돌려야 한다. 오른손은 오른쪽 엉덩이 위에 올리고 왼쪽 팔은 약간 뒤쪽 신체 중심선 부근에 위치시켜 고정하고 손바닥이 보이게 손가락을 곧게 편 상태로 미적으로 보이게 한다. 왼쪽 엉덩이는 약간 올리고 왼쪽 무릎(심판 쪽에서 가까운)은 약간 구부리고 왼쪽 발을 2cm 앞으로 움직여 발가락을 바닥에 내려놓는다.

세부 평가기준

① 측면이 심판을 향한 상태에서 상체를 돌려 심판을 바라보고 있는가?
② 심판으로부터 가까운 엉덩이를 약간 올리고 있는가?
③ 심판으로부터 가까운 팔은 약간 뒤쪽 신체 중심선에 위치하여 손을 편 상태로 미적으로 보이게 하는가?
④ 심판으로부터 먼 팔을 엉덩이 위에 올리고 있는가?

여성 실전기술 3

쿼터 턴 백

Quarter Turn Back

자세 바로 알기

바르게 선 상태로 한 손은 엉덩이 위에 올려놓고 한 쪽 다리는 약간 측면에 둔다. 다른 손은 신체를 따라 늘어뜨리고 손가락을 편 상태로 미적으로 보이게 한다. 무릎은 구부리지 않으며 복부는 안쪽으로, 상체는 앞으로 어깨는 뒤로 뺀다. 등 하부는 자연스럽게 만곡시키거나 약간 척추전만의 자세를 취하고 등 상부는 곧게 편 상태로 고개를 든다.

세부 평가기준

① 상체를 숙이지 않고 바르게 서있는가? ○
② 한 손을 엉덩이 위에 올려놓고 있는가? ○
③ 다른 손은 신체를 따라 약간 측면에 늘어뜨리고 손을 편 상태로 미적으로 보이게 하는가? ○
④ 무릎은 구부리지 않고 복부는 안쪽으로, 상체는 앞으로, 어깨는 뒤로 뺀 상태로 위치하고 있는가? ○
⑤ 등 하부를 자연스럽게 만곡시키거나 약간 척추 전만의 자세를 취하고 있는가? ○
⑥ 등 상부는 곧게 펴고 고개는 심판을 바라보지 않고 전면(무대 뒤쪽)을 향하고 있는가? ○

여성 실전기술 4

쿼터 턴 라이트

Quarter Turn Right

Good
오른쪽 측면이 심판을 향함

자세 바로 알기

오른쪽 측면이 심판을 향하게 되며 심판을 바라보기 위해서 상체를 약간 돌려야 한다. 왼손은 왼쪽 엉덩이 위에 올리고 오른쪽 팔은 약간 뒤쪽 신체 중심선 부근에 위치시켜 고정하고 손바닥이 보이게 손가락을 곧게 편 상태로 미적으로 보이게 한다. 오른쪽 엉덩이는 약간 올리고 오른쪽 무릎(심판 쪽에서 가까운)은 약간 구부리고 오른쪽 발을 2cm 앞으로 움직여 발가락을 바닥에 내려놓는다

세부 평가기준

① 측면이 심판을 향한 상태에서 상체를 돌려 심판을 바라보고 있는가? ○
② 심판으로부터 가까운 엉덩이를 약간 올리고 있는가? ○
③ 심판으로부터 가까운 팔은 약간 뒤쪽 신체 중심선에 위치하여 손을 편 상태로 미적으로 보이게 하는가? ○
④ 심판으로부터 먼 팔을 엉덩이 위에 올리고 있는가? ○

memo

PART 03

보디빌딩 구술 정복

M스포츠지도사

CHAPTER 01

구술 상식

1 생활체육

(1) 3GO 준비운동

① WHAT? 준비운동이란?

▶ 준비운동의 개념

준비운동은 신체활동 또는 운동에 참여하기 전 신체의 기능을 안정 상태에서 운동에 적합한 상태로 서서히 유도해가는 일련의 과정으로서 **웜업(warm-up)**이라고도 하며, 주 운동에 참여하기 전 최소한 10분 이상은 투자하여 실시하는 것이 권장된다. 때론 대부분의 사람들이 준비운동과 **스트레칭**을 같은 개념으로 생각하고 실시하는 경우가 많지만, 실제로는 다른 개념으로 스트레칭을 준비운동의 한 방법으로 채택하여 이용할 수 있는 것이다. 그러므로 개인의 특성과 참여하는 운동 종목 등의 특성을 고려하여 올바른 순서와 방법에 의해 진행하는 것이 준비운동의 효과를 높일 수 있다.

② HOW? 어떻게 해야 할까?

▶ 준비운동의 방법

일반적인 준비과정과 특이적인 준비과정을 거치면서 운동을 하는 것이 가장 이상적이다. 일반적인 준비과정은 맨손체조나 관절 돌리고 운동, 그리고 가벼운 순환운동으로서 체온을 올려주는 운동이 포함되며, 특이적인 준비과정은 전신에 대한 정적 스트레칭과 참여하는 운동이나 신체활동의 실제적인 움직임을 포함하는 동적 스트레칭이 포함된다. 그러므로 단계에 따라서 집중하면서 순차적으로 준비운동을 해주는 습관을 갖는 것이 중요하다.

- **관절 돌리고 운동**: 준비운동의 첫 번째 단계로서 본격적인 준비운동에 대비하여 각 관절의 긴장을 풀어주고 신체를 준비시키는 과정이다.
- **체온 올리고 운동**: 준비운동의 두 번째 단계로서 각 관절이 충분히 풀린 이후 순환운동 개념의 가벼운 걷기, 뛰기, 리듬운동 등을 해주어 체온을 상승시키는 과정이며, 다음 단계에서의 스트레칭에 대해 신체를 준비시키는 과정이다.
- **근육 늘이고 운동**: 준비운동의 세 번째 단계로서 체온이 상승된 이후 전신에 대한 스트레칭과 주운동과 관련된 동작에 대한 특이적인 동적 스트레칭을 실시하여 근막과 근육 등을 이완시켜 최종적으로 신체를 운동에 참여하기 적합한 상태로 준비시키는 과정이다.

CHECK 스트레칭

㉠ 개념: 스트레칭은 신체 부위의 근육이나, 건, 인대 등을 늘이는(신전시키는) 운동으로서, 경직된 근육이나 불균형하게 발달된 근육, 그리고 신체 각 부위의 가동 범위를 향상시킴은 물론 상해예방을 위해서도 널리 이용되는 운동이다. 시간과 장소에 구애받지 않고 누구나 쉽게 할 수 있으므로, 신체적, 심리적 이완을 위하여 매우 유용한 운동 방법이 될 수 있다.

㉡ 종류: 스트레칭 방법은 대표적으로 정적 스트레칭(Static stretching), 동적 스트레칭(Dynamic stretching), 수동적 스트레칭(Passive stretching)으로 나눌 수 있다.

- 정적 스트레칭(Static stretching): 근육을 최대한 신전시킨 상태에서 정지하고, 일정한 시간 동안 자세를 유지하여 근육의 신장력을 향상시키는 방법으로, 본 운동 전에 일반적으로 가장 널리 이용되는 방법이다. 또한 본 운동 후 정리운동으로 실시하면 운동 중 가중된 근육의 피로나 경직을 해소해 줄 수 있다. 그러나 정적 스트레칭만으로는 스포츠기술에서 필요한 동적 유연성을 향상시킬 수 없으므로, 종목의 특수성에 맞는 유연성을 획득하기 위해서는 정적 스트레칭과 동적 스트레칭을 적절히 배합하여 실시해야 한다.
- 동적 스트레칭(Dynamic stretching): 맨손 체조와 같이 마지막 자세를 유지하지 않고, 움직임의 속도를 이용하여 근육을 신전시키는 방법이다. 이러한 동적 스트레칭은 특이적인 스포츠 종목의 움직임과 관련이 있어 몸의 회전범위와 같은 동적인 유연성을 향상시킨다. 그리고 정적 스트레칭에 의해 일시적으로 손실될 수 있는 파워(power)를 유지시킬 수 있으므로, 특이적인 유연성을 향상시키기에 매우 효과적이다. 또한 각 스포츠에서 필요로 하는 전문적 유연성을 증진시키기 때문에 본 운동을 준비하는 데 도움을 준다.

- 수동적 스트레칭(Passive partner stretching): 수동적 스트레칭은 보조자와 함께 실시하는 방법으로 근육의 피로와 경직을 해소하고, 관절의 가동범위를 더욱 향상시키는 데 효과적이다. 그러나 보조자의 정확한 스트레칭 기술 습득이 절대적으로 필요하며, 과도한 자극이나 동작은 금지하도록 해야 한다. 또한 실시자와 상호 대화를 통하여 스트레칭 시 통증을 느끼지 않고, 편안하게 동작이 이루어지도록 해야 한다.

ⓒ 원리

- 스트레칭 전 가벼운 준비운동을 실시한다: 갑작스런 근육의 신전은 근육의 손상을 유발할 수 있다. 가벼운 체조와 조깅 등의 준비 운동을 통하여 체온을 상승시킨 후 스트레칭을 실시하면 상해의 예방은 물론 더욱 큰 스트레칭 효과를 얻을 수 있다.
- 신체 관절의 최대한 가동 범위까지 실시한다: 스트레칭의 일반적 원리는 신체의 다양한 조직(근, 건, 인대, 관절)을 자연 상태보다 신장시키는 것이며, 유연성의 향상을 위해서는 정상 길이보다 약 10% 이상의 과신전이 이루어져야 한다. 그러나 심한 통증을 유발하게 되면 즉시 중단하도록 한다.
- 스트레칭을 실시하는 부위에 대해 집중한다: 스트레칭 하는 부위의 근육과 인대 등의 신전에 집중하면서 정확한 자세로 실시해야 유연성을 효과적으로 발달시킬 수 있다.
- 스트레칭 동작 시 적절한 호흡 및 속도로 실시한다: 호흡을 멈추거나 근육에 통증을 느낄 정도로 급격하게 힘을 주게 되면 근육이나 관절에 손상을 유발할 수 있으므로 호흡을 정상적으로 실시해야 하며, 천천히 근육을 신전시킨다.
- 스트레칭 유지시간을 10–30초, 3–4회/일 실시하도록 한다: 유연성의 최대 증가를 위해 정지된 자세를 얼마 동안 유지하는 것이 가장 좋은지는 알려져 있지 않다. 하지만 대부분의 연구들은 10–30초 정도 자세를 유지할 경우 3–4회 정도의 반복이 유연성의 향상을 가져온다고 한다.
- 올바른 자세에 의해 실시한다: 모든 스트레칭 동작을 바르고, 정확하게 실시해야 균형 있게 발달된 신체를 만들 수 있다. 특히 시작 자세에서 특별한 동작을 제외하고는 허리 축을 곧게 편 채 바른 자세로 실시하는 것이 중요하다.
- 손상된 근육군의 스트레칭은 금지한다: 운동이나 일상생활에 의해 손상된 부위를 스트레칭하게 되면 상태가 더욱 악화될 수 있으므로 상해 부위의 스트레칭은 금지하며, 충분한 회복 후 실시하도록 한다.
- 다양한 근육군의 스트레칭을 실시한다: 프로그램의 종목을 2–4주마다 변화시켜 다양한 근육군을 조화롭게 발달시킨다.
- 스트레칭 종목의 순서는 심장에서 먼 부위부터 시작한다: 갑작스런 운동의 부정적 영향을 방지하기 위해 스트레칭의 순서는 심장에서 먼 부위부터 시작하여 점차적으로 몸통과 가까운 부위를 실시한다.

ⓡ 올바른 스트레칭 호흡법

- 정적 스트레칭: 스트레칭 전 충분히 숨을 들이마시고, 신전 동작과 함께 천천히 숨을 내쉰다. 이후 정지 동작에서는 정상적인 호흡을 실시하도록 한다.
- 동적 스트레칭: 스트레칭 동안 정상적이고, 리드미컬하게 호흡을 실시하도록 한다.

③ WHY? 왜 해야 할까?

준비운동의 필요성	주 운동 또는 신체활동에 참여하기 전에 실시하는 준비운동은 체온을 높여 호흡계, 순환계, 근육계 등을 운동하기 적당한 상태로 서서히 유도하기 때문에 필요하다. 운동 시 안정성을 확보해 주는 것은 물론 운동 후에 빠른 피로 회복을 도모하기 때문에 반드시 실시해 주는 것이 중요하다.
준비운동의 효과	• 체온과 근육의 온도를 상승시켜 골격근의 대사를 증가시킨다. 이로 인해 자극에 대한 반사시간을 단축시키며, 운동 기능을 효율적으로 향상시킬 수 있다. • 신체의 가동범위를 넓혀주어 근육 및 관절의 손상을 예방한다. 이로 인해 주 운동 시에 안정성이 확보되며, 근육의 길이가 늘어남으로써 부상이나 염좌의 가능성을 최소화한다. • 심장에 혈액 공급을 적절하게 공급해주면서 관상동맥의 혈류량을 증가시킨다. 이로 인해 운동과 관련된 심장문제의 발생 위험을 줄일 수 있다. • 피로의 부산물인 젖산의 초기 생성을 막아준다. 이로 인해 피로감을 지연시키고 신체의 운동 능력을 향상시킨다.

④ POINT! 주의점은 무엇일까?

준비운동의 기본지침	• 준비운동 시간은 최소 10분 이상 실시한다. • 사지에서 시작하여 몸통으로, 심장에서 먼 부위부터 시작하여 가까운 부위로 실시한다. • 순환계와 근육계 작용을 점차적으로 증가시킨다. • 한 부위가 아닌 전신이 충분히 준비될 수 있는 운동을 포함시킨다. • 주 운동보다 낮은 운동 강도로 실시한다. • '관절 돌리기 – 체온 올리기 – 근육 늘이기'의 원리에 부합되는 운동을 선택한다. • 주 운동의 특성을 고려하여 적합한 준비운동을 실시한다.
준비운동의 고려사항	• 형식적 요소가 아닌 필수요소라는 인식을 가져야 한다. • 올바른 순서에 의해 체계적으로 실시해야 한다. • 일률적이기보다는 다양한 방법으로 실시한다. • 근육에 부과하는 힘을 적절히 조절해야 한다. • 개인차를 고려하여 적합한 방법을 선택한다. • 가능한 한 충분한 시간을 할애한다. • 주 운동 종목에 부합되는 내용을 기초로 계획한다.

2 노인 생활체육

(1) 노화에 따른 근량 감소[1]

현재까지 여러 연구결과에서 노화로 인한 근량 감소를 일반적으로 보고하고 있는데 노화로 인한 근량 감소는 **근섬유수 감소**와 **속근섬유(Fast twitch fiber)의 선택적 위축** 때문이다. 총 근섬유수와

1 윤성진(운동생리학, 트레이닝론(Ph. D.) 체육과학박사, 선수 경기력 향상, 근력트레이닝 등에 관심), 『스포츠과학』 제96호

나이와의 관계를 나타내는 자료에 따르면, 80대의 총 근섬유수가 20대의 총 근섬유수의 약 39% 수준까지 감소되는 것을 보여주고 있다. 특히 총 근섬유수는 60대 이후 크게 감소하는 것을 확인할 수 있다(Lexell 등, 1988). 한편 근횡단면적의 감소는 **지근섬유**(Slow twitch fiber)보다는 **속근섬유**에서 일어나기 쉽다. 노화에 따른 근섬유 크기의 변화에서 노화에 따른 지근섬유의 크기는 변화가 없으나, 속근섬유의 크기는 크게 감소하는 것을 알 수 있다. 즉, 노화에 따른 근횡단면적의 감소는 주로 속근섬유의 선택적 위축에 의해서 일어난다(Lexell 등, 1988). 근섬유수의 감소와 속근섬유의 선택적 위축은 연령이 높아짐에 따라 '서다, 앉다' 또는 '계단 오르내리기' 등 일상생활동작의 움직임이 적어지면서 나타나는 현상이다. 아울러 노화에 따른 순발적인 근육(속근섬유)의 위축이 빠르게 진행되기 때문에 신체균형을 유지하는 데 어려움이 있으며, 이는 낙상과 같은 넘어지는 상황에 직면했을 때 적절하게 대처할 수 없게 한다. 또한 노인들이 의자에서 일어나는 것을 힘들어 할 때가 있는데 이는 근량이 감소함에 따라 근력이 약해졌기 때문이다. **무릎 신전근력**은 무릎을 폈을 때의 근력을 나타내며, '걷기, 달리기, 뛰기' 등의 동작을 하는 데 중요한 역할을 한다. 평상시 특별한 운동을 하고 있지 않은 사람의 근력을 나타낸 자료에 따르면 30대부터 근력이 서서히 쇠퇴하기 시작하여 해를 거듭할수록 약해지고 있음을 알 수 있다. 30대의 근력을 100%로 환산했을 경우 80대에서는 약 40%를 나타내며, 연간 평균 감소율은 약 1.2%이다. 그러나 이 감소율은 모든 연령대에서 항상 일정하지 않으며, 60대까지는 평균 0.7% 정도로 비교적 완만하게 감소한다. 하지만 60대를 넘으면 근력의 평균 감소율은 2.0% 정도로 높아져, 80대에서의 최대근력은 60대의 절반으로까지 감소한다(Wilmore and Costill, 1997). 일반적으로 노화로 인한 근력 감소 원인은 일상생활에서의 신체활동량이 크게 감소하여, 근섬유의 사용빈도가 줄어들기 때문이다. 이와 같이 노인의 무릎 신전근력이 약화되면 '걷기, 달리기' 등 일상생활의 활동수준을 더욱 떨어뜨리게 되며, 낙상의 위험성을 증가시키게 된다.

(2) 노인운동 전문가가 알아두어야 할 내용

대부분의 노인 건강전문가들은 근력운동의 이점, 특히 환자에게 맞는 근력운동프로그램의 적용, 이러한 프로그램을 지속시키기 위한 방법 등에 관한 정규적인 교육을 받지 못하였다. 건강전문가들이

활동적 라이프스타일 및 운동의 이점을 환자들에게 알리고, 이러한 목표를 달성시키기 위한 명확한 정보를 제공하는 것은 중요하다. 운동프로그램을 처방하기 위한 철저하고 체계적인 접근은 프로그램을 성공시키기 위해 필수적이다.

첫째, 건강운동전문가들은 근력운동의 중요성을 명확히 해야 한다. 환자들에게 자신들이 기대할 수 있는 건강상의 이점을 교육시켜야 한다. **둘째, 과거 운동력에 관한 정보를 자세히 얻어야 한다.** 예를 들면, 평소 생활양식과 흥미는 무엇인가, 과거 2~3개월 동안 환자의 신체활동 수준은 어떠했나, 그리고 환자가 운동을 하려고 할 때 걱정거리는 무엇인가? 등이다.

CHECK 저항성 운동 지도에 관한 10가지 제언[2]

노인 중에는 처음부터 운동을 열심히 하는 사람도 있지만 대부분은 흥미를 갖도록 동기부여가 필요하다. 특히 프로그램을 시작하고 몇 주가 중요하다. 운동을 지도할 때는 상대방의 이름을 부르고 서로 인사를 주고받으며, 중간마다 고맙다는 말도 자주 사용하는 것이 좋다. 근력운동을 노인들에게 지도할 때 다음과 같은 사항을 알아두면 좋다.

① 처음에는 기구에 익숙해지는 기간으로 중량을 들어 올리고 내리는 방법에 대하여 설명한다. 기본적인 호흡법, 사용하는 근육군의 설명, 그리고 각각 운동 후 회복을 위한 스트레칭에 대하여 자세하게 설명한다.

② 1RM 방식(10회 반복하여 들어 올릴 수 있는 최고무게)을 이용한다. 운동종류는 주요 근육그룹을 대상으로 한다. 예를 들면 대퇴 사두근, 햄스트링근, 대흉근, 광배근, 삼각근, 복직근이다. 12종류의 기구를 6종류씩 나누어 1세션에서 6종, 다음 세션에서 남은 6종을 사용한다. 빈도는 주당 3회, 휴식은 약 48시간으로 한다.

③ 강도와 반복시간은 2가지 방법을 이용한다. 하나는 고중량, 저반복 횟수법(이하 고강도), 최대근력의 75~85%의 강도에서 8회 반복 횟수를 갖는다. 또 하나는 중간 중량의 고반복 횟수법(이하, 중강도)으로 최대근력 60~70%의 강도에서 12회 반복 횟수를 한다.

④ 여가의 일부로서 하도록 한다. 운동경험이 적고 근력운동의 지식이 부족한 노인에게는 비교적 가벼운 강도에서 반복 횟수를 늘려 심리적 부담을 줄이고 시작하는 방법이 좋다. 운동경험이 없는 초보자에게는 중강도의 운동을 권장한다.

⑤ 강도 설정은 보그(Borg)의 10단계의 운동자각도를 개량한 스케일(예 5를 보통, 10을 도저히 들 수 없다)을 이용하여 강도가 적당한지를 체크하여 수시로 이용한다. 2세트를 실시한다.

⑥ 1세션의 지속시간은 5분의 준비운동을 포함하여 60분을 넘지 않는 것이 좋다. 60분보다 길어지면 운동에 대한 집중력이 떨어진다. 또 피로 회복을 위해 각 운동 세트가 끝나고 20초 정도의 스트레칭을 하도록 한다. 반드시 당일의 운동량과 질이 적절하였는지를 확인한다.

2 김현수(서울산업대학교 스포츠건강학과 교수, 운동생리학 전공(Ph. D.), 노인건강체력, 비만에 관심), 『스포츠과학』 105호 "노인건강에는 근육운동이 필수다"

⑦ 근력운동에서 보이는 근육, 인대, 관절의 장해가 발견되지 않았다고 하여도 장해예방에 관해서는 항상 주도면밀하게 관찰해야 한다. 처음에는 지도자와 노인이 1대 1로 한다. 어느 정도 익숙해지면 개인기록을 근거로 스스로 기구를 조절하여 무게를 세트하고 운동을 할 수 있도록 용기를 준다. 약 20회의 세션 후에는 보조가 필요한 노인을 제외하고 스스로 안전하게 할 수 있도록 한다.

⑧ 최종 카운셀링에서는 운동 기술의 확인, 목표나 주의점 등에 대해 협의한다. 무게의 세팅에 대한 주의점을 강조한다. 노인 중에는 레그 컬을 레그 익스텐션으로 잘못 하는 경우가 종종 있다. 이것들은 장해를 일으킬 가능성이 있기 때문에 절대 주의가 필요하다.

⑨ 근력운동은 익숙하지 않기 때문에 설명하는 데 힘이 들고 노력이 필요하다. 그리고 잊어버리는 일이 종종 있어 설명을 다시 해야 하는 경우도 있다. 그러나 참여자들의 진지한 태도와 의욕은 점점 좋아지고, 새로운 것을 배우려는 자세 또한 바람직한 방향으로 바뀐다.

⑩ 참여자들 사이에서 새로운 교우관계가 생겨 사회적인 효과도 나타난다. 운동을 하면서 서로 의견도 교환하고 끝나면 운동에 대한 이론적인 의견도 교환하게 된다. 이와 같이 스스로 독립하여 살아가고자 하는 의지를 운동을 통해 만들고 몸에 익혀가는 것은 매우 의의가 있는 일이다.

(3) 근력운동의 좋은점[3]

지구성 운동은 에너지소비가 많기 때문에 젊은 층의 체중감량 프로그램에서는 중요하지만, 노인의 비만을 해소하는 데에는 유용성이 크지 않다. 왜냐하면 좌식 생활을 주로 하는 노인들은 체력수준이 낮으므로 지구성 운동은 에너지 소비가 많지 않기 때문이다. 유산소운동을 30~40분 하여도 100~200kcal 정도밖에 에너지 소비를 증가시키지 못한다. 그리고 유산소성 운동은 제지방량 유지에 별로 도움이 되지 않는다. 반면, 저항운동은 골밀도, 근육량, 근력, 평형성 등을 증가시켜 폐경기 여성의 골다공증으로 인한 골절의 위험을 줄이고 내당능을 개선하는 등의 중요한 수단이 되며, 무엇보다 일상활동능력을 향상시킨다. 활동적이고 인간다운 생활을 가능한 한 오래 지속하기 위해서는 저항운동으로 신체의 토대가 되는 근육의 기능을 유지하는 것이 중요하다. 일반적으로 근력운동의 효과는 다음과 같이 정리할 수 있다.

① **신체구성 개선:** 제지방체중(근육량)의 증가와 지방량 감소 · 대사율 개선(안정 시 대사율의 증가와 일일 에너지수요량 증가)

② **허리부위 불쾌감 경감:** 요통의 경감이나 소실

③ **관절통 개선:** 주관적 증상 호전 · 골밀도 증가(뼈의 소실을 예방하고 골다공증 예방)

④ **글루코스 이용 강화:** 제2형 당뇨병 위험의 감소

⑤ 안정 시 혈압 저하

3 김현수(서울산업대학교 스포츠건강학과 교수, 운동생리학 전공(Ph. D.) 노인건강체력, 비만에 관심), 스포츠과학 105호 "노인건강에는 근육운동이 필수다"

⑥ **혈중지질 개선:** 나쁜 저밀도 지단백 콜레스테롤(LDLC) 저하와 좋은 고밀도 지단백 콜레스테롤(HDLC) 증가

⑦ 자신감 증대와 우울증 개선

(4) 노인은 왜 근력운동을 해야 하는가[4]

노인의 목표는 가능한 장기간 자립하고, 일상생활과 관련이 있는 체력을 계속 유지하는 일일 것이다. 사람이 살면서 병원에 입원 한 번 하지 않고 건강하게 지내면 얼마나 좋겠는가. 그러나 사람들은 누구나 언제 입원할지 모르고 나이가 들면서 입원할 확률은 그만큼 높아진다. 평소 신체활동을 많이 하였다면 퇴원을 하여도 바로 일상생활에 복귀가 가능하다. 그러나 하루하루 살아가는 데 지장이 없다고 하여 신체활동량을 적게 한 경우에는 퇴원을 하여도 자리에 누워 있어야만 한다. 따라서 평소에 신체활동량을 많이 하여 근육을 유지 또는 늘려두어야 한다. 1주일만 침상생활을 하여도 나이 증가로 인한 근육 손실의 1년분에 해당하는 근육이 감소하고, 2주 동안 누워있으면 7년에 해당하는 근육량이 감소한다고 한다.

근육은 크게 2종류로 나눌 수 있다. 하나는 짧은 시간에 큰 힘을 발휘하지만 쉽게 피로가 오는 하얀색을 띠는 **속근**이고, 또 하나는 오랫동안 수축이 가능하면서 피로가 느리게 오는 빨간색의 **지근**이 있다. 노화는 특히 속근섬유의 국부적인 손실 혹은 위축을 일으킨다. 70세 이상 연령에서 지근섬유의 평균 면적은 15~20% 감소한 반면, 속근섬유는 40%나 감소한다. 속근섬유는 등 및 허벅지 근육에 많이 포함되어 있다.

근력의 감소는 노인의 활동량을 감소시키고, 신체 기능 저하와 낙상의 증가를 가져온다. 노인들은 낙상이 신체장애 또는 죽음을 가져온다는 사실을 별로 중요하게 인식하지 않고 있다. 또한 노인에게 치명적인 고관절 골절의 90%는 넘어져서 생긴다. 넘어지는 것을 예방하기 위해서는 대퇴 사두근(허벅지)의 근력, 근신경기능, 이동능력을 개선시키는 운동을 해야 한다. 이와 같이 근력운동은 노인들의 건강 유지 및 증진에 필수적이다. 대부분의 노인은 보디빌더나 역도선수가 되고 싶은 것은 아니기 때문에 근력운동을 피하는 경향이 있다. 그러나 실제로 노인이 어느 정도 운동을 한다고 해서 걱정할 정도로 근육이 커지는 일은 거의 없다. 지금까지 건강전문가들은 노인에게 적합한 운동 내용으로서 유산소 운동으로 대표되는 걷기, 수영 등을 장려해 왔다. 근력운동은 운동을 하다가 다칠 위험도 있고 운동 효율이 낮기 때문에 노인에게 적합하지 않다고 생각해왔기 때문이다. 그러나 최근 노인에게 필요한 최소한의 활동이나 신체 균형을 위해서는 유산소운동보다도 오히려 근력(저항성)운동이 필요하다는 주장이 설득력을 더해가고 있다. 하지만 이와 같은 운동이 체중 감소에 도움이 되는지 확신이 없고 또 혈압을 올린다는 이야기도 있어 주저하는 경우가 많다.

---

4 김현수(서울산업대학교 스포츠건강학과 교수, 운동생리학 전공(Ph. D.) 노인건강체력, 비만에 관심), 스포츠과학 105호 "노인건강에는 근육운동이 필수다"

그리고 기회가 있어도 왜 근력운동을 해야 하는지 명확하게 설명해주는 사람이 없어 어떻게 해야 할지 망설이게 된다. 1995년에 개정된 미국스포츠의학회(ACSM)의 지침서에는 과거에 취급되지 않던 노인의 근력운동의 처방이 약 3페이지나 추가되었다. 지금까지는 노인의 근력운동이 소극적으로 다루어져 왔지만 점차 새로운 관심들을 보이고 필요성도 공식적으로 인정하고 있다. 유산소성 운동을 주로 권장해 온 미국스포츠의 학회(ACSM)가 근력운동을 처방에 적극적으로 받아들여 노인에게 강조하고 있는 사실을 보면 근력증강이 노인에게 얼마나 중요한 것인가를 알 수 있다.

(5) 근력운동이 삶의 질에 미치는 영향[5]

노인에게 근력운동은 운동부족의 해소는 물론, 신체기능을 향상시켜 일상활동을 원활하게 하는 데 도움이 된다. 보다 튼튼한 근육을 유지하는 것은 낙상으로부터 자신의 신체를 지킬 뿐만 아니라 노후에도 자립생활을 보내는 기간을 연장시킨다. 자신의 힘으로 의자나 바닥에서 일어설 수 있고, 시장에서 산 물건을 가지고 다니며 버스나 전철을 타고 외출할 수 있고, 혼자 목욕할 수 있는 등 모든 신체적 활동이 노인에게는 바로 운동무대이다. 평소에 부자유스러웠던 일상생활을 자유롭게 할 수 있게 되면 운동선수가 올림픽에서 금메달을 딴 만큼의 가치가 있고 기쁜 일일 것이다.

(6) 낙상예방을 위한 근력운동(예시)

노인 낙상예방을 위한 운동프로그램은 근력, 균형능력, 보행 등 신체기능의 개선을 목적으로 한 것이다. 따라서 근력운동도 이들 신체기능의 향상을 목적으로 실시하게 된다. 낙상 예방을 위해서는 발목, 발가락, 무릎, 엉덩이의 근육을 단련시키는 것이 중요하며, 이는 근력 향상뿐만 아니라 균형능력 향상에도 도움을 준다. 운동을 실시함에 있어서 주의해야 할 사항은 첫째, 전신의 주요한 근육운동은 1주일에 2회 이상 실시할 것, 둘째, 운동을 처음 시작할 때 운동강도는 가장 가벼운 무게로 설정하며, 근력 향상에 맞춰 서서히 운동강도를 높일 것, 셋째, 근력운동 후 바로 스트레칭을 할 것 등이 있다(『미국국립노화연구소 운동지침서』, 1999).

5 김현수(서울산업대학교 스포츠건강학과 교수, 운동생리학 전공(Ph. D.) 노인건강체력, 비만에 관심), 『스포츠과학』 105호 "노인건강에는 근육운동이 필수다"

① 발끝으로 일어서기

목적	발목과 종아리 근육의 단련
실시방법	• 몸의 흔들림을 방지하기 위해 탁자나 의자를 잡고 선다. • 가능한 몸이 위로 높이 올라갈 수 있도록 발끝으로 천천히 일어선다(3초). • 이 자세를 유지한다(1초). • 천천히 발뒤꿈치를 바닥으로 내린다(3초). • 8~15회를 실시하며, 휴식을 넣어 2번씩 반복한다. • 근력이 향상되면 한 발로 실시한다. • 균형능력을 동시에 향상시키기 위해서는 의자 등을 손가락 하나, 손을 안 쓰고, 눈을 감고 실시한다.

② 무릎 구부리기

목적	뒤쪽 허벅지 근육의 단련
실시방법	• 몸의 흔들림을 방지하기 위해 탁자나 의자를 잡고 선다. • 천천히 무릎을 구부린다(3초). • 이 자세를 유지한다(1초). • 천천히 원래 위치로 발을 내린다(3초). • 반대편 다리로 동일하게 실시한다. • 8~15회를 실시하며, 휴식을 넣어 2번씩 반복한다. • 균형능력을 동시에 향상시키기 위해서는 의자 등을 손가락 하나, 손을 안 쓰고, 눈을 감고 실시한다.

③ 엉덩이 구부리기

목적	허벅지와 엉덩이 근육의 단련
실시방법	• 몸의 흔들림을 방지하기 위해 탁자나 의자를 잡고 선다. • 무릎을 가슴 방향으로 천천히 올리며, 이때 허리를 구부리지 않도록 한다(3초). • 이 자세를 유지한다(1초). • 천천히 원래 위치로 무릎을 내린다(3초). • 반대편 다리로 동일하게 실시한다. • 8~15회를 실시하며, 휴식을 넣어 2번씩 반복한다. • 균형능력을 동시에 향상시키기 위해서는 의자 등을 손가락 하나, 손을 안 쓰고, 눈을 감고 실시한다.

④ 무릎 펴기 목적

목적	앞쪽 허벅지와 정강이 근육의 단련
실시방법	• 의자에 앉는다. • 한 쪽 무릎을 천천히, 가능한 한 똑바로 편다(3초). • 이 자세를 유지하며, 발가락 끝이 머리를 향하도록 발목을 구부린다(1~2초). • 천천히 원래 위치로 무릎을 구부린다(3초). • 반대편 다리로 동일하게 실시한다. • 8~15회를 실시하며, 휴식을 넣어 2번씩 반복한다.

⑤ 엉덩이 펴기

목적	엉덩이와 허리 근육의 단련
실시방법	• 의자나 탁자에서 30~45cm 떨어져 선다. • 상반신을 약 45도 정도 앞으로 구부리며, 의자나 탁자를 잡는다. • 천천히 한 쪽 다리를 똑바로 편 상태로 뒤로 올린다(3초). • 이 자세를 유지한다(1초). • 천천히 다리를 내린다(3초). • 반대편 다리로 동일하게 실시한다. • 8~15회를 실시하며, 휴식을 넣어 2번씩 반복한다. • 균형능력을 동시에 향상시키기 위해서는 의자나 탁자를 손가락 하나, 손을 안 쓰고, 눈을 감고 실시한다.

3 웨이트 트레이닝

(1) 개념

웨이트 트레이닝은 근력, 근지구력, 유연성, 신체조성 등을 강화시켜 주는 비경쟁적인 운동종목이다. 웨이트 트레이닝은 무게에 의한 부상 위험성이 큰 운동이므로 부주의하거나 안전수칙을 무시하면 불의의 사고를 당할 수 있다. 운동 시 복장은 편안한 것이면 다 좋으며 짧은 옷, 티셔츠, 미끄러지지 않는 고무 발바닥 신이 적당하다. 이 운동은 극대의 증강 효과를 누리기 위해 첫째, 정상적인 부하보다 약간씩 초과해서 중량을 설정하는 **과부하의 원칙**, 둘째, 일정기간 적응 후에 중량을 점진적으로 증가시키는 **점증성의 원리**, 셋째, 동원되는 근육이 대근육군에서부터 소근육군의 운동을 실시하는 **운동배열의 원리**, 넷째, 개인의 능력에 따라 중량을 결정하는 **개별성의 원리** 등의 원칙을 준수해야 한다.

단련을 하는 신체부위도 대퇴 및 엉덩이, 가슴 및 상완, 허리 및 다리 부위, 하지 및 발목, 어깨 및 상완, 복부, 전완 등의 순서로 하는 것이 좋다. 중량을 결정하는 방법에서, 자신의 1회 최대 반복 횟수를 1RM이라 하는데 예를 들면, 10회를 하면 최대에 이른다고 가정하면 이는 10RM이 된다. 초보자의 경우 숙련된 지도자로부터 자세, 리듬, 호흡 방법을 지도받으면서 근지구력 향상에서 근력으로의 향상을 꾀하는 것이 바람직한 방법이며, 이를 위해 30~40RM 1세트로 시작하여 점증적으로 횟수를 줄이면서 무게를 늘려 6~8RM 3세트까지로 구성하도록 한다. 주당 실시하는 횟수는 만성적인 근피로의 위험도를 줄이기 위해 격일제로 실시하는 것이 바람직하다. 근력을 집중적으로 단련하기 위한 방법으로는 먼저 자신의 최대무게, 즉 1RM에서 75% 정도, 다시 말해 8~10RM으로 3세트 반복하여 12~15RM이 되면 중량을 늘려 간다. 웨이트 운동으로 발생할 수 있는 부상은 운동부위나 운동 종목에 따라 다양하지만 허리와 무릎의 손상이 대부분이고 그밖에 상하지의 관절부의 인대, 근육 및 건의 손상이 많이 발생하므로 항상 무리하지 않고 안전수칙을 준수하도록 유의하는 것이 최선이다.

(2) 웨이트 트레이닝과 상해

웨이트 트레이닝은 근력 발달을 극대화시키는 데 가장 효과적인 저항운동이다. 그러나 올바른 방법으로 실시하지 않으면 신체의 여러 부위에 운동상해가 발생된다. 웨이트 트레이닝에 의한 상해 부위 중 가장 주의해야 할 부위는 허리와 근육의 손상이다. 이 가운데 허리는 인체의 중심부에 위치하여 동체 근육에서 발휘되는 힘을 신체의 다른 부위로 전달하는 역할을 한다. 그러므로 힘의 전달 역할을 하고 신체 부위 중 가장 강한 힘을 발휘하며 많은 저항에 견딘다. 동작을 원활하게 수행하게 하는 허리는 잘못된 동작이나 균형이 한 쪽으로 쏠리는 동작을 장시간 실시하면 근육 경직이 일어나기 쉽고 허리 주변근의 불균형적인 근력 배분으로 인하여 부상이 발생하게 된다.

(3) 준비 · 정리 운동과 상해 예방

웨이트 트레이닝은 근육에 부하를 주는 운동이므로 급작스럽게 강도 높은 트레이닝을 실시하다 보면 이에 준비되지 않은 근육과 결합조직에 부담을 주어 부상을 초래하게 된다. 따라서 웨이트 운동 전 준비운동을 통하여 신체의 체온 및 결합조직을 활성화시킨다면 각 조직의 신축성 있는 기능이 이루어지게 되어 부상을 방지할 수 있다. 운동 전에 준비운동을 실시하지 않으면 근육이나 결합조직은 활성화되지 않은 상태에서 무리한 운동강도나 큰 가동범위 때문에 부상 발생이 나타날 수 있다. 따라서 부상 방지 차원에서도 준비운동은 반드시 실시되어야 한다. 또한 활발한 근육 운동 후 근육이 지속적으로 당겨져서 짧아지는 경향이 있으므로 운동이 끝난 다음 정리운동 시에도 스트레칭을 실시하여야 한다. 전문가들은 **웨이트 트레이닝에서 준비운동보다 정리운동 시 스트레칭을 더 중요하게 생각하고 있다.** 그 이유는 주 운동 후에 근육의 온도가 상승된 상태이므로 스트레칭을 실시하기에 적합하며, 정리운동 시 스트레칭은 회복을 촉진시키고 근육의 통증을 감소시키는 데 효과가 크기 때문이다. 만일 평상시보다 근육이 쓰라리거나 또는 당기는 부위가 있다면, 이것은 그 부위가 긴장하고 있다는 증거라고 판단하여 본 운동 전 더 많은 양의 스트레칭을 실시하여야 한다. 이는 트레이닝 시 근육에 과도한 부하가 걸려 근육이 과도하게 신전(stretch)됨으로써 부상이 발생되는 것을 예방하는 효과가 크기 때문이다. 그러므로 효과 있는 준비운동을 실시하고 부상이나 관절부위의 염좌 등과 같은 상해 발생을 최소화시켜야 한다.

(4) 웨이트 트레이닝 상해와 유연성

웨이트 트레이닝은 근육과 관절에 지나친 부하가 지속적으로 걸리기 때문에 근육이 굳는다고 믿는 사람들이 있다. 이는 웨이트 트레이닝에 대한 잘못된 해석이다. 스포츠 현장에서 살펴 보면, 근육량이 많은 사람(역도선수)일수록 우수한 유연성을 보여주고 있다. 그러므로 웨이트 운동을 하면 유연성이 감소하는 것이 아니고 주변근 강화에 의해 더욱 더 향상된다고 보는 것이 타당하다. 운동을 전혀 하지 않는 사람들의 경우, 유연성이 매우 낮은 것을 볼 수 있다. 그 이유는 활동 부족에 의한 근위축 현상으로 유연성이 감소되기 때문이다. 따라서 웨이트 트레이닝 전후에 스트레칭을 충실히 실시하면 유연성은 트레이닝 전보다 더 증가하게 된다. 관절에 부하가 가해지면 근육은 **단축성 수축**과 **신장성 수축**을 통해서 **근력**을 발휘한다. 따라서 동작의 전체 범위에 걸쳐 웨이트 트레이닝을 실시하는 것은 **근력 증가**뿐만 아니라 **유연성을 향상**시킨다. 특히 중요한 것은 물체를 들어 올릴 때 동작이 모든 가동 · 범위에서 이루어져야 유연성이 증가된다는 점이다. 만일 자신이 들어 올린 부하를 처음의 위치로 완전히 되돌리지 않은 채 곧바로 다음 운동을 실시할 경우 부하를 쉽게 들어 올릴 수는 있을지 모르나 유연성은 감소될 것이다. 웨이트 트레이닝에 적응이 되지 않은 선수나 초보자의 경우, 넓은 가동 범위에 걸쳐 동작을 수행하지 않는 나쁜 버릇이 있다. 이러한 방법은 결국 근력과 근육 크기 및 유연성 증가에 효과적이지 못하다. 따라서 웨이트 트레이닝을 통해 근육, 관절 주변근, 건, 인대를 강화시키고 근력 및 유연성을 향상시킴으로써 상해 예방은 물론 근육기능 활성화를 위한 적극적 운동 방법인 웨이트 트레이닝을 지속적으로 실시하여야 한다.

(5) 웨이트 트레이닝과 호흡방법

대부분의 사람들은 가벼운 중량으로 웨이트 운동을 할 때에는 본능적으로 올바른 호흡을 한다. 즉, 힘을 발휘할 때와 이완시킬 때, 비교적 자연스런 호흡이 이루어진다. 그러나 강도가 높아지거나 높은 강도가 지속될 경우, 긴장과 함께 호흡 패턴이 달라지게 된다. 웨이트 운동 시 잘못된 방법으로 호흡을 할 때 초래할 수 있는 결과를 이해하는 것은 웨이트 트레이닝 동작을 안전하게 실시하는 중요한 정보를 제공한다.

웨이트 운동 시 힘을 발휘할 때, 일시적으로 호흡을 중단한다. 이를 **발살바 머뉴버(valsalva mannuver) 현상**이라고 부르며, 이는 성문이 닫힌 상태에서 힘을 주기 때문에 나타나는 현상이다. 하지만 웨이트 운동 시 이러한 습관이 나타나는 것은 아주 위험하므로 주의해야 한다. 힘을 발휘하면서 호흡을 중단할 경우, 흉강 내부의 압력이 증가되면서 심장으로의 정맥 흐름을 방해한다. 이럴 경우 흉강의 압력이 심장으로 되돌아가는 정맥 내부의 압력보다 높아지게 되어 정맥을 눌러버린다. 그렇게 되면 심장에서 박출되는 혈액의 양이 감소되고, 이로 인해 두뇌로 공급되는 혈액의 양도 줄어든다. 그 결과 일시적으로 어지럽거나 의식을 잃는 경우도 있다. 호흡을 일시적으로 중단하는 습관은 웨이트 트레이닝 동작에 있어서 적절하지 못하다. 특히 무거운 무게를 머리 위로 들어 올렸을 때 이러한 현상이 나타나면 무거운 바벨이 머리나 어깨로 떨어져 아주 위험한 결과를 초래할 수 있다. 그리고 혈압이 높은 사람에게는 심장에 많은 부담을 줄뿐 아니라 혈압이 급상승하는 결과를 초래한다. 이와 반대로 반복해서 의도적으로 아주 힘껏 숨을 내쉴 경우에도 어지러움이나 현기증이 나타나게 되는데, 이는 혈액에 이산화탄소의 농도가 감소되면서 나타나는 일시적인 현상이다. 따라서 웨이트 운동 시 자연스러운 패턴으로 호흡해야 한다. 올바른 호흡법을 실행할 수 있는 가장 간단한 방법은 몸 쪽으로 잡아당길 때 공기를 들이마시고 몸 밖으로 밀어낼 때 공기를 내쉰다. 그리고 부하를 제자리로 되돌리면서 내쉬고, 반대되는 동작 시 호흡을 들이마신다.

(6) 근육통 및 근육상해

웨이트 트레이닝 시 여러 가지 원인에 의해 다양한 형태의 고통이 나타난다. 이 가운데 근육과 관련된 손상이 가장 많은 부분을 차지한다. 웨이트 트레이닝을 실시할 때 갑작스럽게 근육이나 관절에 심한 동통을 느끼게 되면 즉시 동작을 중단하는 것이 가장 좋다. 간혹 이 고통을 참으면서 실시할 때 트레이닝 역치 수준이 나타난다고 믿어 그대로 실시하는 경우가 있는데 이는 매우 위험한 행동이며 급기야는 자신의 근육이나 결합조직인 건(tendon)과 인대(ligament)에 손상을 주게 되어 장기간의 치료가 요구되는 상해로 발전할 수 있다. 따라서 웨이트 트레이닝 시 근육의 동통이 발생되면 이것은 근육의 보호적 경고 신호라고 생각하는 것이 좋다. 따라서 근육에 통증과 같은 느낌이 오면 동작을 즉시 중단하고, 적절한 휴식과 근육 마사지 등과 같은 응급처치를 실시하는 것이 효과적이다.

발생되는 상해 중 근육이나 결합조직의 부상으로 인한 아픔과는 달리 근육피로에 의해 나타나는 위험 신호는 전혀 다른 형태이다. 웨이트 트레이닝 동작을 반복함에 따라 근육의 에너지가 다 소모되는 듯한 느낌을 받게 되는데, 이는 웨이트 트레이닝 시 나타나는 자연적이고 정상적인 현상이므로 부상 가능성은 걱정할 필요가 없다. 그러나 반복횟수가 증가될수록 이러한 느낌의 정도가 점차 증가되는데 이때는 동작을 중단하여야 한다. 중단 후 짧은 휴식을 취하고 나면(30~60초) 고통은 사라지며, 2~3분 후에는 다시 동작을 반복할 수 있다. 이러한 느낌은 근육에 피로의 부산물인 젖산이 축적되기 때문이며, 근육 조직의 손상에 의해 나타나는 현상은 아니다. 따라서 반복 횟수 증가나 운동량 증가에 의해 더 많은 양의 젖산이 근육 내에 축적되면 반복 횟수를 조절하여 트레이닝을 실시하고 휴식을 취하도록 한다.

웨이트 트레이닝은 근육, 건, 그리고 인대에 많은 스트레스를 주기 때문에 부상 발생의 가능성이 높다. 하지만 아래의 몇 가지 지침을 따른다면 대부분의 부상은 피할 수 있을 것이다.

① **전체 운동량(운동강도, 운동빈도, 운동량)은 점진적으로 증가**시킨다.

② 근육 발달의 균형을 가져올 수 있도록 **반대되는 근육군**(예를 들면 가슴과 등의 근육, 대퇴 사두근과 햄스트링근, 배근력과 복근력 등)이 **균형적으로 발달되도록 운동**한다.

③ **바른 자세를 유지**한다. 골격의 적절한 배열을 유지하고 근육이 최대의 힘을 발휘하도록 올바른 자세를 취한다.

④ 목과 허리 부위에 지나친 부하가 가해질 수 있는 웨이트 종목이 많기 때문에 이 부위에 대한 **운동 종목 및 무게설정에 주의**를 요한다.

⑤ 무거운 부하를 다루기 때문에 **안전사고에 항상 주의**한다.

⑥ **준비운동과 정리운동을 철저히 실시**하여 본운동 수행 및 회복이 이루어지도록 한다.

(7) 웨이트 트레이닝과 과훈련

웨이트 트레이닝 시 발생되는 부상원인은 대부분 트레이닝 방법에 원인이 있다. 초보자들의 경우, 지나치게 많은 운동량을 실시하는 경향이 있기 때문에 휴식과 회복이 불충분하여 쉽게 피로해진다. 근육은 웨이트 트레이닝 동안에 가해지는 스트레스에 비교적 빠르게 적응한다. 하지만 건과 인대가 적응하는 데는 상당한 시간이 소요되므로 부상을 피하기 위해서는 보다 **점진적으로 강도를 높이는 것**이 요구된다. 과훈련을 피하는 좋은 방법은 세트 간 또는 실행 방법 간 충분한 휴식을 갖는 것이다. 휴식 기간 동안 근육의 에너지 보충이 이루어지며, 피로도 회복되어 또 다시 반복적인 운동이 가능하게 되어 근력뿐만 아니라 근지구력도 향상된다. 따라서 웨이트 운동은 자신의 신체 반응에 주의를 기울이면서 운동강도와 운동량을 조절하는 것이 중요하다. 또한 운동 도중 잠시 쉬거나 또는 아주 가볍게 운동하는 것도 과훈련을 감소시킬 수 있는 좋은 방법이다.

과훈련(overtraining)의 첫 번째 징후는 정신적으로 활력을 잃는 것이다. 만일 휴식이 불충분하면 운동 후 몸살과 같은 떨림(shivering) 현상이 자주 발생되며 급기야는 질병으로 악화될 수 있다. 과훈련으로 인한 징후나 증상의 진행과정은 다음과 같이 일어난다.

① 정신적 · 육체적 피로 발생, 활력 상실

② 감기, 몸살 같은 질병 나타남

③ 장기적 부상으로 악화

(8) 근육 부상 치료

웨이트 트레이닝 시 근육 부상 통증은 발생한 상처보다는 부종(부어오름)에 의해 나타나는 현상이 주된 원인이다. 부종은 회복을 느리게 만들기 때문에 이러한 상해가 발생되면 우선 일차적으로 부종을 최소화시키기 위해 상해 부위에 얼음찜질을 해야 한다. 이때, 1회 접촉시키는 시간은 5분 정도이고 3~4회 반복하며, 하루 2회 정도로 실시한다. 얼음 덩어리를 이용해서 직접 마사지를 할 경우에는 7~10분 정도가 적당하다. 이러한 방법으로 부상 부위를 차갑게 하면 아픔을 둔화시키는 효과도 거둘 수 있다. 하지만 지나치게 오랜 시간동안 피부를 차갑게 할 경우 동상을 초래할 수 있으므로 주의해야 한다.

많은 사람들이 부상을 당한 후 시간이 별로 경과되지 않았는데도 상처 부위에 열처리 요법을 사용하는 것을 볼 수 있는데, 이것은 조직을 더욱 붓도록 만들어서 회복을 지연시킨다. 또한 예전의 부상이 악화되면 얼음을 사용하여 부어오름을 최소화시켜야 한다. 어느 방법을 선택해야 할지 분명하지 않으면(차가움 또는 열), 항상 얼음을 선택하는 것이 안전하다. 얼음으로 냉각시킨 뒤 열을 가해도 좋을 정도가 되면, 순환하는 더운 물에 부상 부위를 담구는 방법도 효과적이다. 피부 깊숙이 가해지는 열은 혈액 순환량을 증가시켜 부상된 조직 부위로 산소와 영양소의 공급을 증가시켜 상처 회복을 촉진시킨다. 피부에 바르는 연고는 피부 속으로 침투되지 않기 때문에 부상 회복에는 일시적 통증 경감은 있을 수 있으나 거의 도움이 되지 않는다.

웨이트 트레이닝 시 근육이 경직되는 심한 부상인 경우에는 휴식이 요구되며, 장기간의 휴식이 회복에 필수적이다. 하지만 그리 심각한 부상이 아닐 경우에는 완전 휴식보다는 가벼운 운동으로 회복을 꾀하는 것이 더 효과적이다. 부상이 발생한 후 며칠 이내에 조직은 회복되기 시작하는데 적절한 운동은 부상에 의해 만들어진 노폐물을 조직으로부터 제거하고, 부상을 당한 부위에 영양소와 혈액을 공급함으로써 보다 빠른 회복을 돕는다. 무엇보다 운동을 실시할 때에는 고통의 정도와 형태에 주의를 기울여야 한다.

웨이트 트레이닝을 실시하는 많은 사람들은 신체 부위에 많은 부상 경험을 경험하게 되는데 다행히 대부분의 부상은 그리 심각하지 않으며 약간의 치료만 실시한다면 예전의 상태로 쉽게 회복된다. 무엇보다 주의를 기울여야 하는 것은 어떤 부상이 의료진의 도움을 필요로 하는가를 판단하는 것이다. 만일 다음과 같은 상태라면 반드시 임상처치를 받아야 할 것이다.

① 고통이 증가되면서 완화되지 않는 경우
② 부상당한 신체 부위를 움직일 수 없는 경우
③ 부상에서 일정한 기간 후 회복 현상이 나타나지 않을 경우

4 식사요법

(1) 고혈압과 식사요법

① **고혈압**: 고혈압은 혈관을 흐르는 혈액의 압력인 혈압이 지속적으로 상승되어 있는 상태를 말한다. 고혈압에는 다른 병과는 관계없이 생긴 **본태성(일차성) 고혈압**과 다른 병이 있어서 그 병이 원인이 되어 생긴 **속발성(이차성) 고혈압**이 있다. 전체 고혈압의 85~90%는 발병원인이 명확하지 않은 본태성 고혈압이다.

② **고혈압의 진단기준**: 혈압의 최고혈압 또는 최소혈압 중 어느 한 쪽이라도 높으면 고혈압으로 진단된다. 미국 합동 고혈압 진단평가 및 치료위원회(1992년)에서 발표한 고혈압의 진단기준은 다음과 같다.

구분	혈압수치(mmHg)		대책
	최고혈압	최저혈압	
정상혈압	130 미만	85 미만	2년 안에 재검사
높은 정상혈압	130 – 139	85 – 89	1년 안에 재검사
고혈압 제1기(경증)	140 – 159	90 – 99	2개월 내 확인
고혈압 제2기(중증도)	160 – 179	100 – 109	1개월 내 진료
고혈압 제3기(중증)	180 – 209	110 – 119	1주일 내 진료
고혈압 제4기(심한 중증)	210 이상	120 이상	즉시 진료

(2) 고지혈증과 식사요법

① **고지혈증**: 일반적으로 피 속에 지질이 높아져 있는 상태를 고지혈증(hyperlipidemia)이라고 한다. 혈장지질 중에서 특히 임상적으로 문제가 되는 것은 콜레스테롤과 중성지방의 증가이다. 콜레스테롤에도 좋은 콜레스테롤이 있고 나쁜 콜레스테롤이 있다. 나쁜 콜레스테롤은 동맥 혈관벽에 쌓이게 되어 동맥경화를 유발하게 되고 반면에 좋은 콜레스테롤은 동맥 혈관의 기름덩어리를

간으로 보내 제거하는 역할을 한다. 고지혈증은 일반적으로 뚜렷한 증상이 없고 비만, 당뇨병, 심장병, 동맥경화증, 고혈압 등과 연관되고 견통, 두통, 머리가 무거운 증세 때 발견되는데 최근 급속한 서구화로 가장 빠르게 증가 추세를 보이고 있는 질병이기도 하다.

② **고지혈증의 진단기준**: 20세 이상 성인은 콜레스테롤치를 200mg/dl 이하로 낮추고, 200-239mg/dl은 높은 편, 240mg/dl 이상은 적극적인 치료를 하는 것이 바람직하다. 고지혈증은 혈액검사를 하여 혈중 콜레스테롤치가 220mg/dl, 중성 지방치가 200mg/dl 이상인 경우이며 이때 관상동맥의 위험이 현저히 증가하는 것으로 알려지고 있다. 적정수준은 콜레스테롤치가 200mg/dl 미만, 중성 지방치가 100mg/dl 미만으로 이 범주를 유지하는 것이 바람직하다. 그리고 나이가 들면 콜레스테롤치가 상승하는 경향이 있다.

③ **고지혈증의 관리**: 고지혈증의 예방책은 식이요법, 규칙적인 운동, 적정 체중 유지, 금연, 스트레스 해소 등을 통해 나쁜 콜레스테롤 수치를 떨어뜨리고 좋은 콜레스테롤 수치는 높이는 것이다. 그러나 6개월 이상의 식이요법에도 콜레스테롤 수치가 반전 수준 이하로 떨어지지 않는다면 약물요법이 따로 필요하다. 특히 유전적 원인에 의해 아무리 음식에 주의해도 나타나는 경우는 약물요법을 통한 보다 적극적인 치료가 필요하다.

④ 고지혈증의 식생활 지침

㉠ 체중이 많이 나가는 경우 식사량을 줄여야 한다. 그러나 고지혈증 치료에 총 지방 열량을 너무 낮추면 고탄수화물 열량에 의한 중성지방합성이 증가되므로 이점 또한 항상 유의해야 한다.

㉡ 섬유소의 섭취량을 늘려야 한다.

- 섬유소는 음식이 장에 머무르는 시간을 변화시키며 콜레스테롤과 중성지방의 흡수를 방해하는 등 심장질환의 예방에 좋은 작용을 한다. 최근에는 섬유소의 종류보다는 총 섬유소량을 증가시키기를 권하고 있다.
- 조개류, 기름진 생선(연어, 고등어, 청어, 멸치, 숭어, 송어, 메기, 정어리, 빙어)의 경우 여러 가지 논란이 있으나 일주일에 2회 정도는 이러한 식품을 섭취하도록 권한다.
- 하루 한두 잔 정도의 알코올 섭취는 심장질환의 위험을 오히려 낮출 수 있다는 보고도 있지만 절대적으로 권장할 만한 사항은 아니다.
- 양파와 마늘이 혈중 콜레스테롤을 낮춘다는 보고도 있으나 확신할 만한 자료는 부족하다.
- 식사 중 포화지방산의 섭취를 줄인다.
- 빵, 케이크, 과자, 사탕, 아이스크림, 청량음료 등의 섭취는 제한한다.
- 커피 등 자극성 음료나 술, 담배는 피하도록 한다. 특히, 술은 다른 영양소는 없으면서 많은 열량을 낸다.

식품명	비교적 제한 없이 먹을 수 있는 식품	되도록 피해야 할 식품
고기 및 생선류	모든 생선(1일 1토막~1토막 반), 닭(껍질 제외), 쇠고기, 돼지고기, 순살코기	고기의 기름 부분(갈비, 삼겹살), 내장(간, 곱창), 닭 껍질, 소시지, 핫도그, 베이컨, 생선 알, 오징어, 장어, 새우, 젓갈류(명란젓, 창란젓)
우유 및 유제품	1% 이하의 탈지우유	보통 우유, 보통 치즈, 커피 프림, 라면
난류	흰자	노른자
과일 및 채소류	신선한 과일 및 채소	버터, 크림 등 지방을 많이 사용한 과일 및 채소 요리
곡류 및 두류	잡곡밥, 통밀빵, 옥수수빵, 감자 등의 모든 곡류, 콩, 두유 등의 두류	쌀밥, 흰 빵, 상업적인 제과식품(파이, 도넛, 비스킷 등)
기름유	식물성 기름(참기름, 들기름, 옥수수기름), 마가린, 쇼트닝	동물성 기름(소기름, 돼지기름 등) 초콜릿, 사탕류, 버터, 꿀, 코코아 기름
외식	한정식, 생선구이, 김밥, 초밥	중국음식, 볶음밥, 곱창전골, 추어탕, 보신탕

(3) 비만과 식사요법

① **비만:** 비만이란 생활이 편리해짐에 따라 섭취하는 에너지보다 사용하는 에너지가 적어 그 결과 남은 에너지가 지방으로 바뀌어 몸 안의 여러 부분, 특히 피부 밑의 조직이나 뱃속에 기름기가 쌓이게 되어 체중이 증가하는 현상이며, 일종의 질병으로 간주되고 있다. 즉, 비만증이란 영양섭취는 늘고 신체활동은 감소하여 인체 에너지의 공급과 소비의 불균형이 생겨 체내 지방량이 비정상적으로 증가하는 대사성 질환의 일종이다.

② **비만 판정방법:** 비만을 판정하는 방법에는 여러 가지가 있으나 자가 판단할 수 있는 방법으로 다음과 같은 것이 있다.

- 피부 두 겹 집기 측정법: 꼬집기 측정법이라고도 하는데 엉덩이 뼈 위의 옆구리 중앙부분을 꼬집어 피부 두께를 측정하여 그 피부 두께가 1인치(2.54cm) 이상이면 비만으로 판정한다.
- 발끝 내려다보기 측정법: 차렷 자세(부동 자세)를 취한 상태에서 고개만 숙여 발끝을 내려다보아 발끝이 보이지 않으면 비만으로 판정한다.

③ **비만의 관리:** 식생활 여건이 좋아지고 일상생활이 편리해짐에 따라 비만증이 늘어가고 있으나 잘못된 다이어트로 건강을 해치는 사례가 발생하고 있다. 건강은 유지하면서 효과적인 체중관리를 하기 위해서는 전문가의 처방에 의한 식사요법과 꾸준한 운동을 병행해야 한다.

④ 체중관리를 위한 식생활 지침

식사요법의 목표는 건강을 증진시키고 체중 과다로 인한 합병증의 위험을 지속적으로 감소시킬 수 있는 수준으로 체지방을 줄이는 것이다. 그러므로 자기 나름대로 체중의 목표를 정하고 단시간에 체중을 줄이려고 하기보다는 혈당, 혈중지질, 혈압과 같은 기능적으로 중요한 자료를 기초로 하여 각자의 상태와 정도에 따라 개별적인 목표를 세워야 한다.

CHECK 올바른 식습관

식품 선택, 식사행동, 신체적 활동양식과 관련된 습관을 변화시켜 체중 감소가 장시간 유지되도록 하여 비만증을 해소할 수 있도록 그 치료의 방향을 설정한다.

- 하루 세 끼의 균형 잡힌 식생활을 습관화하면서 신체활동을 점차 늘려가도록 한다. 한 끼에 몰아 먹지 않도록 하며 특히 저녁 때 과식하는 일은 절대로 피한다.
- 여러 가지 식품을 잘 섞어 골고루 섭취한다.
- 무조건 굶어서는 안 되며 적절한 운동을 병행하면서 세 끼 식사를 평소 식사량의 80%만 섭취토록 한다. 식사를 하다가 반드시 한 수저를 남기는 버릇을 갖는다.
- 배고픈 것이 견디기 어려울 때는 섬유질이 많이 들어 있는 채소 중 칼로리가 낮은 식품을 섭취하도록 한다.
- 단백질이 풍부한 식사를 하고 탄수화물과 지방질을 피하는 것이 좋다.
- 체중 감소를 목적으로 커피 등의 카페인 종류를 장기간 복용하는 경우가 있는데 이는 부작용을 초래할 수 있으므로 삼간다.
- 식사 후 바로 드러눕거나 자는 것은 아주 나쁘며 흔히 점심식사 후 잠깐씩 낮잠을 자는 사람이 있는데 이것은 좋지 못한 습관이다.
- 단식을 하는 동안에는 피하지방을 태워 없애게 되어 살이 빠지게 된다. 그 고통이 심하고 부작용이 크며 또한 단식이 끝난 후 식사조절을 잘못하면 다시 살이 찌게 된다.
- 1회의 식사에 20~30분 이상의 시간으로 천천히 음식을 먹는다.
- 저녁 8시 이후의 밤늦은 시간에 음식 섭취는 가급적 삼간다.

(4) 당뇨병과 식사요법

① **당뇨병**: 당뇨병이란 **인슐린 작용 부족**으로 생기는 당대사 질환으로서 고혈당(Hyperglycemia)이 되어 소변으로 배설되는 질병이다. 당뇨병은 크게 두 가지로 나누어진다. 대부분 40세 이전에 발생하며 소아형 당뇨병이라 하는 **인슐린 의존성 당뇨병**과 주로 당뇨병의 유전적 인자를 가진 사람이 비만, 운동부족, 스트레스, 임신, 외상 등 당대사를 나쁘게 하는 환경적 조건에 노출되었을 때 걸리기 쉬운 **인슐린 비의존성 당뇨병**이 있다. 특히 인슐린 비의존성 당뇨병의 치료에는 식사관리가 매우 중요하며, 적절한 에너지의 공급은 혈당조절과 비만교정에 상당한 효과가 있다.

당뇨병의 진단기준

구분		혈당 농도(mg/dl)			
		전혈(whole blood)		혈장(plasma)	
		정맥	모세혈관	정맥	모세혈관
당뇨병	공복 시	120 이상	120 이상	140 이상	140 이상
	당부하 2시간 후	180 이상	200 이상	200 이상	200 이상
*내당능 장애	공복 시	120 이하	120 이하	140 이하	140 이하
	당부하 2시간 후	120 – 180	140 – 200	140 – 200	160 – 220

* 내당능 장애(impaired glucose tolerance, IGT)

② **당뇨의 자각적 증세:** '다갈, 다음, 다뇨'의 증상이 나타나면 일단 당뇨를 의심해 볼 수 있다.

③ **당뇨병의 관리:** 당뇨병의 관리는 주로 식사요법, 운동요법 그리고 약물요법을 생각할 수 있다. 당뇨병 관리는 당뇨병의 종류, 환자의 상태 등에 따라 약간의 차이가 있으나 어떠한 경우에도 식사관리는 중요하다. 당뇨병 관리에서 가장 기본적인 식사관리는 열량, 단백질, 지방, 당질의 섭취량을 조절하여 실시하는 것이다.

④ **당뇨병의 식생활 지침:** 당뇨병의 식사요법은 당뇨병을 좋은 상태로 조절하는 것으로, 궁극적으로 정상적인 영양 상태와 활동력을 유지하며 건강인과 같은 일상생활을 할 수 있도록 하는 데 목적이 있다. 따라서 우리가 건강을 유지하는 데 꼭 필요한 음식을 골고루 섭취하되, 필요 이상 섭취하여 대사과정에 부담을 주지 않도록 조절하는 것이 중요하다.

CHECK 식사요법의 원칙

- 균형잡힌 식사를 한다: 당뇨환자의 적절한 열량 섭취를 위한 식사지침은 총 섭취열량에 대해 탄수화물은 55~60%, 단백질은 15~20%, 지방은 20~25%를 유지하도록 한다.
- 섭취 총열량을 줄인다: 적정 체중을 유지하면서 인슐린 절약을 위해서 열량 제한을 한다.
- 탄수화물 섭취를 줄인다: 단순당질은 빠르게 흡수되어 식후 혈당을 급격히 올리게 되므로 당뇨병 환자의 경우 일반적으로 단순당질의 섭취를 제한한다.

5 영양

(1) 합리적인 영양

① 영양에 대한 이해

사람이 정상적인 성장과 발육을 위해서는 외부로부터 영양을 공급받아야 한다. 특히 성장기의 어린이나 노인, 임산부들은 단백질, 무기질, 비타민 등을 더 많이 섭취해야 한다. 인간을 포함한 모든 생물체는 생명을 유지하고 성장, 발육하기 위해서 외부로부터 여러 가지 물질을 섭취하여 건강한 신체조직을 구성하고 에너지를 발생시켜 생명 현상을 유지한다. 이와 같이 **생명체의 성장과 활동을 영위하고, 건강을 유지하기 위한 여러 가지 현상을 영양이라고 한다.** 영양이란 먹는 것과 건강의 관계이며 아주 작은 식품이라도 그 성분이 건강에 영향을 미칠 수 있다. 식품이란 적어도 한 종류 이상의 영양소를 함유하고 있고 독성이 없는 것을 말한다. 식품의 종류는 매우 다양하여 모든 영양을 한꺼번에 포함한 완전하고 이상적인 식품은 없다. 따라서 여러 가지 식품 중에서 우리들이 필요로 하는 영양소를 적절히 선택하는 것이 매우 중요하다. 좋은 식습관이나 좋지 않은 식습관, 건강 사이에는 영양적인 문제가 깊이 관여하고 있는 것이다. 좋은 영양은 건강한 생활의 요점이며, 영양을 골고루 섭취하는 것이 심장병, 심장마비, 뇌졸중, 폐암 등을 줄일 수 있고, 체중이나 당뇨, 혈압 등을 조절할 수 있는 것이다.

② **영양소의 종류와 기능**: 우리가 섭취하는 음식물은 다양한 영양소와 에너지를 제공해 준다. 영양소의 종류와 그 기능에 대해서 살펴보면 다음과 같다.

㉠ **탄수화물**과 기능

탄수화물은 뇌기능을 촉진하는 데 필요하며 우리들이 섭취하는 에너지 중에서 적어도 50% 이상은 차지해야 한다. 탄수화물은 당류이며 곡류나 빵, 쌀밥, 국수류, 과일류, 채소류, 우유나 유제품 그리고 여러 번 과정을 거친 음식물이나 음료를 섭취함으로써 얻을 수 있다.

탄수화물은 식품의 대부분을 차지하는 에너지원으로서 가장 경제적이며 1g당 4kcal의 열량을 낸다. 탄수화물은 섭취 후 소화되어 포도당으로 변한 후 흡수되는데 대부분 간장에서 글리코겐으로 저장되고, 일부는 혈액에 의하여 근육조직에 운반되며 연소되어 에너지원이 된다. 탄수화물이적으면 단백질의 분해가 심해지며 지방질의 산화가 불완전하게 된다. 생체의 모든 기능에 충분한 에너지를 공급하기 위해서는 탄수화물의 대사가 원활히 이루어져야 한다.

ⓛ **단백질**과 기능

단백질은 성장은 물론 손상받은 세포를 회복시키는 데 필요하며 체조직의 구성에 중요하다. 단백질은 주로 육류, 우유 및 유제품, 생선, 난류, 종실유 등에서 얻는다. 에너지 섭취 중에 약 10~15%는 단백질에서 얻어야 한다.

단백질의 기능은 1g당 4kcal의 열량을 내며 체내에서 농축된 에너지의 급원으로 매우 중요하다. 단백질은 물질대사를 움직이는 효소와 호르몬을 만든다. 또한 단백질 이외의 질소를 함유한 화합물의 재료가 된다. 단백질 합성의 기구를 통하여 유전현상을 발견하며 헤모글로빈으로서 산소의 운반을 맡고 있다. 아울러 수용성 지단백으로서 지질의 운반을 맡고 있다.

ⓒ **지방**과 기능

지방은 주로 음식물에서 섭취하며 체조직의 형성을 돕고, 지용성 비타민 A, D, E 및 K를 포함한다. **포화지방**은 붉은 육류, 난류, 우유 및 그 제품에서 얻으며 **불포화 지방**은 식물성 기름과 종실유에서 얻는다. 지방은 식사에 없어서는 안 되는 매우 중요한 영양소이며, 전문가들은 에너지 섭취의 30~35% 정도를 추천하고 있다. 이것은 음식물을 1,000kcal 섭취할 때 지방섭취가 33~39g 정도인 것을 의미한다.

지방은 1g당 9kcal의 열량을 내며 체내에서 농축된 에너지의 급원으로 매우 중요하다. 또한 지방조직은 신체 내 장기의 쿠션 역할을 함과 동시에 체온 유지를 위한 절연체 역할을 한다. 필수 지방산을 공급하여 성장 촉진, 습진방지 기능을 하기도 한다. 체지방이 축적되면 에너지가 부족할 때 바로 쓰이며, 지방질이 탄수화물이나 단백질보다 장내에 오래 남아 있으므로 만복감을 준다. 지용성 비타민의 흡수를 위해서는 작은 창자에 지방질이 있어 보조 역할을 한다.

ⓔ **무기질**과 기능: 무기질은 칼로리는 아니지만 생물체의 구성성분으로 매우 중요하다.

(2) 건강관리

① 현대인의 건강

세계보건기구의 정의에 의하면 "건강이란 단지 질병이나 신체의 결함이 없을 뿐만 아니라 신체적, 정신적, 사회적으로 완전무결한 상태"를 말한다. 이는 육체적 건강뿐만 아니라 정신적 건강이 중요하며 정신 상태는 체내의 신경계통, 호르몬 분비 등에 영향을 미쳐 영양소의 흡수, 대사, 배설 등의 변화를 초래하게 된다. 의식주를 자신의 힘으로 해결해야 했던 원시인들의 건강은 **강건한 육체**만을 생각했으나 사회가 복잡해지기 시작한 중세에 들어서기 시작하면서 **심신 양면의 이론적 건강 개념**을 생각하게 되었고, 현대 사회에서는 **사회적 측면까지 포함**하여 건강의 의미로 해석하기에 이르렀다. 그러므로 모든 사람의 건강문제는 **안전하고, 능률적인 것이어야 하며 개인과 가정, 사회의 상호**

협력적인 것이 되어야 한다.

인간의 몸은 그 개인이 가지고 있는 소질과 행동, 생활환경 등에 의해서 복잡 미묘하게 변화를 일으키면서도 부단히 개체로서 건강상태를 유지할 수 있는 생리적 기능을 다하고 있다. 그런데 질병이나 건강장애는 항상성을 유지하지 못하고 건강을 해치게 하므로 이에 대한 요인들을 제거해야 하는 건강관리가 강조된다. 과학의 발달로 모든 사회구조가 자동화됨에 따라 우리의 신체활동은 급속히 감소하게 되어 인체에 운동부족증이 나타나게 되었다. 이와 더불어 생활이 윤택해짐에 따라 영양 과잉으로 비만 현상이 나타나고, 사회생활이 복잡해짐에 따라 각종 스트레스가 날로 증가하며 현대병이 증가하게 되었다. 의학이 고도로 발달하였는데도 불구하고 현대병은 의학적인 처방만으로 치료될 수 없는 것이다.

오늘날의 건강에 관한 문제는 간단한 문제가 아니다. 도시인구의 과밀화, 공해문제, 의약품의 남용, 신종 질병의 계속적인 발생, 각종 사고의 증가 등 이러한 건강생활의 저해 요인들이 팽배해가는 상황을 극복하기 위해서 운동, 영양, 휴식 등에 대한 건강의 자기관리가 필요하다.

② 피로회복과 영양지침

영양지침에서 중요한 것은 식사를 거르지 않는 것이며, 소량이라도 효율 좋게 영양분이 섭취되도록 식사의 섭취방법을 연구하는 일이다.

- 주식은 신체를 움직이는 에너지원인 탄수화물을 풍부하게 함유하고 있는 죽이나 우동, 메밀국수 등 섭취하기 좋은 것으로 조합시킨다.
- 반찬에 튀김이 포함되는 경우 기름성분이 많은 반찬은 억제하고, 소화에 좋은 청국장, 두부, 생선조림 등의 단백질 식품을 조합시킨다.
- 훈련으로 인해 손실된 무기질, 비타민 수분 등을 공급한다.
- 카레 등의 향신료를 사용하여 식욕을 자극한다. 식욕이 없다고 탄산음료나 알코올을 과음하지 않도록 한다.
- 음료는 탄수화물이나 비타민C를 포함한 과즙 100% 주스, 우유(요구르트 포함)를 매 끼니마다 각 1컵 정도 섭취한다.

(3) 상해재활에 필요한 영양

상해를 입었을 때 선수들은 상해 정도를 진단받고 정도에 따라서 치료에 임하게 된다. 그리고 상해 유형에 따라 좋다는 음식으로 영양보충을 하게 되는 경우가 대다수다. 이 경우 얼마나 자기관리를 잘하느냐에 따라 회복속도가 빨라지고 이에 따라 기능회복이 뒤따라 결국 예전의 경기력을 되찾게 되는 것이다.

① **급성 상해 시 영양지침**: 일반적으로 급성 외상은 스포츠 상해에서 주류를 이루고 있다. 급성 상해 대부분은 신체 기능, 훈련, 시합 시에 제한을 받을 정도의 위중한 상태들이다. 완전히 회복하기 위해서는 상해가 재발되지 않도록 치료 속도를 조심스럽게 조절해야 한다. 대부분의 급성 상해는 즉시 치료를 해야 한다. 급성 상해를 치료하기 위해 영양소(특히 프로테아제)를 섭취함으로써 치료 속도를 가속화하고 운동상해로부터 기능들이 완전히 회복되는 기간을 단축시킬 수 있다. 복합 처방의 경우, 여러 영양소들을 혼합해서 섭취하는 것이 재발을 방지한다. 다양한 형태의 상해들을 위해 이용되는 영양소에는 복합 비타민/무기질, 복합 항산화제들, 복합 프로테아제 등이 있다.

- 염좌: 관절의 움직임이 정상적인 한계를 벗어나도록 힘이 가해진 후의 증세로 급성 관절 외상, 급성 염증 등이며, 소염 기능 영양소에는 프로테아제, 바이오프라노보이다, 아스콜빈산이 있다.
- 탈구: 극한 상태의 염좌로 관절 주위에서 골절이 발생하며, 인대가 일반적으로 파열된다. 두 번째 단계의 치료(1주일 후)에서, 글루코사민과 콘드로이친이 주요 영양소들이다. 영양소 보충은 환부 상태에 따라 가감한다.

② **만성 상해 시 영양지침**: 만성적인 상해는 이전의 급성상해가 완전히 치유되지 않고, 반복적으로 과사용됨으로써 발생되는 것이다. 만성 염증은 오랜 기간에 걸쳐 나타나고, 천천히 시작되며 기능이 점진적으로 상실된다. 영양 처방은 상해 입은 조직의 정상적인 원상복구 강화가 첫째 목표이고, 두 번째로는 만성 상해가 급성 상해보다 회복되는 데 더 오래 걸리기 때문에 만성적 염증 과정을 조절하여야 한다. 조직을 보호하거나, 염증세포나 조정자에 직접적으로 영향을 미침으로써 염증과정을 조절할 수 있다.

(4) 체력 단련기의 식생활

① 운동과 영양섭취

㉠ 음식섭취량

운동으로 에너지 수요가 늘면 그에 수반하여 식품의 섭취량이 늘어야 열량 공급이 원활하게 된다. 만일 열량 수요가 요구량보다 부족하면 체내 조직의 어느 부분에서라도 그것을 공급하게 되므로 조직에 소모가 오게 되고, 그 결과 그 조직의 기능 저하를 초래하게 된다. 생체 내에서 어떤 에너지 요구가 있을 때에는 그 원천을 체내 조직의 일부분에서 얻거나, 외부에서 새로 들어온 것으로부터 얻고 있는데, 이들 양자 중에서도 새로 외부에서 들어온 것이 이용률이 높다. 식품을 통해서 생체에 들어온 새로운 영양소가 이용되지 않으면 어떤 형태로든 체내에 저장되게 되고, 이것이 후에 다시 필요에 따라 분해되어 이용되는 것으로 이때에는 다시 새로운 에너지가 필요하게 된다. 인체 내에 있는 대사조(metabolic pool)에서는 거기에 주어진 성분 중 일부는 세포에 필요한 고정 성분이나 저장 성분으로, 그리고 나머지는 직접 대사과정에 관여한다. 그런데 이들은 체내에서 대사적으로 교류되어 동적 평형을 이루고 있다. 운동 등에 직접 이용되는 에너지는 사용되기 쉬운 것부터 시작하여 차차 저장 성분 그리고 고형 성분이 이용되게 된다.

활동적인 사람이 필요로 하는 식품량은 개인차가 크며, 같은 사람에 있어서도 매일 변하기 마련이다. 그러므로 특정한 집단 또는 개인의 일정불변한 표준 식품 섭취량을 결정한다는 것은 곤란한 일이며, 설사 결정되었다 하더라도 지나치게 그에 의존해서는 안 된다. 실제 운동선수들의 1일 열량섭취량은 3,000kcal에서 7,000kcal까지의 변동이 있다. 그 변동 인자로서는 체격, 연령, 성별, 운동정도, 계절, 식습관, 민족성, 질병, 스트레스 등 여러 가지가 있다.

체격이 큰 사람이 식품 섭취량이 많은 것은 당연하다. 그리고 나이가 젊으면 열량 소비가 많으며, 어린이는 활동 지수가 성인보다 높다. 그러므로 어린이는 성인에 비해 몸무게 kg당 열량 소비량이 크다. 그러나 여자는 남자에 비해서 그 양이 적다.

㉡ 운동과 영양밸런스

체력 향상을 위한 트레이닝 계획을 실천할 때 영양소 소요량은 성별, 연령별로 차이가 나타나며, 특히 운동강도와 시간에 따라 상이하다. 일반적으로 **가벼운 운동**을 실천하면 1일 약 **2,500kcal, 중등 정도의 운동**을 하면 **3,000kcal, 장시간의 강도 높은 운동 프로그램을 실천**한다면 **약 3,500kcal 이상**의 에너지가 요구된다. 이러한 소요열량은 탄수화물, 지방, 단백질 등 열원영양소를 통하여 주로 충당되지만, 비타민이나 무기질의 섭취도 고려되어야 한다. 예를 들면 다음의 표에 제시된 바와 같이 체력 트레이닝의 목표에 따라 다소 차이가 나기도 한다. 즉 지구성 능력을 향상시키기 위한 트레이닝을 할 때는 근력 및 민첩성 트레이닝을 할 때보다 비타민 B1과 C를 50~100% 정도 더 섭취해야 한다.

규칙적인 운동과 비타민 · 무기질의 1일 요구

트레이닝의 목표	비타민				무기질		
	A	B1	B2	C	식염	칼슘	철분
근력·민첩성	6,600 I.U	5mg	2mg	100mg	20–30g	1.0g	20–25mg
지구력	6,600	10mg	2.5mg	150mg	20–30g	1.0g	20–25mg

그러나 트레이닝 시 무엇보다 중요한 영양소는 열원영양소로, 특히 이들을 섭취하는 구성비율을 적정화시키는 일이 아주 중요하다. **탄수화물, 지방, 단백질을 4 : 1 : 1**의 비율로 섭취하는 것이 균형 잡힌 식사로 권장되고 있다. 물론 이와 같은 구성비율은 트레이닝의 강도 또는 목표에 따라 융통성 있게 조절되어야 한다. 즉, 근력 향상을 목표로 하거나 트레이닝의 강도를 높이고자 할 때는 단백질의 공급비율을 상향 조정하여야 하며 단백질 공급량 중 동물성 단백질의 공급비율을 다소 높일 필요가 있는 것이다.

㉢ 탄수화물과 운동

운동, 특히 근육 트레이닝 시 소비되는 에너지는 직접적으로는 근육 내에 저장되어 있는 글리코겐(glycogen)에서 얻어지고 있는데 이 글리코겐의 보급원은 탄수화물이다. 이때 단백질이나 지방도 에너지원이 될 수 있으나 그 효율이 아주 낮다. 한편, 탄수화물은 섭취 후 조직에 운반되어 직접 에너지원으로 이용되기도 한다. 운동에 필요한 에너지는 주로 탄수화물에서 얻고 있으나 그것이 부족하게 되면 체내에 저장된 지방이 동원된다. 이렇게 하여 지방까지 소비되고 나면 세포성분인 단백질이 동원된다.

근력의 지구성 등을 높이는 데는 지방보다 탄수화물이 효율적이다. 알코올은 체내에서 연소되어 1g당 7kcal의 열량을 발생하는데, 이것은 직접 에너지원이 되는 것이 아니고 탄수화물의 산화 속도를 촉진시키는 것이다. 단맛이 강한 음식은 비만이나 충치의 원인으로 그다지 환영받지 못한다. 그러나 탄수화물의 흡수율은 99%로 체내에 들어가면 곧 포도당이나 글리코겐으로 변화하여 이용할 수 있다. 따라서 겨울 산을 등산할 때 초콜릿, 엿 등이 보조식품으로서 대단히 중요시되는 것이다. 또한 일정한 양을 근육 내에 저장하여 둘 수 있는 편리한 에너지원이다. 필요 이상으로 섭취량이 많고 이용되지 않는 경우, 글리코겐은 지방으로 바뀌어 활동이 둔한 부위에 부착해 버린다. 따라서 필요량만을 섭취하여, 에너지 저장고인 근육에 저장하고 순발력, 지구력, 기술발휘에 사용하는 에너지 컨트롤을 하는 것이 체중조절의 관건이 된다.

우리가 주식으로 하는 쌀은 맛있게 먹을 수 있도록 정백미로 팔리고 있다. 따라서 배아 부분이 제거되어 있어서 탄수화물을 글리코겐으로 바꾸는 작용을 하는 비타민 B1을 잃어버린 형태로 되어 있다. 그리하여 반찬이나 다른 야채로부터 비타민 B1을 별도로 섭취하지 않으면 쌀은 효율성이 낮은 에너지 물질로 전락된다. 따라서 가급적 강화미를 이용하도록 권장되는 것이다. 강화미라는 것은 백미를 비타민 액에 담가 배유부에 스며들게 한 것이다. 물과 열에 강하며 특유의 냄새도 없어서 백미와 섞어 먹는데 불편함이 없다. 강화미에는 100g 중 비타민 B1이 150mg, 비타민 B2가 100mg 포함되어 있어 1kg의 정백미에 대해 5g의 비율로 혼합시켜 사용한다. 현미보다 싸고 3번의 식사에 섞는 것만으로 하루의 비타민 B1과 비타민 B2의 필요량을 가볍게 섭취할 수 있다. 또한 현미식이 몸에 좋다고 하는데 현미란 배아를 떼지 않은 쌀이다. 배아에는 조단백, 지방, 비타민, 미네랄, 효소라는 쌀 자체의 성장에 필요한 영양이 많이 포함되어 있다. 우리가 먹고 있는 쌀은 칼로리로서 작용하는 탄소화물만이라는 사실을 잊지 말아야 한다.

체중을 줄이기 위하여 아무것도 먹지 않고 운동을 하면 몸의 움직임이 원활하지 못한 경우가 있다. 이는 뇌의 혈당 수준이 저하되었기 때문이다. 뇌는 혈액에 포함되어 있는 포도당을 에너지로 이용하므로 탄수화물의 섭취가 부족하면 정신집중이 되지 않고 의욕을 잃게 되며 졸음이 오게 된다. 따라서 체중조절을 위한 운동을 할 때 탄수화물의 섭취량을 제한하는 것은 신중을 기해야 한다.

㉣ 지방과 운동

지방은 높은 칼로리를 지닌 영양소지만 인체의 활동에너지로 쓰일 때 탄수화물에 비해 많은 산소를 필요로 한다는 단점을 가지고 있으며, 고강도 트레이닝을 할 때는 거의 에너지 공급원으로서의 역할을 하지 못한다. 지방은 동물성 지방과 식물성 지방으로 분류할 수 있는데, 다량의 포화지방산을 함유하고 있는 **동물성 지방**은 **체내에서 콜레스테롤을 합성하는 데 필요**하다. 콜레스테롤이 성인병의 원인이 되므로 유해한 성분으로 생각하는 사람들이 많은데, 인체를 구성하는 세포의 막을 만들고 호르몬 합성과 담즙산을 만드는 데 없어서는 안 되는 필수적인 성분임을 분명히 알아야 한다. 콜레스테롤이 부족하면 적혈구의 벽이 부서지기 쉬운 상태가 되기도 하므로 반드시 필요한 성분인 것이다. 불포화지방산을 다량으로 함유하고 있는 식물성 지방도 체내에서 합성될 수 없는 리놀산 등을 함유하고 있으므로 반드시 섭취해 주어야 한다. 일반적으로 식물성 지방과 동물성 지방의 섭취비율을 2:1 정도로 하는 것이 좋다. 또한 전체 섭취 열량의 15~20% 수준까지 섭취하여도 좋다는 학자들의 견해가 지배적이다. 그러나 고지방, 저탄수화물식을 하면 체내에서 지방분해가 활발해져 아세톤체가 축적되고 이것이 심하면 산성증의 원인으로 작용하게 된다. 결국 지방을 너무 많이 섭취하면 운동에 방해가 될 수 있으므로 25% 이상을 초과하지 않는 것이 바람직할 것이다.

다음의 표는 개를 대상으로 지방섭취량과 지구성 능력의 관계를 알아보기 위한 실험 결과이다. 결국 고지방식은 지구력을 발현하는 데 장애가 된다는 사실을 알 수 있다.

개의 지방섭취량과 지구성 능력

지방섭취량(g/체중 10kg)	달린 시간(분: 초)	달린 거리(m)
4.13	44:12	5,490
9.06	36:46	4,742
19.67	20:45	2,778
44.10	10:20	1,279

㉤ 단백질과 운동

단백질은 에너지원으로서의 가치는 적지만 필수적으로 매일 섭취해야만 건강을 유지할 수 있다. 일반적으로 체중 1kg에 1~1.5g의 비율로 매일 섭취해 주어야 **단백질 평형**(nitrogen balance)을 유지할 수 있는데, 운동을 하게 되면 공급량을 늘려야 한다. 특히 근력을 강화시키는 트레이닝을 할 때는 체중 1kg에 2~3g 정도를 공급해 주어야 한다. 왜냐하면 운동 시 적혈구나 혈청단백질의 감소에 따라 운동성 빈혈(sports anemia)이 나타날 수 있기 때문이다. 그리고 운동계획을 실천하는 기간 동안에는 단백질 섭취량의 약 2/3 이상을 동물성 단백질로 섭취하는 것이 바람직하다. 그러나 운동 전 또는 시합 직전의 식사에는 단백질을 줄이는 것이 좋다. 특히 지구성 운동 직전의 식사는 탄수화물을 주로 섭취하여 이용 열량성분을 증가시켜 두는 것이 좋다.

② 항산화제

㉠ 운동과 산소유리기의 생성

최근 운동 중 많이 발생한다는 **산소유리기(oxygen free radicals)**가 노화, 발암 그리고 기타 퇴행성 질환들과 밀접한 관계가 있다는 보고들에서 비롯된 염려는 강도 높은 운동을 하면 운동을 전혀 하지 않느니만 못하다는 생각으로까지 비약되고 있는 듯하다. 자동차 엔진이 휘발유와 공기를 혼합하여 폭발시킨 힘으로 차를 움직이듯이 우리 인체에서도 들이 마신 공기 중의 산소와 음식을 통해서 섭취한 영양소들이 세포 내의 **미토콘드리아**라는 곳에서 화학적인 에너지 형태인 ATP라는 물질로 바뀌게 되어 우리의 활동을 가능케 하는 동력을 제공한다. 엔진에서의 연소가 불완전하여 인체에 유해한 공해 가스가 배출되는 것과 마찬가지로 인체에서 ATP를 생산하는 과정에서도 일부 새어나온 전자가 여러 가지 유해한 산소유리기를 생성하게 된다.

이렇게 유해한 산소 유도물들을 산소유리기(oxygen free radicals), 유해산소(toxic oxygens), 반응성인 단백질, 지질, 핵산(DNA, RNA) 등의 연쇄적인 파괴 또는 변형을 유발하여 중요한 생리적 기능의 저하, 암의 유발 및 악화, 그리고 노화를 촉진시키는 것으로 알려져 있다. 다시 한 번 자동차와 비교하면, 조용히 정속 운행을 할 때보다 급가속을 할 때 더 많은 휘발유와 공기의 소모와 아울러 많은 유해 배기가스를 배출하게 된다. 이와 마찬가지로 우리 인체가 일상생활을 할 때보다 심한 운동을 할 때 더 많은 산소를 사용하게 되고, 동시에 산소유리기의 생성량도 증가하게 된다. 오래된 자동차 엔진에서 더 많은 유해 배기가스가 나오듯이 인체도 나이가 들어감에 따라 같은 양의 산소 사용에서 더 많은 양의 산소유리기를 생성하게 되는 것이다.

㉡ 인체가 지닌 항산화 기능

일상 활동이 일반적으로 유해한 형태의 산소 유도물을 생성하는 비율은 전체 산소 소비량의 약 5% 정도로 알려져 있다. 이 정도의 유해산소는 항산화 효소로 대표되는 인체가 지닌 고유의 항산화기능에 의해서 큰 피해 없이 처리될 수 있다. 인체가 산소유리기를 제거하거나 중화시킬 수 있는 자연 방어기능은 크게 다음 두 가지로 분류될 수 있다. 항산화 효소와 항산화 물질이 인체의 자체 방어능력의 주역인데 효소는 산소유리기를 무해한 형태로 바꾸거나 파괴하는 과정을 촉진시키고, 항산화 물질은 독자적인 작용이나 다른 작용을 보조하는 과정을 통하여 유해한 산소유리기로부터 인체 구조물을 보호하는 역할을 한다. 그리고 이러한 항산화 기능은 적절한 운동을 규칙적으로 해줌으로써 향상시킬 수 있다. 우리 인체는 모든 상황의 변화에 따라 생명유지에 가장 유리한 방향으로 적응하는 탁월한 능력을 지니고 있는 것이다.

그러나 어떤 특수한 상황에서는 산소유리기의 생성량이 급격히 증가하여, 효소 및 비효소 항산화 물질들을 통한 인체의 방어능력이 감당하기 어려운 수준의 산소유리기가 체내에 존재하는 상태가 발생될 수 있다. 이러한 경우를 **산화적 스트레스**(oxidative stress)라고 표현하며, 그 정도에 따라 심각한 인체 조직의 손상이 초래되어 질병으로 나타날 수 있다. 운동, 특히 높은 강도의 유산소성 운동을 지속할 때 산화적 스트레스에 노출될 가능성이 높아지며 흡연, 공해환경, 대륙 간 항공기 여행, 과식, 질병의 감염 등도 산화적 스트레스의 정도를 증가시키는 원인이 되는 것으로 알려져 있다. 인체가 기본적으로 지니고 있는 항산화 기능만으로는 이러한 특수한 상황에서 증가된 산소유리기를 처리하기 어렵다면 그 대안으로 추가적인 항산화 물질을 섭취하는 것은 어떨까? 그리고 평소에 이러한 물질의 섭취를 늘려 산화적 스트레스에 의한 질병을 예방할 수는 없을까? 이러한 가능성에 대한 많은 연구가 이미 발표되었거나 진행 중에 있다.

③ 건강과 영양관리의 기초지식

근육의 수축은 **화학적 에너지**가 **기계적 에너지**로 변화됨으로써 일어나고 그 화학적 에너지는 탄수화물, 지방, 단백질 등의 영양소가 산화될 때 만들어진다. 근육은 일시적으로는 혐기적 상태에서 만들어질 수는 있겠지만 곧 피로해지고 운동 후에 산소 보충이 요구된다. 그러므로 근육운동이 일어나기 위해서는 **에너지원인 영양소와 영양소가 산화하는 데 필요한 산소의 공급**이 절대적인 요소가 된다. 에너지원으로 탄수화물과 지방이 충분할 때 단백질은 거의 사용되지 않는다. 운동선수에게는 일반적으로 탄수화물이 55~60%, 지방이 29~30%, 단백질이 14~15%로 권장되고 있으나 수영, 마라톤 등 지구력을 요하는 운동과 겨울 운동의 내한성을 요하는 운동에서는 지방을 증대시키고, 저산소 상태에서 과격한 운동을 행할 경우 지방의 많은 섭취는 운동 중 연소하기 어려우므로 양을 줄이는 것이 바람직하다. 운동 시에 필요한 열량은 운동의 강도나 지속시간, 신체의 크기, 체형, 나이에 따라 조금씩 다를 수가 있으며 사람마다 운동에 대한 숙련도, 영양상태, 환경조건, 적합성 등에 따라서도 달라진다. 예를 들어 골격과 영양의 관계를 살펴보면 골밀도는 20~30대에서 최대이었다가 그 후 점차적으로 감소하는 것으로 나타난다. 이렇게 낮아지는 골밀도를 감소시키기 위해서는 운동과 함께 칼슘을 고려한 영양의 처방이 중요하다. 즉 우리나라 성인에서 골격 손실이 일어나고 칼슘 섭취량 및 흡수력이 감소하여 각 연령층에 권장량을 충족하지 못하는 것은 외국에 비해 우유의 섭취가 적고 육류, 채소류 등의 소비가 적기 때문이기도 하다. 그러나 칼슘 섭취는 골다공증을 어느 정도 지연시키는데 이는 최대 골질량을 증가시키므로 일어나는 것이지 골격 손실을 감소시키기 때문이 아닌 것으로 알려져 있다. 왜냐하면 만성적으로 칼슘 섭취량이 낮은 사람의 골밀도가 낮으며 중년 이후의 골절사고율이 높기 때문이다. 건강하게 골밀도를 유지하거나 증가시키기 위해서는 효과적인 영양처방 뿐만 아니라 운동도 매우 중요하다.

㉠ 건강관리를 위한 운동

운동형태는 근수축 운동과 부하(무게)운동이 있으며, 골밀도의 증가는 낮은 강도의 지속적인 신체 운동보다 높은 강도의 운동이 적극적인 결과를 초래했다는 연구가 있다. 따라서 일반인은 물론이고 운동선수들도 격심한 운동이나 경기 후에 충분한 휴식과 적절한 영양을 섭취하여야 한다. 피로 회복이 되지 않은 상태에서 격렬한 운동을 계속할 경우 근육 기능의 장애, 경련, 신경 장애, 신장 기능 퇴화 등의 원인이 될 수 있다. 여성의 경우 골절이나 월경 이상, 무월경 증세가 나타날 수도 있으므로 건강한 삶을 영위하기 위해서는 영양 섭취에 대한 세심한 배려가 절대 필요하다.
또한 계절에 따른 건강관리를 위해서도 영양관리는 필수적이라고 할 수 있다. 겨울에 추위를 이기기 위해 우리 몸의 대사가 활발해져 기초대사량이 여름보다 10% 가량 늘어나게 되므로 이를 음식으로 보충하여야 한다. 기온이 내려가면 피부가 자극되고 식욕 중추가 흥분하며, 일반적으로 식욕이 증가된다. 추위에 대항해 피하지방을 두텁게 하기 위한 우리 몸의 요구는 자연의 섭리라 할 수 있다. 겨울철의 영양관리 시 질 좋은 단백질을 충분히 섭취하되 비타민 A, C, E 등을 많이 섭취하여 균형적인 식사를 해야 한다.
지방의 섭취 방법으로는 30대 전반 이전의 젊은 층은 버터, 치즈, 달걀, 간유, 돼지비계 등의 동물성 지방도 무방하지만, 30대 후반 이후의 사람은 가능한 참기름, 들기름, 콩기름 등과 땅콩, 호두, 잣 등 식물성 지방을 섭취하는 것이 좋다. 고지방식을 너무 많이 섭취하면 체중의 증가로 지구력 감퇴, 순발력 저하 등을 초래하므로 육류를 섭취할 때는 시금치, 무, 당근, 표고버섯 등을 함께 먹어야 하며 사과, 귤 등 과일류도 충분히 섭취하는 것이 좋다. 신선한 생선회, 멸치, 미역 등도 한 달에 2~3회 정도 섭취하면 효과적이다. 유자차, 생강차, 율무차, 칡차 등을 마시는 것도 부족해지기 쉬운 비타민을 공급하는 좋은 방법이다.
겨울철에는 체내에 염분이 축적되기 때문에 싱겁게 먹는 것도 바람직하다. 여름철에는 우리 몸의 신진 대사가 촉진되어 비타민 B와 C의 부족 현상을 가져오고 지치기 쉽다. 땀을 많이 흘리게 되어 염분이 빠져나가면서 대사 작용에 지장을 초래하게 된다. 이런 때일수록 위에 부담을 주지 않으며 적은 양이지만 흡수가 잘되는 영양식을 섭취하는 것이 좋다. 과일 중 수박, 딸기, 참외, 복숭아, 토마토 등은 비타민 C, 과당, 수분 등을 풍부하게 함유하고 있어 바람직하다.

ⓛ 운동과 에너지 소모

운동이란 생리적 기능을 바탕으로 주로 외적인 일을 수행하는 것으로 체내의 많은 에너지를 소모하게 된다. 특히 근육운동은 근육 내의 에너지원인 화학에너지를 기계적 에너지로 변환시켜 외적인 일을 수행하게 되므로 에너지 대사작용이 매우 활발히 진행된다. 그러나 정신활동 또는 정신노동의 경우에는 중추신경계의 활동에 의하여 정보를 수집하고 통합하여 문제를 해결할 수 있는 명령을 내리는, 즉 신경계가 독자적으로 화학적 및 전기적 에너지를 내면적으로 소모하는 것이므로 에너지 소모가 비교적 작고 대사작용도 비교적 항진의 정도가 적다.
모든 운동, 그 중에서도 특히 근육운동이나 근육운동을 수반하는 노동을 할 때 에너지 소비의 증가 현상이 나타나기 마련이므로 운동의 질과 양에 따라 적절한 식품을 섭취하여 에너지원을 공급하는 것이 필수적인 요건이 된다. 따라서 운동이나 노동에 의한 에너지 소비량을 우선적으로 파악해야 한다. 에너지 소비량은 일반적으로 운동강도와 운동시간의 곱, 즉 운동량으로 표시된다. 우리의 생활은 각양각색의 운동강도를 가진 일상적 활동과 계획된 운동을 일정한 시간동안 수행하는 과정의 연속으로 이루어진다. 예를 들면, 하루의 생활 중 세면, 식사, 몸차림, 직업활동, 휴식, 수면 등 갖가지의 활동을 하게 된다. 그래서 이들 각 활동 단위에 대한 운동강도를 조사하고 그 활동에 소비된 시간을 곱한 다음 이것들을 모두 합하면 1일 에너지 소비량이 나오게 된다. 이런 조사를 **시간조사**(time study)라 하는데, 이것을 근거로 그 사람의 활동량과 열량 섭취 필요량을 결정한다.

자세 및 활동별 에너지 소비량

활동형태	kcal/hr	{05}{05}kcal/kg/hr
수면	65	0.93
앉아 있기	100	1.43
서 있기	105	1.50
걷기(70m/min)	200	2.86
톱질	480	6.86

신체활동의 강도를 결정하는 데는 각종 활동에 대한 **에너지 대사율**(RMR: Relative Metabolic Rate)과 각 개인의 **기초 대사량**(BMR)을 알아야 한다. RMR 대신에 METS(metabolism) = T/R을 사용할 수도 있다(R = 안정대사율, T = 전체 열량). 사람은 누구나 단위 시간 내에 산소를 폐에서 섭취하는 능력이나 무산소하에서의 운동 에너지 공급을 위한 능력에 일정한 최대 한계가 있다. 그 한계를 **최대산소섭취량**(maximum oxygen intake) 및 **최대산소부채량**(maximum oxygen debt)이라고 한다.

운동종목별 에너지 대사율(RMR)

스포츠	RMR	스포츠	RMR
조깅	8.2	수영 100m 자유형	47
100m 경주	150 – 200	수영 100m 배영	45
200m 경주	100 – 120	수영 100m 평형	40
400m 경주	50 – 60	수영 1,500m 자유형	20
1,000m 이상 경주	14 – 15	줄넘기	8 – 10
스키	3 – 10	공 던지기	6.7
승마	6 – 10	투포환	44 – 52
보트	17 – 18	봉고도	67 – 91

격렬한 운동이나 운동강도가 높은 활동을 하였을 경우에는 중간 또는 활동 후에 휴식이 반드시 필요하다. 그 이유는 산소부채를 휴식 시 초과산소섭취량으로 회복하기 위해서이다. 그러므로 운동이나 노동과 같은 신체활동의 실제 활동가능시간(실동시간) 또는 다음의 표와 같은 실동율이 고려되어야 비교적 정확한 에너지 소비량과 표준 열량섭취량이 결정될 수 있다. 에너지 대사율(RMR)이 2, 3, 4, 5, 6, 7일 경우에 실동시간은 각각 200, 90, 30, 10, 6, 4분이다.

운동강도와 실동율 및 에너지소비량

운동강도	RMR	실동율(%)	에너지소비량 (kcal/min)
아주 가벼운 운동	0 – 0.9	80 이상	1.1 – 2.0
가벼운 운동	1.0 – 1.9	75 – 79	2.1 – 3.0
중등의 운동	2.0 – 3.9	65 – 74	3.1 – 5.0
강한 운동	4.0 – 6.9	50 – 64	5.1 – 8.0
아주 강한 운동	7.0 이상	49 이하	8.1 이상

(5) 식생활의 개선 방법

최근 우리나라는 고도의 경제성장과 더불어 국민소득이 향상되면서 식생활과 영양소의 섭취양상이 점차 달라지고 있다. 국민영양조사 결과에 의한 우리나라의 식생활 현황을 보면 탄수화물과 에너지의 섭취량은 매년 감소하여 곡류로부터 섭취하는 에너지의 비율이 줄어들고 단백질과 지방의 섭취는 늘고 있는 경향이다. 식생활에 대한 의식도 상당히 변하여 식량이 부족하던 시절에는 에너지 공급을 가장 중요하게 생각하던 것이 식량공급이 충족되면서 단백질, 지방, 비타민 등의 영양소 균형을 생각하게 되고 나아가 미각을 중심으로 한 기호성을 만족시키는 경향이 있다. 그 결과 만복감을 채우기 위한 식사 형태에서 영양소의 균형과 기호를 고려하는 식사로 변화되고 있다. 식환경 변화 요인으로는 도시화, 핵가족화의 진행, 맞벌이 부부 증가, 외식 산업 및 식품 산업의 발전 등이 있는데 이로 인해 식행동과 영양소 섭취 양상 등이 달라져 가고 있다. 특히 식생활의 국제화, 간편화, 가공식품의 증가, 외식의 증가 등으로 성인병과 같은 질환이 증가하였다. 따라서 우리의 식생활이 점점 서구화 되면서 나타나는 문제점들을 개선시키기 위해서 우리 고유 식생활의 장점을 발전시키고 단점을 보완하여 세계화에 알맞은 식생활을 창조해야 한다.

① **식생활 개선을 위한 일반적인 원칙**: 일반적인 식생활을 변화시키거나 특수한 영양 섭취량을 변화시킬 경우, 특수한 조치가 개인을 도울 수 있다. 변화하고자 하는 동기를 평가하고 현재의 식사 형태를 분석함으로써 변화가 필요한 영역을 분명히 제공할 수 있다.

② **목표 설정**: 합리적인 목표의 설정은 중요하다. 가족의 압력이나 의사의 지시 또는 사회의 압력 때문에 좀 더 건강하고 좋은 식사를 하도록 자극받는 사람은 갑작스런 동기로 시작할 것이다. 그러한 사람의 경우 식사가 크게 변화되는 것이 관례이지만 그 변화는 일시적인 경향이 있다. 그러므로 최종 목표를 향해서 점진적인 조치를 취하는 것이 도움이 될 수 있다. 각 단계는 앞의 단계가 숙달되었을 때만 다음 단계로 이동될 수 있다. 다음 5%의 변화가 어려우면 중간 목표가 설정될 것이다.

③ **식사 환경의 변화**: 식사 환경의 조성은 몇 가지 형태로 취해질 수 있다. 건강에 좋은 음식을 계속해서 이용하고, 문제가 되는 음식을 집 밖에 두면 유혹을 줄일 수 있으며, 무의식적인 식사나 충동적인 식사를 억제할 수 있다. 사람들은 주의 깊게 계획된 방법으로 음식을 저장하는 방법, 요리하는 방법 등에 관한 지식에서 도움받을 수 있다.

CHECK 바른 식생활 실천사항

- 다양한 식품을 골고루 먹자.
- 정상 체중을 유지하자.
- 단백질을 충분히 섭취하자.
- 지방질은 총열량의 20% 정도를 섭취하자.
- 우유를 매일 마시자.
- 짜게 먹지 말자.
- 치아건강을 유지하자.
- 술, 담배, 카페인 음료 등을 절제하자.
- 식생활 및 일상생활의 균형을 이루자.
- 식사는 즐겁게 하자.

(6) 연령변화와 영양

모든 생명체는 생명현상의 유지를 위해 체외로부터 영양소를 섭취하여 이용하고 필요 없는 노폐물은 배설하면서, 출생, 성장, 발육, 번식, 죽음의 리듬을 반복하게 된다. 즉, 인생의 각 중요단계인 소아기, 청소년기, 성인기 및 노년기에서 관찰되는 생리적, 신체적 영양상의 특징을 파악하고, 각 단계에서 관찰되는 여러 가지 문제에 적절하게 대응할 수 있는 영양관리가 중요하다.

① 소아기 영양

출생 직후의 신생아기에서부터 영아기, 유아기를 거쳐서 아동기가 끝날 때까지의 시기에 있는 사람을 일컬어 소아라 한다. 이 기간은 신체적으로 급격한 성장 발육을 할 뿐만 아니라 생리적 · 정신적 발달 상태 역시 성인과 다른 양상을 나타내므로 소아의 특징을 충족시킬 수 있는 영양관리를 해야 한다. 또한 성인기 이후의 비만 등의 성인병 등은 소아기 때의 잘못된 식습관이 원인인 경우가 많으므로 소아기의 올바른 식습관 형성에 주의를 기울여야 한다. 그러므로 소아기는 각 단계의 발육 속도에 맞춰서 5대 영양소의 섭취량을 조절해야 하며 대사의 특징도 고려하여 바람직한 성장, 발달을 도모해야 한다.

- 유아기: 1~5세를 가리키며 유아 영양의 목표는 이제까지의 한정된 식품이나 조리형태를 변화시켜 식품의 종류를 다양하게 하고 성인과 거의 같은 식사형태로 유도하는 것이다. 이때에는 특히 편식, 과식, 식사거부, 무분별한 간식 섭취 등을 하지 않도록 올바른 식습관 형성에 주의해야 한다. 유아의 경우 개인차, 운동량의 차이가 심하므로 일정한 수치로 표시하기는 쉽지 않다. 열량은 탄수화물과 지방질을 어떤 비율로 배분할 것인가도 문제가 된다. 지방질은 어느 정도 충분히 섭취해야 하며 탄수화물만으로는 유아의 위에 부담을 주게 된다. 그러므로 조리할 때 유동성 식품을 가능한 한 많이 사용하는 것이 좋다. 또 3~4세까지는 단백질의 2/3, 그 이후에는 단백질의 1/2 이상을 동물성 단백질로 섭취하도록 해야 한다. 또한, 우리나라의 식습관상 유아기에 부족하기 쉬운 칼슘, 비타민 A 및 D의 부족에도 주의해야 한다.
- 아동: 연령적으로 만 6세에서 11세까지의 어린이를 말하는데, 우리나라의 교육제도에 있어서 초등학교 학생을 말한다. 아동기에 들어가면 정신적 · 육체적 발달에 있어서 점차 남녀 차가 나타나기 시작하며, 이에 따라 영양변화도 초래하게 된다. 그러므로 아동의 활동은 매우 활발하므로 충분한 영양 공급이 있어야 균형 있는 발육이 가능하다. 총 섭취 단백질의 40%를 동물성 식품에서 얻는 것이 바람직하며, 성장발육에 필수적인 칼슘과 인 및 비타민 권장량이 성인에 비해 높다.

② **청소년기 영양:** 소아기에 이어 신체조직의 분화 · 발달이 급속한 시기이다. 특히 뇌기능의 발달, 면역항체의 생산, 내분비기관에서 분비되는 호르몬의 생산 등이 왕성해져서 체격이 커지고 체력이나 운동능력이 발달되어 급속한 신체 발육이 진전된다. 또 제 2차 성장이 발현되어 성적 성숙이 이루어질 뿐 아니라 지능발달과 자아인식도 뚜렷하고 사회성도 발달되어 심신이 모두 충실한 상태에 도달하게 된다. 따라서 이 시기의 영양은 활발한 신체 활동에 의해서 소비되는 에너지를 보충해줄 뿐 아니라 발육 · 성장을 위해서 필요한 단백질과 여러 기능의 균형 있는 발달을 뒷받침하는 데 필요한 무기질과 비타민 등을 충분히 공급하여야 한다. 한편, 청소년기에는 시험공부에 따른 스트레스로 인하여 식욕에 변동이 생기고 비만을 의식하여 무리하게 체중을 감량하는 등 일상생활상의 문제점이 많으므로 식생활의 중요성을 잘 인식시키는 노력도 중요하다.

CHECK 청소년의 영양 불량

- 편식, 과식, 소식, 아침식사 거르기 등
- 탄수화물이 주성분인 음식의 과식으로 인한 비만
- 인스턴트식품의 범람으로 인한 영양 부족
- 미용을 위한 식사제한으로 나타나는 활동력의 저하나 건강장애

③ **성인기 영양:** 사람의 일생을 연령에 따라 구분할 때 일반적으로 20세까지를 성장기(영유아기, 아동기, 청소년기), 20세 이후를 성인기라 한다. 성인기의 영양은 생물학적 요인 이외에 정신적, 사회적, 문화적 요인에 영향을 받는다.

CHAPTER 02

실전 구술

▶ 2급 전문스포츠지도사

1	경기규정	POINT 협회최신규정, 종목소개(운영, 규칙, 진행, 스포츠인권 등을 평가한다.

체 급

Q1. **IFBB(국제보디빌딩연맹)에서 정한 남자 보디빌딩 체급 7가지를 말하시오.** ★☆☆	① Bantamweight(밴텀급): 65Kg 이하 ② Lightweight(라이트급): 70Kg 이하 ③ Welterweight(웰터급): 75Kg 이하 ④ Middleweight(미들급): 85Kg 이하 ⑤ Light – Heavyweight(라이트헤비급): 90Kg 이하 ⑥ Heavyweight(헤비급): 100Kg 이하 ⑦ Super – Heavyweight(슈퍼헤비급): 100Kg 초과
Q2. **IFBB(국제보디빌딩연맹)에서 정한 남자 클래식 보디빌딩 체급 7가지를 말하시오.** ★☆☆	① 168cm 이하 최대 체중(kg) = (신장[cm] – 100) + 0[kg] ② 171cm 이하 최대 체중[kg] = (신장[cm] – 100) + 2[kg] ③ 175cm 이하 최대 체중(kg) = (신장[cm] – 100) + 5[kg] ④ 180cm 이하 최대 체중[kg] = (신장[cm] – 100) + 7[kg] ⑤ 180cm 초과 190cm 이하 최대 체중[kg] = (신장[cm] – 100) + 9[kg] ⑥ 190cm 초과 198cm 이하 최대 체중[kg] = (신장[cm] – 100) + 11[kg] ⑦ 198cm 초과 최대 체중[kg] = (신장[cm] – 100) + 11[kg]
Q3. **IFBB(국제보디빌딩연맹)에서 정한 남자 피지크 체급 6가지를 말하시오.** ★☆☆	① Class A: 170cm 이하 ② Class B: 173cm 이하 ③ Class C: 176cm 이하 ④ Class D: 179cm 이하 ⑤ Class E: 182cm 이하 ⑥ Class F: 182cm 초과

Q4. **IFBB(국제보디빌딩연맹)에서 정한 남자 피트니스 체급에 대하여 말하시오.** ★☆☆	■ 남자 피트니스 – 한 체급 (OPEN) ① 170cm 이하 최대 체중(kg) = (신장[cm] – 100) + 1[kg] ② 175cm 이하 최대 체중[kg] = (신장[cm] – 100) + 2[kg] ③ 180cm 이하 최대 체중(kg) = (신장[cm] – 100) + 3[kg] ④ 190cm 이하 최대 체중[kg] = (신장[cm] – 100) + 4[kg] ⑤ 198cm 이하 최대 체중[kg] = (신장[cm] – 100) + 4.5[kg] ⑥ 198cm 초과 최대 체중[kg] = (신장[cm] – 100) + 5[kg]
Q5. **IFBB(국제보디빌딩연맹)에서 정한 여자 피지크 체급 2가지를 말하시오.** ★☆☆	① Class A: 163cm 이하 ② Class B: 163cm 초과
Q6. **IFBB(국제보디빌딩연맹)에서 정한 여자 보디 피트니스 체급 4가지를 말하시오.** ★☆☆	① Class A: 158cm 이하 ② Class B: 163cm 이하 ③ Class C: 168cm 이하 ④ Class D: 168cm 초과
Q7. **IFBB(국제보디빌딩연맹)에서 정한 여자 비키니 피트니스 체급 8가지를 말하시오.** ★☆☆	① Class A: 158cm 이하 ② Class B: 160cm 이하 ③ Class C: 162cm 이하 ④ Class D: 164cm 이하 ⑤ Class E: 166cm 이하 ⑥ Class F: 169cm 이하 ⑦ Class G: 172cm 이하 ⑧ Class H: 172cm 초과
Q8. **IFBB(국제보디빌딩연맹)에서 정한 여자 피트니스 체급 2가지를 말하시오.** ★☆☆	① Class A: 163cm 이하 ② Class B: 163cm 초과

경기복장	
Q9. **남자 보디빌딩 복장에 대한 규정을 말하시오.** ★☆☆	① 깔끔하고 단정한 투명하지 않은 단색의 무늬가 없는 경기복 ② 전면은 덮어 가려져야 하고, 측면은 최소 1cm 이상의 폭 ③ 경기복의 색상, 섬유, 질감 및 스타일은 선수의 재량 ④ 결혼반지를 제외한 신발, 안경, 시계, 팔찌, 목걸이, 귀걸이, 가발, 산란한 장식, 인공 모조품 등 사용 금지 ⑤ 대둔근의 3/4을 가려야 하며, 경기복 안에 패딩 사용 금지
Q10. **클래식 복장에 대한 규정을 말하시오.** ★☆☆	① 깔끔하고 단정한 투명하지 않은 단색의 무늬가 없는 경기복 ② 전면은 덮어 가려져야 하고, 측면은 최소 1cm 이상의 폭 ③ 경기복의 색상, 섬유, 질감 및 스타일은 선수의 재량 ④ 결혼반지를 제외한 신발, 안경, 시계, 팔찌, 목걸이, 귀걸이, 가발, 산란한 장식, 인공 모조품 등 사용 금지 ⑤ 대둔근의 3/4을 가려야 하며, 경기복 안에 패딩 사용 금지
Q11. **남자 피지크 복장에 대한 규정을 말하시오.** ★☆☆	① 깔끔하고 단정한 투명하지 않은 느슨한 긴 반바지, 달라붙지 않는 신축성(라이크라)이 좋은 반바지 허용, 경기복 안에 패딩 사용 금지 ② 반바지의 길이는 슬개골 위쪽 부분까지 ③ 반바지의 색상 및 섬유는 선수의 재량, 기하학적인 패턴은 가능하지만 문자가 새겨져 있거나 볼록한 장식은 가능하지 않음 ④ 결혼반지를 제외한 신발, 안경, 시계, 팔찌, 목걸이, 귀걸이, 가발, 산란한 장식, 인공 모조품 등 사용 금지 ⑤ 개인 스폰서의 로고는 허용되지 않지만 제조사의 로고는 가능
Q12. **여자 피지크 복장에 대한 규정을 말하시오.** ★☆☆	① 투명하지 않은 일반 비키니 ② 비키니의 색상, 섬유, 질감, 장신구 및 스타일은 선수 재량 ③ 최소 대둔근의 1/2 이상과 전면을 가리는 비키니, 끈으로 된 비키니는 금지하며 비키니의 상태는 좋아야 함 ④ 결혼반지, 팔찌 및 귀걸이를 제외한 장신구 금지. 또한 안경, 시계, 가발 사용 금지(인공 유방 확대술 제외) ⑤ 신발 착용 금지 ⑥ 머리 손질은 가능하지만 스타일을 지정할 수도 있음

Q13. **여자 보디 피트니스 복장에 대한 규정을 말하시오.** ★☆☆	① 투명하지 않은 일반 비키니 ② 비키니의 색상, 섬유, 질감, 장신구 및 스타일은 선수 재량 ③ 최소 대둔근의 1/2 이상과 전면을 가리는 비키니, 끈으로 된 비키니는 금지하며 비키니의 상태는 좋아야 함 ④ 결혼반지, 팔찌 및 귀걸이를 제외한 장신구 금지. 또한 안경, 시계, 가발 사용 금지(인공 유방 확대술 제외) ⑤ 앞굽의 두께는 최대 1cm이며, 힐의 최대 높이는 12cm ⑥ 머리 손질은 가능하지만 스타일을 지정할 수도 있음
Q14. **여자 비키니 피트니스 복장에 대한 규정을 말하시오.** ★☆☆	① 투명하지 않은 일반 비키니 ② 비키니의 색상, 섬유, 질감, 장신구 및 스타일은 선수 재량 ③ 최소 대둔근의 1/3 이상과 전면을 가리는 비키니, 끈으로 된 비키니는 금지하며 비키니의 상태는 좋아야 함 ④ 결혼반지, 팔찌 및 귀걸이를 제외한 장신구 금지. 또한 안경, 시계, 가발 사용 금지(인공 유방 확대술 제외) ⑤ 앞굽의 두께는 최대 1cm이며, 힐의 최대 높이는 12cm ⑥ 머리 손질은 가능하지만 스타일을 지정할 수도 있음
규정포즈의 종류	
Q15. **남자 규정포즈 7가지를 말하시오.** ★☆☆	① **프론트 더블 바이셉스(Front double biceps)** 전면 이두박근 및 전완근 심사 ② **프론트 랫 스프래드(Front lat spread)** 전면 광배근 심사 ③ **사이드 체스트(Side chest)** 가슴근육, 이두박근과 종아리 발달 심사 ④ **백 더블 바이셉스(Back double biceps)** 등 근육의 밀도와 곡선 전체의 심사 ⑤ **백 랫 스프래드(Back lat spread)** 후면 광배근 심사 ⑥ **사이드 트라이셉스(Side Triceps)** 삼두근, 가슴과 허벅다리, 종아리 근육 심사 ⑦ **업도미널 앤 타이(Abdominals & thighs)** 복부근육과 다리근육 심사

Q16. **클래식 보디빌딩의 심사 포즈에 대하여 말하시오.** ★☆☆	남자 보디빌딩의 7가지 규정포즈에 쿼터 턴이 추가된다. ① 프론트 포지션(Front Position) ② 쿼터 턴 라이트(Quarter Turn Right) ③ 쿼터 턴 백(Quarter Turn Back) ④ 쿼터 턴 라이트(Quarter Turn Right)
Q17. **여자 피지크의 규정 포즈 및 쿼터 턴을 각각 4가지씩 말하시오.** ★☆☆	■ **규정 포즈** ① 프론트 포즈(Front Pose) ② 사이드 체스트(Side Chest) ③ 백 포즈(Back Pose) ④ 사이드 트라이셉스(Side Triceps) ■ **쿼터 턴** ① 프론트 포지션(Front Position) ② 쿼터 턴 라이트(Quarter Turn Right) ③ 쿼터 턴 백(Quarter Turn Back) ④ 쿼터 턴 라이트(Quarter Turn Right)
Q18. **남자 피지크의 심사 포즈에 대하여 말하시오.** ★☆☆	① 개별 연기 ② 프론트 포지션(Front Position) ③ 쿼터 턴 라이트(Quarter Turn Right) ④ 쿼터 턴 백(Quarter Turn Back) ⑤ 쿼터 턴 라이트(Quarter Turn Right)
Q19. **여자 보디 피트니스의 심사 포즈에 대하여 말하시오.** ★☆☆	① L-워킹(자유포즈 4개) ② 프론트 포지션(Front Position) ③ 쿼터 턴 라이트(Quarter Turn Right) ④ 쿼터 턴 백(Quarter Turn Back) ⑤ 쿼터 턴 라이트(Quarter Turn Right)
Q20. **여자 비키니 피트니스의 심사 포즈에 대하여 말하시오.** ★☆☆	① L-워킹(자유포즈 4개) ② 프론트 포지션(Front Position) ③ 쿼터 턴 라이트(Quarter Turn Right) ④ 쿼터 턴 백(Quarter Turn Back) ⑤ 쿼터 턴 라이트(Quarter Turn Right)

경기진행

Q21.

국내 보디빌딩에서 예선시합 시 비교심사의 경기방식과 심사방법을 각각 설명하시오.

★☆☆

경기방식	비교심사는 심판이 비교심사에 참가할 선수를 지정, 5명 이하의 그룹의 선수가 무대 중앙으로 안내되어 4가지 규정포즈를 실시한다.
심사방법	① 1번 포즈(Front Double Biceps): 이두근을 먼저 심사하고 근육의 발달정도와 근육밀도, 곡선에 준하여 머리부터 발끝까지 전체 외부를 심사한다. ② 3번 포즈(Side Chest): 가슴근육과 각도, 그리고 이두박근과 종아리 근육을 심사하고 난 후 전체 외부를 심사한다. ③ 4번 포즈(Back Double Biceps): 다른 어떤 포즈보다 많은 근육을 심사할 수 있는 이점이 있으며 포인트 부위를 먼저 심사한 후 전체심사를 한다. ④ 7번 포즈(Abdominal & Thighs): 포즈의 포인트인 복근과 하퇴부 부분을 심사하고 난 후 전체를 심사한다.

Q22.

국내 보디빌딩에서 본선시합 시 자유포즈 경기방식과 심사방법을 각각 설명하시오.

★☆☆

경기방식	자유포즈로 각 선수는 제한된 시간 안에 자신이 준비한 음악에 맞추어 개인연기를 한다. 이때 최대한 자신의 단점을 보완하고 장점을 효과적으로 드러내야 한다. 보통 1분간 진행되지만 혼성은 1분 30초간 진행된다.
심사방법	심사는 한 차례의 아름다운 동작만을 보는 것이 아니라 예술화와 무용화, 근육을 표현하는 부분에 중점을 둔다. 차후에 통계원은 9명(또는 7명)의 심판원들이 심사한 표를 보고 등위가 제일 높은 것과 제일 낮은 것을 제외한 중간 5개의 등위를 합한다.

Q23.

IFBB(국제보디빌딩연맹) 규정에 명시된 남자 보디빌딩 '예선' 경기 진행 순서에 대하여 말하시오.

★★☆

■ 예선

① 예선라운드: 규정 포즈 4가지

② 제1라운드: 규정 포즈 4가지 및 비교 심사(규정 포즈 7가지)

Q24.

IFBB(국제보디빌딩연맹) 규정에 명시된 남자 보디빌딩 '결선' 경기 진행 순서에 대하여 말하시오.

★★☆

■ 결선

① 제2라운드: 규정 포즈 7가지 및 포즈다운

② 제3라운드: 개인별 자유 포즈 – 60초(Free Posing Routines)

Q25. **IFBB(국제보디빌딩연맹) 규정에 명시된 클래식 보디빌딩 '예선' 경기 진행 순서에 대하여 말하시오.** ★★☆	■ **예선** ① 예선라운드: 규정 포즈 4가지 ② 제1라운드: 규정 포즈 4가지 및 비교 심사(규정 포즈 7가지 및 쿼터 턴)
Q26. **IFBB(국제보디빌딩연맹) 규정에 명시된 클래식 보디빌딩 '결선' 경기 진행 순서에 대하여 말하시오.** ★★☆	■ **결선** ① 제2라운드: 쿼터턴, 규정 포즈 7가지 및 포즈다운 ② 제3라운드: 개인별 자유 포즈 – 60초(Posing Routine)
Q27. **IFBB(국제보디빌딩연맹) 규정에 명시된 여자 피지크 '예선' 경기 진행 순서에 대하여 말하시오.** ★★☆	■ **예선** ① 예선라운드: 규정 포즈 4가지 ② 제1라운드: 규정 포즈 4가지 및 비교 심사(규정 포즈 및 쿼터 턴)
Q28. **IFBB(국제보디빌딩연맹) 규정에 명시된 여자 피지크 '결선' 경기 진행 순서에 대하여 말하시오.** ★★☆	■ **결선** ① 제2라운드: 규정 포즈 및 포즈다운 ② 제3라운드: 개인별 자유 포즈 – 30초(Posing Routine)
Q29. **IFBB(국제보디빌딩연맹) 규정에 명시된 남자 피지크 '예선' 경기 진행 순서에 대하여 말하시오.** ★★☆	■ **예선** ① 예선라운드: 쿼터 턴(Quarter Turns) ② 제1라운드: 쿼터 턴(Quarter Turns)
Q30. **IFBB(국제보디빌딩연맹) 규정에 명시된 남자 피지크 '결선' 경기 진행 순서에 대하여 말하시오.** ★★☆	제2라운드: 개인별 연기 및 쿼터 턴(Individual Presentation Quarter Turns)

Q31. **IFBB(국제보디빌딩연맹) 규정에 명시된 여자 보디 피트니스 '예선' 경기 진행 순서에 대하여 말하시오.** ★★☆	■ **예선** ① 예선라운드: 쿼터 턴(Quarter Turns) ② 제1라운드: 쿼터 턴(Quarter Turns)
Q32. **IFBB(국제보디빌딩연맹) 규정에 명시된 여자 보디 피트니스 '결선' 경기 진행 순서에 대하여 말하시오.** ★★☆	제2라운드: L-워킹 및 쿼터 턴(L-walking plus Quarter Turns)
Q33. **IFBB(국제보디빌딩연맹) 규정에 명시된 비키니 피트니스 '예선' 경기 진행 순서에 대하여 말하시오.** ★★☆	■ **예선** ① 예선라운드: 쿼터 턴(Quarter Turns) ② 제1라운드: 쿼터 턴(Quarter Turns)
Q34. **IFBB(국제보디빌딩연맹) 규정에 명시된 비키니 피트니스 '결선' 경기 진행 순서에 대하여 말하시오.** ★★☆	제2라운드: L-워킹 및 쿼터 턴(L-walking plus Quarter Turns)
Q35. **국내 전국대회 보디빌딩 '예선' 경기 진행 순서에 대하여 말하시오.** ★☆☆	① 선수 전원 입장 ② 선수 전원 라인업 ③ 프론트 포지션 심사 ④ 4개 규정 포즈 심사 ⑤ 7개 규정 포즈 비교심사(9명 이상 출전 시)
Q36. **국내 전국대회 보디빌딩 '결선' 경기 진행 순서에 대하여 말하시오.** ★☆☆	① 개인별 자유포즈(30초) ② 선수 전원 입장 ③ 프론트 포지션 심사 ④ 4개 규정 포즈 심사 ⑤ 7개 규정 포즈 비교심사(9명 이상 출전 시) ⑥ 포즈다운

Q37. **국내 전국대회 클래식 보디빌딩 '예선' 경기 진행 순서에 대하여 말하시오.** ★☆☆	① 선수 전원 입장 ② 선수 전원 라인업 ③ 프론트 포지션 심사 ④ 쿼터 턴 심사 ⑤ 4개 규정 포즈 심사 ⑥ 7개 규정 포즈 비교심사(9명 이상 출전 시)
Q38. **국내 전국대회 클래식 보디빌딩 '결선' 경기 진행 순서에 대하여 말하시오.** ★☆☆	① 선수 전원 입장 ② 선수 전원 라인업 ③ 프론트 포지션 심사 ④ 쿼터 턴 심사 ⑤ 7개 규정 포즈 심사 ⑥ 포즈다운
Q39. **국내 전국대회 남자 피지크 '예선' 경기 진행 순서에 대하여 말하시오.** ★☆☆	① 개인별 연기 ② 선수 전원 라인업 ③ 프론트 포지션 심사 ④ 쿼터 턴 심사 ⑤ 쿼터 턴 비교심사(9명 이상 출전 시)
Q40. **국내 전국대회 남자 피지크 '결선' 경기 진행 순서에 대하여 말하시오.** ★☆☆	① 개인별 연기 ② 선수 전원 라인업 ③ 프론트 포지션 심사 ④ 쿼터 턴 심사
Q41. **국내 전국대회 여자 피지크 '예선' 경기 진행 순서에 대하여 말하시오.** ★☆☆	① 선수 전원 입장 ② 선수 전원 라인업 ③ 프론트 포지션 심사 ④ 쿼터 턴 심사 ⑤ 4개 규정 포즈 심사 ⑥ 4개 규정 포즈 비교심사(9명 이상 출전 시)
Q42. **국내 전국대회 여자 피지크 '결선' 경기 진행 순서에 대하여 말하시오.** ★☆☆	① 선수 전원 입장 ② 선수 전원 라인업 ③ 프론트 포지션 심사 ④ 쿼터 턴 심사 ⑤ 4개 규정 포즈 심사 ⑥ 포즈 다운

Q43. **국내 전국대회 보디피트니스 '예선' 경기 진행 순서에 대하여 말하시오.** ★☆☆	① L-워킹 ② 선수 전원 라인업 ③ 프론트 포지션 심사 ④ 쿼터 턴 심사 ⑤ 쿼터 턴 비교심사(9명 이상 출전 시)
Q44. **국내 전국대회 보디피트니스 '결선' 경기 진행 순서에 대하여 말하시오.** ★☆☆	① L-워킹 ② 선수 전원 라인업 ③ 프론트 포지션 심사 ④ 쿼터 턴 심사
Q45. **국내 전국대회 비키니 피트니스 '예선' 경기 진행 순서에 대하여 말하시오.** ★☆☆	① L-워킹 ② 선수 전원 라인업 ③ 프론트 포지션 심사 ④ 쿼터 턴 심사 ⑤ 쿼터 턴 비교심사(9명 이상 출전 시)
Q46. **국내 전국대회 비키니피트니스 '결선' 경기 진행 순서에 대하여 말하시오.** ★☆☆	① L-워킹 ② 선수 전원 라인업 ③ 프론트 포지션 심사 ④ 쿼터 턴 심사
Q47. **전국체육대회 경기 진행 순서에 대하여 말하시오.** ★☆☆	① 선수 개인별 자유포즈(1분) – 자유포즈 후 퇴장 ② 체급 선수 전원 입장 ③ 라인-업에서의 프론트 포지션(자연미 심사) ④ 7가지 규정포즈 심사 후 자리 바꿔 7가지 규정포즈 ⑤ 비교심사 ⑥ 포즈 다운
Q48. **전국체육대회 경기 진행 순서 중 비교심사에 대하여 말하시오.** ★☆☆	**① 체급 출전선수 13명 이상일 경우** – 1차 비교심사: 상위 10명 – 2차 비교심사: 10명 중 상위 5명 – 3차 비교심사: 10명 중 하위 5명 **② 체급 출전선수 12명 이하일 경우** – 1차 비교심사: 상위 5명 – 2차 비교심사: 상위 5명을 제외한 나머지 출전선수

기타사항	
Q49. **태닝 로션 및 태닝 제품의 사용 규정에 대하여 말하시오.** ★☆☆	① 지워질 수 있는 모든 태닝 로션 사용 금지(예선 24시간 전 사용한 인공 착색이나 셀프 태닝 제품을 허용) ② 광택, 광채, 윤이 나는 펄 및 황금빛 컬러링의 사용
Q50. **보디빌딩의 심사규정에 대한 심판원의 주의사항에 대해 3가지 이상 말하시오.** ★☆☆	① 다른 심판과의 대화 ② 다른 심판원의 판정에 영향을 미치려는 시도 ③ 판정 진행 중의 사진 촬영 ④ 선수에 대한 코치 ⑤ 약물이나 음주상태의 판정 또는 판정 중 알코올 음료 섭취

2 지도능력 및 태도

POINT
웨이트 트레이닝 방법, 과학적 지도방법, 규정포즈, 응급 시 대처요령 등을 평가한다.

기본자세

Q1. **손의 방향에 따른 그립(Grip)을 구분하고 이에 대하여 설명하시오.** ★★☆	■ **그립의 방법** ① 오버핸드 그립(Overhand Grip): 웨이트 트레이닝 동작에서 사용되는 가장 일반적인 두 가지 잡기 방법 중 하나로 손등이 천장을 향하게 한다. 비슷한 용어로는 내전 그립(Pronated Grip)이 있다. 예 벤치프레스 ② 언더핸드 그립(Underhand Grip): 웨이트 트레이닝 동작에서 사용되는 가장 일반적인 두 가지 잡기 방법 중 하나로 손바닥이 천장을 향하게 한다. 비슷한 용어로는 외전 그립(Supinated Grip)이 있다. 예 바이셉스 컬 ③ 패러럴 그립(Parallel Grip): 손바닥은 서로 마주보고 손가락 관절마디는 바깥쪽을 향하게 한다. 비슷한 용어로는 뉴트럴 그립(Neutral Grip)이 있다. 예 덤벨 해머 컬 ④ 얼터네이트 그립(Alternate Grip): 한 손은 오버핸드 그립, 다른 한 손은 언더핸드 그립으로 무거운 중량을 들 때 사용한다. 비슷한 용어로는 리버스 그립(Reverse Grip)이 있다. 예 데드리프트
Q2. **손의 형태에 따른 그립(Grip)을 구분하고 이에 대하여 설명하시오.** ★★☆	■ **그립의 방법** ① 훅 그립(Hook Grip): 엄지손가락을 나머지 네 손가락 안으로 넣어 단단하게 잡기 위한 방법으로 얼터네이트 그립과 마찬가지로 무거운 중량을 들 때 사용한다. 예 파워 클린 ② 섬레스 그립(Thumbless Grip): 엄지손가락을 바깥으로 빼서 나머지 네 개의 손가락으로 바를 감싸 쥐는 방법으로 전완근의 영향을 덜 받기 위해 사용한다. 예 바벨 라잉 트라이셉스 익스텐션 ③ 섬어라운드 그립(Thumbaround Grip): 엄지손가락이 나머지 네 손가락 위로 잡는 일반적 그립의 형태 예 벤치 프레스, 숄울더 프레스
Q3. **손의 너비에 따른 그립(Grip)을 구분하고 이에 대하여 설명하시오.** ★★☆	■ **그립의 너비** ① 스탠다드 그립(Standard Grip): 어깨너비만큼 잡는 방법을 말한다. ② 내로우 그립(Narrow Grip): 어깨너비보다 좁게 잡는 방법을 말한다. 예 라잉 트라이셉스 익스텐션 ③ 와이드 그립(Wide Grip): 어깨너비보다 넓게 잡는 방법을 말한다. 예 랫풀 다운 ④ 클로즈 그립(Close Grip): 두 손을 붙여서 또는 주먹 하나 정도의 너비만큼 공간을 두고 잡는 방법을 말한다. 예 업라이트 로우

Q4. **발살바법(Valsalva Maneuver) 호흡의 장 · 단점에 대하여 설명하시오.** ★★★	■ **장점** 체내 복강 내압이 발생하여, 외부로부터 체내의 척주를 지지하고 척주에 전해지는 압축력과 운동 수행을 위한 다른 근육들에 의해 요구되는 힘을 줄일 수 있어 주로 고중량 운동 시 사용된다. ■ **단점** 가슴과 심장에 압력이 증가되어 정맥혈 회귀가 감소되며 순간적으로 혈압이 높은 수준까지 상승되어 현기증, 구토, 혈관 파열, 실신 등 여러 가지 부작용이 있기 때문에 심혈 관계 질환이 있는 고혈압 환자나 초보자에게는 권장하지 않는다.
Q5. **호흡 방법에 대하여 설명하시오.** ★☆☆	■ **호기** 근육이 수축할 때 또는 단축성 구간에서 숨을 내쉰다. ■ **흡기** 근육이 이완할 때 또는 신장성 구간에서 숨을 들이마신다.
훈련법	
Q6. **다음 용어의 의미에 대해 각각 말하시오.** ① 서킷트레이닝(Circuit training) ② 쓰리 모어 랩스(Three more reps) ③ 올 아웃(All out) ④ 포지티브 무브먼트(Positive movement), 네거티브 무브먼트(Negative movement) ⑤ 파셜 무브먼트(Partial movement) ⑥ 풀 스트레치(Full stretch), 풀 컨트렉션(Full contraction) ★☆☆	① 6~12종류의 운동을 휴식 없이 하는 트레이닝 방법을 말하며 필요한 모든 운동이 종료된 시점에서 휴식을 취하고 그것을 2~5회 반복함으로써 근력, 지구력, 파워를 습득하게 되는 것을 말한다. ② 한계점에서 보조자의 도움으로 3회를 더 실시하는 방법을 말한다. ③ 머리카락 한 올도 들지 못할 정도의 상태까지 온 힘을 소모하여 운동한 상태를 말한다. ④ 포지티브 무브먼트(Positive movement)는 저항력과 반대 방향의 운동을 말하고, 네거티브 무브먼트(Negative movement)는 저항력과 같은 방향의 운동을 말한다. ⑤ 가동범위 전체를 사용하지 않고 부분적으로 트레이닝 하는 경우를 말한다. ⑥ 풀 스트레치(Full stretch)는 근육을 최대한 신장시키는 것을 말하고, 풀 컨트렉션(Full contraction)은 근육을 최대한 수축시키는 것을 말한다.

Q7. **슈퍼세트(Super set), 트라이세트(Tri set), 자이언트세트(Giant set), 드롭세트(Drop set)의 훈련방법에 대해 각각 설명하시오.** ★☆☆	① 슈퍼세트(Super set): 길항관계에 있는 두 근육을 한 세트로 묶어 휴식 없이 연속적으로 실시하는 훈련법으로 근육의 펌핑을 가하는 데 뛰어나지만 반복을 적게 하면 원하는 만큼의 펌핑이 생기지 않는다(상체는 10~12회, 하체는 12회 이상). 예) 바벨컬 + 라잉 트라이셉스 익스텐션 ② 트라이세트(Tri set): 한 부위에 대해 세 가지 운동을 휴식 없이 실시하는 훈련법으로 각기 다른 각도에서 자극을 줄 수 있는 종목으로 한 세트를 구성하여 실시하는 운동 방법이다. 예) 덤벨컬 + 바벨컬 + 케이블 컬 ③ 자이언트세트(Giant set): 같은 부위의 운동을 휴식 없이 연속적으로 4~6가지 정도 실시하는 훈련법으로 한 부위의 근육을 완전히 지치게 하기 위한 운동 방법이다. 예) 벤치프레스 + 인클라인 덤벨프레스 + 딥스 + 케이블크로스 오버 ④ 드롭세트(Drop set): 10회 반복을 50%, 75%, 100%로 3세트 하는 운동 방법을 말한다. 예) 100Kg 10회 → 70Kg 10회 → 55Kg 8회 → 40Kg 6회
Q8. **분할법과 이중분할법의 훈련방법에 대해 각각 설명하시오.** ★☆☆	① 분할법은 48~72시간 초과회복을 위해서 휴식을 취해야 하며, 근육군을 나누어 근육부위를 골고루 운동하는 방법을 말한다. ② 이중분할법은 한 번이 아니라 오전에 대근육, 오후에 심폐강화 훈련이나 소근육을 하루에 두 번 운동하는 방법을 말한다.
Q9. **피라미드식 훈련방법에 대하여 설명하시오.** ★☆☆	무게를 늘려감에 따라 반복횟수를 줄여나가는 방식으로 웨이트 트레이닝에서 가장 일반적으로 사용되는 운동 방법이다.
Q10. **치팅 시스템(Cheating System)이란 무엇이며 주의할 점에 대하여 설명하시오.** ★☆☆	일반적으로 무거운 중량으로 운동을 하더라도 바른 자세를 유지해야 하지만 더 이상 반복하기 힘들 때 2~3회 정도 반동을 이용하는 기술을 말한다. 주의할 점은 벤치프레스나 스쿼트 등의 운동 시에는 부상의 위험이 크기 때문에 삼가야 한다.
Q11. **트레이닝의 주기화에 대하여 설명하시오.** ★☆☆	선수가 시합 전에 최고의 성적을 얻을 수 있는 최상의 컨디션을 유지하기 위하여 전체 훈련 프로그램의 구조를 기간별로 합리적으로 조직하는 것을 말한다. 트레이닝 주기화는 크게 준비기, 시합기, 전이기로 나눌 수 있다.

Q12. **인터벌 트레이닝(Interval Training)에 대하여 설명하시오.** ★☆☆	강도 높은 운동과 불완전한 휴식(가벼운 운동)을 반복해서 실시하는 방법으로 짧은 시간 내에 근파워 및 근지구력과 체력을 향상시키는 트레이닝 방법이다.
Q13. **트레이닝의 원리 중 점진적 과부하의 원리에 대하여 설명하시오.** ★☆☆	신체가 자극에 대하여 적응함에 따라 이전보다 더 큰 자극을 줘야 하지만 운동의 양이나 강도를 점차적으로 늘려야 한다.
Q14. **바벨과 덤벨 운동의 차이점에 대하여 설명하시오.** ★☆☆	■ **바벨** 바벨 운동의 덤벨보다 중량을 무겁게 들 수 있어 근육량 증가에 효과적인 장점이 있지만 운동의 가동 범위가 덤벨보다 제한적이다. ■ **덤벨** 덤벨은 동작이 자유롭고 가동 범위가 넓은 반면에 바벨과 비교 했을 시 무거운 중량을 들 수 없다.
Q15. **스티프 데드리프트와 루마니안 데드리프트의 차이점에 대하여 설명하시오.** ★☆☆	■ **스티프 데드리프트** 주동근은 대퇴 이두근과 둔근이다. ■ **루마니안 데드리프트** 주동근은 척추기립근이다.
Q16. **근막 확장 트레이닝(Fascia Stretch Training 7)에 대하여 설명하시오.** ★★★	7세트를 반복하며 중량은 줄이지 않고 앞선 세트에서 고중량으로 훈련하고 7세트 할 운동은 고립운동으로 하는 트레이닝 방법이다. 휴식시간은 30초~45초로 짧게 하는 것이 효과적이다. ㉾ 대퇴 이두근 운동법: 레그익스텐션 3세트씩 15회 반복, 스쿼트 3세트씩 15회 반복, 핵스쿼트 또는 레그프레스 3세트씩 15회 반복, 레그익스텐션 또는 레그프레스 7세트씩 15회 반복
Q17. **번스훈련에 대해 설명하시오.** ★★★	세트의 막바지에 이르면 동작의 범위를 짧고 빠르게 실시하는 것으로 2~3회의 반복을 추가할 수 있게 해준다. ㉾ 벤치 프레스 훈련 시 실패지점에 도달했을 때 바를 중간 정도로만 내리면 2~3회의 반복을 더 할 수 있게 되는 것이다.

Q18. **플라이오매트릭 운동의 정의를 설명하시오.** ★★☆	근육이나 건을 잡아당기고 다음 순간 단축시키면 용수철과 같은 탄성에너지가 발생한다는 특징을 이용한 트레이닝 방법이다. 신장-단축 기법이라고도 하며 근육을 급격히 수축한 후 즉각적으로 신장해주는 운동으로 근육, 힘줄, 인대, 관절의 고유수용기 자극, 신경근 수용기의 활성화를 증가시켜주고, 신경근계의 활동을 증진시켜주며 고강도 - 고속운동으로 순발력, 민첩성, 감속 - 가속 능력 그리고 협응 능력을 발달시켜주는 운동이다. 플라이오매트릭 운동은 높은 강도의 운동으로 주로 운동선수들에게 사용되고 특정한 수준의 근력과 유연성, 그리고 고유수용성 등의 능력을 지니고 있어야 하기 때문에 재활의 마지막 단계에 빠른 근파워 성장을 위해 실시한다. 일반인 플라이오메트릭 운동방법으로는 바운드(bound), 홉(hop), 점프(jump), 도약(leap), 스킵(skip) 등과 같은 동작들을 활용해서 실시할 수 있다. **■ 플라이오매트릭 운동의 장점** ① 시간대비 높은 운동효과를 냄 ② 짧은 시간에 폭발적인 힘을 냄 ③ 근신경계를 효율적으로 사용할 수 있어 운동수행에 효과적임 ④ 근육간의 협응능력이 증가함 ⑤ 순발력을 향상시킴 ⑥ 감속 - 가속 및 방향전환 능력 등을 증가시켜줌
Q19. **프리핸드 무브먼트(free-hand movement)에 대해 설명하시오.** ★★☆	운동 장비를 사용하지 않고 오로지 체중만으로 하는 운동을 말한다. 예 푸시업, 맨몸스쿼트
Q20. **커팅업(cutting up)에 대해 설명하시오.** ★☆☆	근육질은 최대한 유지하면서 잉여 체지방을 몸에서 벗기는 일을 말한다.
Q21. **크램핑(cramping)에 대해 설명하시오.** ★★☆	펌핑이 더 크게 되도록 일시적인 피로도까지 고통스럽게 수축하면서 근육이 경련을 일으킬 정도의 짧은 동작으로 근육을 움직이는 것을 말한다.

Q22. **포스트 렙스(forced reps)에 대해 설명하시오.** ★★★	강제반복. 혼자 힘으로는 더 이상 반복할 수 없을 때 도움을 받아 반복을 더 해내는 것을 말한다.
Q23. **플러시(flush)에 대하여 설명하시오.** ★★★	피가 몰려들어 운동한 근육이 빨개진 상태로 근육으로 혈액공급을 증가시켜 영양소를 더 많이 들여보내는 상태이다.
Q24. **근육 혼돈 훈련에 대해 설명하시오.** ★☆☆	■ 주기훈련과 비슷한 목적을 위해 사용되는 훈련이다. 즉 근육에 오랜 시간에 걸쳐 동일한 자극만 주면 특정 자극에 길들여지게 되므로 성장이 정체되는 것을 방지하기 위한 것이다. 주기훈련과 차이점은 근력, 근매스 대회 준비 등의 목표에 따라 훈련의 변화가 이루어지는 것에 초점을 맞춘다면 근육혼돈훈련은 새로운 자극을 위한 충격요법의 측면이 강하다. ■ 훈련으로서 먼저 많은 에너지를 필요로 하는 대근육그룹이나 발달이 더딘 근육그룹을 발달시킴으로써 눈에 띄는 놀랄 만한 육체를 만든다. 이런 근육무리들은 다리, 가슴, 등 그리고 어깨 등이 포함된다. 일부 신체부위는 근육의 밀도가 높고 발달속도가 느리지만 트레이닝 하는 데는 많은 에너지를 요하지는 않는다. 이 원칙에서는 보다 큰 근육무리의 발달을 위해 세트 사이에 작고 발달이 더딘 신체부위를 훈련시키는 것이다. 이 훈련원칙에 맞는 근육무리들에는 전완, 목, 종아리, 승모근이 있다. 이 원칙에서는 꼭 작고도 개발하기 어려운 신체부위를 그 부위와는 멀리 떨어진 큰 근육무리를 훈련해야 한다. 항상 이 원칙을 이용해서 훈련하라고 권하지는 않겠지만 약하고 작은 신체부위를 기르고 싶을 때에만 이 근육혼돈 원칙을 실시하면 된다.
가 슴	
Q25. **덤벨프레스(Dumbbel press)의 지도 요령에 대해 설명하시오.** ★☆☆	어깨는 움직이게 하며 힘을 쓰지 않게 하고, 흉부를 들어주어 허리를 들리지 않게 한다. 덤벨을 들어 올릴 때 2/3 지점에서 가슴을 모아 자극하여 주며, 덤벨을 들어 올릴 때 팔이 흔들리지 않게 한다. 호흡은 바를 내릴 때 들이마시고 올릴 때 내뱉어 주도록 지도한다.

어 깨	
Q26. **덤벨 레터럴 레이즈(Dumbbel lateral raise)의 지도 요령에 대해 설명하시오.** ★☆☆	덤벨을 당겨 올려 지면과 평행이 되는 점까지 올리며, 허리는 곧게 펴고, 견갑골은 펴준다. 반동을 하지 않고 어깨 힘으로만 들며, 손의 위치가 팔꿈치보다 약간 아래에 위치하도록 지도한다.
등	
Q27. **벤트 오버 바벨 로우(Bent over barbell row)의 지도 요령에 대해 설명하시오.** ★☆☆	허리는 곧게 펴고, 엉덩이를 뒤로 빼지 않는다. 무릎은 바를 내리면서 약간 구부리며, 등은 곧게 펴주도록 지도한다.
이두근	
Q28. **바벨 컬(Barbell curl)에 대한 지도 요령에 대해 설명하시오.** ★☆☆	바를 잡는 양손의 간격이 어깨너비 정도로 되도록 하고, 팔꿈치가 어깨 뒤로 빠지지 않게 주의한다. 바벨을 들어 올릴 때 반동을 주지 않게 팔꿈치를 고정시켜 주며, 바를 들어 올릴 때 호흡을 내쉬도록 지도한다.
Q29. **상완 이두근을 발달시키기 위한 운동을 3가지 이상 말하시오.** ★☆☆	바벨 컬, 이지바 암 컬, 수피네이션 컬, 컨센트레이션 컨 등이 있다.
삼두근	
Q30. **라잉 트라이셉스 익스텐션(Lying triceps extension)의 지도 요령에 대해 설명하시오.** ★☆☆	가슴은 들고 허리는 곧게 세우며 펴주고, 양손의 간격이 어깨너비보다 좁게 한다. 내리는 위치는 바벨을 머리 쪽으로 내리고, 바벨을 잡은 팔이 지면과 수직이 되도록 한다. 바를 내릴 때 숨을 들이마시고 올릴 때 내뱉도록 지도한다.

복 부	
Q31. **레그 레이즈(Leg raise)에 대한 지도 요령을 설명하시오.** ★☆☆	허리를 바닥에 밀착시켜 주고, 누워 있는 상태에서 무릎은 약간 구부려 준다. 무릎은 복부까지 반동을 주지 않고 올려주며, 올려줄 때 다리의 힘으로 끌어올리지 않아야 한다. 호흡은 몸을 접어 올릴 때 내쉬고 펼 때 들이마시도록 지도한다.
대퇴근	
Q32. **프론트 스쿼트(Front squat)의 지도 요령에 대해 설명하시오.** ★☆☆	바벨을 쇄골과 어깨로 지탱하여 가슴은 들어주고 허리를 곧게 세우도록 한다. 앉을 때 무릎이 발끝을 넘어가지 않도록 지도한다. 엉덩이를 뒤로 빼면서 일어나지 않도록 하며, 시선은 전면을 주시하되, 호흡은 앉을 때 들이마시고, 일어설 때 내쉬도록 지도한다.
비복근	
Q33. **카프 레이즈(Calf raise)의 지도 요령에 대해 설명하시오.** ★☆☆	시선은 전면을 주시하고, 무릎을 약간 구부려 준다. 반동을 주지 않으며, 비장근의 힘으로 끌어올리지 않는다. 호흡은 발꿈치를 올릴 때 내쉬고 내릴 때 들이쉰다.
기타사항	
Q34. **웨이트 트레이닝 시 머신과 프리 웨이트의 장 · 단점에 대해 비교 설명하시오.** ★☆☆	■ **머신의 장점** ① 안전하고, 편리하며 감독자가 필요 없다. ② 다양한 부하를 제공하며, 운동기술이 어렵지 않다. ③ 운동 사이 이동이 편리하다. ■ **머신의 단점** ① 제한된 운동만 제공한다. ② 역동적인 동작수행이 부적절하다. ■ **프리 웨이트의 장점** ① 역동적인 동작이 가능하여 다양한 운동을 제공한다. ② 중량조절이 쉽다. ■ **프리 웨이트의 단점** ① 안정성이 떨어지고, 감독자가 필요하다. ② 많은 기술이 사용된다. ③ 관절의 사용이나 피부의 수포를 발생시킬 수도 있다.

Q35. **웨이트 트레이닝의 목적을 설명하시오.** ★☆☆	■ **체력향상, 근비대, 체지방감량, 순발력(근파워), 신체교정** ① 체력향상: 무거운 중량을 다루는 운동이므로 근력, 근지구력 및 심폐기능 향상의 목적이 있다. ② 근비대: 지속적인 저항운동을 통하여 근육량을 증가시킴으로서 외형적인 변화의 목적이 있다. ③ 체지방 감량: 근육은 휴식하는 동안에도 칼로리를 소모한다. 근육을 발달시켜서 칼로리가 지방으로 전환되는 것을 예방하는 목적이 있다. ④ 순발력(근파워)발달: 트레이닝 방법에 따라서 순발력을 발달시킬 수 있는 목적이 있다. ⑤ 바른 자세로 모든 신체를 트레이닝 함으로써 체격 변화 및 신체교정의 목적이 있다.
Q36. **웨이트 트레이닝과 보디빌딩의 차이점에 대해서 설명하시오.** ★☆☆	■ **웨이트 트레이닝** 보디빌딩을 포함한 신체기능 및 능력을 발달시키기 위한 목적이다. ■ **보디빌딩** 오직 근육을 겉으로 표현하는 것에 목적이 집중되어 있다.
Q37. **벌크업, 세퍼레이션, 데피니션에 대해서 설명하시오.** ★☆☆	■ **벌크업** 근육의 부피를 늘리는 것으로 고중량, 고강도, 적은 빈도수, 충분한 휴식, 고칼로리 섭취, 스트레칭을 통해 근육을 늘려줌으로써 벌크업의 효과를 볼 수 있다. ■ **세퍼레이션** 근육의 분리를 함으로써, 네거티브의 집중, 정점 수축, 덤벨을 이용하여 최대 가동범위를 활용하며, 근육치팅과 짧은 휴식을 통한 훈련을 실시하고 체지방 감량에 효과를 볼 수 있다. ■ **데피니션** 근육의 선명도를 높임으로써, 정점 수축과 고반복 훈련과 함께 지근자극, 짧은 휴식, 체지방 감량에 효과를 볼 수 있다.
규정포즈 및 태도	
Q38. **남자 규정포즈 프론트 더블 바이셉스(Front double biceps)의 지도 요령에 대해 설명하시오.** ★☆☆	두 다리를 어깨너비보다 약간 좁게 벌린 채 자세를 잡고, 주먹을 쥐어 두 팔을 들어서 두 어깨와 수평을 이루도록 한다. 이두박근과 전완근을 표현하여 주며, 가슴을 들고 가슴 근육의 선은 표현하고, 하체에는 힘을 지속적으로 유지하고 대퇴근을 표현하도록 지도한다.

Q39. **남자 규정포즈 프론트 랫 스프레드(Front lat spread)의 지도 요령에 대해 설명하시오.** ★☆☆	다리와 발의 안쪽 라인을 최대 15cm까지 벌리고 자세를 잡고, 양 손은 주먹을 쥐고 허리 밑에 놓은 다음 광배근을 힘껏 앞쪽으로 펼쳐준다. 힘을 주었을 때 등은 V자 모양이 되어야 되며, 가슴은 힘을 주어 수축이 되어 있어야 하고, 하체에는 힘을 지속적으로 유지하며 대퇴근을 표현하도록 지도한다.
Q40. **남자 규정포즈 사이드 체스트(Side chest)의 지도 요령에 대해 설명하시오.** ★☆☆	좌 · 우측 자신 있는 부분을 취하도록 하고, 왼(오른)손을 오른(왼)손 위에다 놓고 오른(왼)쪽으로 향하도록 한다. 오른(왼)쪽 주먹을 쥐고 꺾으며 왼(오른)손은 오른(왼)손목을 잡아준다. 오른(왼) 다리를 꿇어 발 앞으로 착지한 후 가슴을 펴주고 오른팔을 힘껏 꺾어 주며, 오른(왼)팔 이두박근과 동시에 다리근육을 수축하도록 지도한다.
Q41. **남자 규정포즈 백 더블 바이셉스(Back double biceps)의 지도 요령에 대해 설명하시오.** ★☆☆	뒤로 돌아서서 프론트 더블 바이셉스(Front double biceps)의 자세를 취하고, 다리 한쪽을 뒤로 빼고 발꿈치를 치켜세운다. 팔과 어깨 근육을 수축하며, 몸이 앞으로 구부러지지 않도록 하고, 하체는 수축하며 비복근이 수축된 것을 표현하도록 지도한다.
Q42. **남자 규정포즈 백 랫 스프레드(Back lat spread)의 지도 요령에 대해 설명하시오.** ★☆☆	등 뒤로 돌아서서 팔꿈치를 넓게 벌려 유지한 채로 손을 허리 위에 올리고 다리와 발의 안쪽 간격을 최대 15cm로 유지한다. 광배근을 가능한 힘껏 펴고, 종아리 비복근을 수축하여 준다. 팔꿈치는 어깨보다 전방을 향하도록 하고, 등 모양은 항상 V자가 되도록 지도한다.
Q43. **남자 규정포즈 트라이셉스(Triceps)의 지도 요령에 대해 설명하시오.** ★☆☆	시선은 전면을 바라보게 하고 다리는 조금 구부리게 하고, 두 손을 몸 뒤쪽에 놓아주도록 한다. 가슴을 전면으로 들어주고 전면 · 측면 · 후면 삼각근을 동시에 표현할 수 있도록 지도한다.
Q44. **남자 규정포즈 업도미널 앤 타이(Ab-dominal & thighs)의 지도 요령에 대해 설명하시오.** ★☆☆	자신의 편한 다리 한쪽을 앞으로 빼고, 복부 근육을 수축하기 위해 몸을 약간 앞쪽으로 굽혀주며, 손은 깍지를 낀 채 머리 뒤로 올리는 동작을 취하도록 한다. 몸은 전체적으로 수축하되 특히, 이두근 · 대퇴근 · 광배근을 동시에 수축하도록 지도한다.

Q45. **여자 피지크 규정포즈 프론트 포즈(Front Pose)의 지도 요령에 대해 설명하시오.** ★☆☆	몸은 전면으로 서서 우(좌)측 다리를 바깥쪽으로 빼고 다리와 발은 일직선상에 두게 한다. 두 팔을 어깨 높이까지 올린 다음 팔꿈치를 구부리고 손과 손가락을 최대한 펴야 하며, 머리부터 발끝까지 가능한 한 많은 근육들이 수축될 수 있도록 지도한다.
Q46. **여자 피지크 규정포즈 사이드 체스트(Side Chest)의 지도 요령에 대해 설명하시오.** ★☆☆	좌 · 우측 자신 있는 부분을 취하며, 좌(우)측 방향으로 약간 비틀게 서서 배는 안으로 집어넣고 좌(우)측 무릎은 구부리지 않은 채로 다리를 앞쪽으로 곧게 펴서 발을 바닥에 내려놓는다. 우(좌)측의 무릎은 살짝 구부리고 양 팔은 신체 앞에 두어 팔꿈치와 손가락을 곧게 펴게 한 채로 손바닥이 아래를 보게 한 다음 양 손을 같은 선상에 두거나 한 손을 다른 한 손 위에 올리게 한다. 이때 선수는 가슴 근육, 상완 상두근부, 대퇴사두근 및 비복근 특히 대퇴이두근부을 수축하도록 지도한다.
Q47. **여자 피지크 규정포즈 백 포즈(Back Pose)의 지도 요령에 대해 설명하시오.** ★☆☆	등 뒤로 돌아서고 프론트 자세와 마찬가지로 팔을 구부리고 손을 편 상태로 좌(우)측 발을 뒤에 위치한다. 팔 및 어깨 근육, 상체 및 하체, 대퇴 및 비복근을 수축하도록 지도한다.
Q48. **여자 피지크 규정포즈 사이드 트라이셉스(Side Triceps)의 지도 요령에 대해 설명하시오.** ★☆☆	좌 · 우 자신이 자신 있는 팔(삼두)을 선택하도록 하고, 좌(우)측 방향으로 약간 비틀게 서서 가슴은 바깥으로 빼고 배는 안으로 집어넣은 상태로 두 팔을 등 뒤에 위치시키고 좌(우)측에 있는 손목을 우(좌)측 손으로 움켜잡는다. 좌(우)측의 팔꿈치, 손 및 손가락을 편 상태로 손바닥이 아래 지면과 평행이 되게 한다. 좌(우)측 무릎은 구부리지 않은 채로 다리를 앞쪽에 곧게 펴서 발을 바닥에 내려놓으며 우(좌)측 무릎은 살짝 구부린다. 상완 삼두근뿐만 아니라 전체적인 윤곽이 잘 보일 수 있도록 가슴 및 복근, 대퇴 및 비복근을 수축하도록 지도한다.
Q49. **여자 피지크 규정포즈 프론트 포지션(Front Position)의 지도 요령에 대해 설명하시오.** ★☆☆	바르게 서서 머리와 눈은 몸과 같은 방향으로 일치시킨다. 발뒤꿈치를 모은 상태로 발은 바깥쪽 30°의 각도로 기울이고 무릎은 구부리지 않은 채로 배는 안으로, 가슴은 바깥으로, 어깨는 뒤로 빼게 한다. 양팔은 신체 중심선을 따라 측면에 위치하여 팔꿈치는 약간 구부리고 손가락과 손바닥은 신체를 바라보게 한 상태로 손을 약간 컵 모양으로 만들도록 지도한다.

Q50. **여자 피지크 규정포즈 쿼터 턴 라이트(Quarter Turn Right)의 지도 요령에 대해 설명하시오.** ★☆☆	바르게 서서 머리와 눈은 몸과 같은 방향으로 일치시킨다. 발뒤꿈치를 모은 상태로 발은 바깥쪽 30°의 각도로 기울이고 무릎은 구부리지 않은 채로 배는 안으로, 가슴은 바깥으로, 어깨는 뒤로 빼게 한다. 좌(우)측 팔은 등 뒤에 신체 중심선에 위치하여 팔꿈치는 약간 구부리고 손가락과 손바닥은 신체를 바라보게 한 상태로 손을 약간 컵 모양으로 만들도록 한다. 우(좌)측 팔은 신체 중심선 전방에 위치하여 팔꿈치는 약간 구부리고 손가락과 손바닥은 신체를 바라보게 한 상태로 손을 약간 컵 모양으로 만들도록 한다. 상체가 약간 좌(우)측으로 틀어짐에 따라 좌(우)측 어깨가 내려가고, 우(좌)측 어깨는 올라가는데 이는 정상적이나 너무 과장되지 않도록 지도한다.
Q51. **여자 피지크 규정포즈 쿼터 턴 백(Quarter Turn Back)의 지도 요령에 대해 설명하시오.** ★☆☆	뒤돌아 바르게 서서 머리와 눈은 몸과 같은 방향으로 일치시킨다. 발뒤꿈치를 모은 상태로 발은 바깥쪽 30°의 각도로 기울이고 무릎은 구부리지 않은 채로 배는 안으로, 가슴은 바깥으로, 어깨는 뒤로 빼게 한다. 양팔은 신체 중심선을 따라 측면에 위치하여 팔꿈치는 약간 구부리고 손가락과 손바닥은 신체를 바라보게 한 상태로 손을 약간 컵 모양으로 만들도록 지도한다.
Q52. **클래식 보디빌딩 규정포즈 프론트 포지션(Front Position)의 지도 요령에 대해 설명하시오.** ★☆☆	바르게 서서 머리와 눈은 몸과 같은 방향으로 일치시킨다. 발뒤꿈치 같은 선상에서 간격을 15cm를 유지하고 발은 바깥쪽 30°의 각도로 기울이고 무릎은 구부리지 않은 채로 배는 안으로, 가슴은 바깥으로, 어깨는 뒤로 빼며 고개를 들게 한다. 양팔은 신체 중심선을 따라 측면에 위치하여 팔꿈치는 약간 구부리고 손가락과 손바닥은 신체를 바라보게 한 상태로 주먹을 꽉 움켜잡게 한다.
Q53. **클래식 보디빌딩 규정포즈 쿼터 턴 라이트(Quarter Turn Right)의 지도 요령에 대해 설명하시오.** ★☆☆	바르게 서서 머리와 눈은 몸과 같은 방향으로 일치시킨다. 발뒤꿈치를 모은 상태로 발은 바깥쪽 30°의 각도로 기울이고 무릎은 구부리지 않은 채로 배는 안으로, 가슴은 바깥으로, 어깨는 뒤로 빼며 고개를 들게 한다. 좌측 팔은 등 뒤에 신체 중심선에 위치하여 팔꿈치는 약간 구부리고 손가락과 손바닥은 신체를 바라보게 한 상태로 주먹을 꽉 움켜잡게 한다. 우측 팔은 신체 중심선 전방에 위치하여 팔꿈치는 약간 구부리고 손가락과 손바닥은 신체를 바라보게 한 상태로 손을 주먹을 꽉 움켜잡게 한다. 팔의 위치 때문에 상체가 약간 좌측으로 틀어지고 좌측 어깨가 내려가고, 우측 어깨는 올라가는데 이는 정상적이나 너무 과장되지 않도록 지도한다.
Q54. **클래식 보디빌딩 규정포즈 쿼터 턴 백(Quarter Turn Back)의 지도 요령에 대해 설명하시오.** ★☆☆	뒤돌아 바르게 서서 머리와 눈은 몸과 같은 방향으로 일치시킨다. 발뒤꿈치 같은 선상에서 간격을 15cm를 유지하고 발은 바깥쪽 30°의 각도로 기울이고 무릎은 구부리지 않은 채로 배는 안으로, 가슴은 바깥으로, 어깨는 뒤로 빼며 고개를 들게 한다. 양팔은 신체 중심선을 따라 측면에 위치하여 팔꿈치는 약간 구부리고 손가락과 손바닥은 신체를 바라보게 한 상태로 주먹을 꽉 움켜잡도록 지도한다.

Q55. **남자 피지크 규정포즈 프론트 포지션(Front Position)의 지도 요령에 대해 설명하시오.** ★☆☆	바르게 서서 머리와 눈은 몸과 같은 방향을 바라보고 있어야 하며 한 손은 엉덩이 위에 올려놓는다. 그리고 한쪽 다리는 약간 측면에 위치하게 한다. 다른 손은 신체를 따라 늘어뜨리고 측면으로 약간 벌린 상태에서 손을 곧게 펴고 손가락은 미적으로 보기 좋아야 하며 팔꿈치는 약간 구부리게 한다. 고개를 든 상태로 무릎은 구부리지 않고 복근과 광배근을 약간 수축하도록 지도한다.
Q56. **남자 피지크 규정포즈 쿼터 턴 라이트(Quarter Turn Right)의 지도 요령에 대해 설명하시오.** ★☆☆	첫 번째로 오른쪽 쿼터 턴을 실시하도록 한다. 심판을 향해 측면으로 서서 상체를 약간 심판 쪽으로 비틀고 심판을 바라보게 한다. 왼손은 왼쪽 엉덩이 위에 올려놓고 오른손은 신체 중앙 앞쪽에 위치시키고 손을 곧게 편 상태에서 손가락은 미적으로 보기 좋아야 하며 팔꿈치를 약간 구부리게 한다. 왼 다리(심판 쪽)의 무릎은 약간 구부리고 발바닥을 평평하게 바닥에 놓고 오른 다리는(심판 반대 쪽) 무릎을 구부리고 뒤쪽으로 빼서 발가락으로 지탱하게 지도한다.
Q57. **남자 피지크 규정포즈 쿼터 턴 백(Quarter Turn Back)의 지도 요령에 대해 설명하시오.** ★☆☆	바르게 서서 머리 및 눈은 몸과 같은 방향을 바라보고 있어야 하며 한 손은 엉덩이 위에 올려놓게 한다. 다른 손은 신체를 따라 늘어뜨리고 측면으로 약간 벌린 상태에서 손을 곧게 펴고 팔꿈치는 약간 구부리게 한다. 그리고 한쪽 다리는 뒤쪽 측면으로 빼고 발가락으로 지탱하게 한다. 고개를 든 상태로 광배근을 약간 수축하게 지도한다.
Q58. **보디피트니스 규정포즈 프론트 포지션(Front Position)의 지도 요령에 대해 설명하시오.** ★☆☆	바르게 서서 머리와 눈은 몸과 같은 방향으로 일치시키게 한다. 발뒤꿈치를 모은 상태로 발은 바깥쪽 30°의 각도로 기울이고 무릎은 구부리지 않은 채로 배는 안으로, 가슴은 바깥으로, 어깨는 뒤로 빼게 한다. 양팔은 신체 중심선을 따라 측면에 위치하여 팔꿈치는 약간 구부리고 손가락을 모은 상태로 손바닥은 신체를 바라보게 한 상태로 10cm 정도 떨어뜨리고 손을 약간 컵 모양으로 만들도록 지도한다.
Q59. **보디피트니스 규정포즈 쿼터 턴 라이트(Quarter Turn Right)의 지도 요령에 대해 설명하시오.** ★☆☆	바르게 서서 머리와 눈은 몸과 같은 방향으로 일치시키게 한다. 발뒤꿈치를 모은 상디로 발은 바깥쪽 30°의 각도로 기울이고 무릎은 구부리지 않은 채로 배는 안으로, 가슴은 바깥으로, 어깨는 뒤로 빼게 한다. 좌측 팔은 등 뒤에 신체 중심선에 위치하여 팔꿈치는 약간 구부리고 손가락과 손바닥은 신체를 바라보게 한 상태로 손을 약간 컵 모양으로 만들게 한다. 우측 팔은 신체 중심선 전방에 위치하여 팔꿈치는 약간 구부리고 손가락과 손바닥은 신체를 바라보게 한 상태로 손을 약간 컵 모양으로 만들게 한다. 상체가 약간 우측으로 틀어짐에 따라 우측 어깨가 내려가고 좌측 어깨는 올라가는데 너무 과장되지 않도록 지도한다.

Q60. **보디 피트니스 규정포즈 쿼터 턴 백(Quarter Turn Back)의 지도 요령에 대해 설명하시오.** ★☆☆	뒤돌아 바르게 서서 머리와 눈은 몸과 같은 방향으로 일치시키게 한다. 발뒤꿈치를 모은 상태로 발은 바깥쪽 30°의 각도로 기울이고 무릎은 구부리지 않은 채로 배는 안으로, 가슴은 바깥으로, 어깨는 뒤로 빼게 한다. 양팔은 신체 중심선을 따라 측면에 위치하여 팔꿈치는 약간 구부리고 손가락과 손바닥은 신체를 바라보게 한 상태로 10cm 정도 떨어뜨리고 손을 약간 컵 모양으로 만들도록 지도한다.
Q61. **비키니 피트니스 규정포즈 프론트 포지션(Front Position)의 지도 요령에 대해 설명하시오.** ★☆☆	바르게 서서 머리와 눈은 몸과 같은 방향을 바라보고 있어야 하며 한 팔은 엉덩이 위에 올려놓고 한쪽 다리는 약간 앞쪽 옆에 위치하게 지도한다. 다른 손은 신체를 따라 약간 측면에 늘어뜨리고 손을 펴서 손가락을 곧게 편 상태로 한다. 무릎은 구부리지 않으며 복부는 안쪽으로, 상체는 앞으로 어깨는 뒤로 빼도록 지도한다.
Q62. **비키니 피트니스 규정포즈 쿼터 턴 라이트(Quarter Turn Right) 의 지도 요령에 대해 설명하시오.** ★☆☆	쿼터 턴 라이트를 함으로써 왼쪽 측면이 심판을 향하게 되며 심판을 바라보기 위해서 상체를 약간 돌리도록 해야 한다. 오른손은 오른쪽 엉덩이 위에 올리고 왼쪽 팔은 약간 뒤쪽 신체 중심선 부근에 위치시켜 고정하고 손바닥이 보이게 손가락을 곧게 편 상태로 지도한다. 왼쪽 엉덩이는 약간 올리고 왼쪽 무릎(심판 쪽에서 가까운)은 약간 구부리고 왼쪽 발을 2cm 앞으로 움직여 발가락을 바닥에 내려놓도록 지도한다.
Q63. **비키니 피트니스 규정포즈 쿼터 턴 백(Quarter Turn Back)의 지도 요령에 대해 설명하시오.** ★☆☆	쿼터 턴 라이트를 실시하여 뒤돌아 심판을 향해 서게 한다. 상체를 앞으로 숙이지 않고 바르게 선 상태로 한 손은 엉덩이 위에 올려놓고 한 쪽 다리는 약간 측면에 위치하게 한다. 다른 손은 신체를 따라 약간 측면에 늘어뜨리고 손을 펴서 손가락을 곧게 편 상태로 만든다. 무릎은 구부리지 않으며 복부는 안쪽으로, 상체는 앞으로 어깨는 뒤로 빼야 한다. 등 하부는 자연스럽게 만곡시키거나 약간 척추전만의 자세를 취하고 등 상부는 곧게 편 상태로 고개를 들게 한다. 상체를 돌려서 심판을 바라보면 안 되고 심사가 진행되는 동안 무대 뒤쪽을 바라보게 지도한다.
Q64. **L-워킹(L-Walking)의 지도 요령에 대해 설명하시오.** ★☆☆	L-워킹은 무대 중앙으로 걸어가서 멈춰서고 4가지의 다른 포즈를 연기해야 한다. 그리고 난 후 무대 가장자리로 걸어가 줄을 서게 한다. 심판은 선수들이 움직일 때 어떻게 자신들의 체격을 표현하는지, 무대 위에서 걷는 동안에 얼마나 우아한 방법으로 연기했는지에 대하여 평가를 할 것이기 때문에 움직임 및 동작의 속도와 우아함, 쇼맨쉽, 개성, 카리스마, 무대 연기 능력, 리듬감을 보여줄 수 있게 지도해야 한다.

▶ 1급 · 2급 생활, 유소년, 노인스포츠지도사

1	규 정	POINT 규정 영역에서는 경기인 등록규정, 선수위원회 규정, 도핑 방지 규정, 심판위원회 규정, 경기력향상위원회 규정 등의 협회 최신 규정을 다룬다.

경기운영

Q1. **보디빌딩 복장 규정(남/여)에 대해 말하시오.** ★☆☆	**남자선수 복장**: 반드시 깨끗하고 점잖은 라인 두께가 1cm 이상인 팬티식 선수복을 착용한다. **여자선수 복장**: 반드시 복부와 등 밑 부위의 근육이 나타나야 하고, 색상이 복잡하지 않으며 얌전한 비키니식 선수복을 착용한다.
Q2. **시합 무대의 컬러링에 대해 말하시오.** ★☆☆	국제보디빌딩연맹은 지워질 수 있는 탄 및 브론저(bronzer)의 사용을 허용하지 않는다. 만약 간단하게 탄이 지워진다면, 선수는 무대로 들어갈 수 없다.
Q3. **남자 경기 규정 포즈 7가지를 말하시오.** ★☆☆	① 프론트 더블 바이셉스 ② 프론트 랫 스프레드 ③ 사이드 체스트 ④ 백 더블 바이셉스 ⑤ 백 랫 스프레드 ⑥ 사이드 트라이셉스 ⑦ 업도미널 앤 타이
Q4. **보디빌딩의 심사규정에 대한 심판원의 주의사항에 대해 3가지 이상 말하시오.** ★☆☆	① 다른 심판원과 담화를 할 수 없다. ② 다른 심판원의 심판 결정에 의도적인 영향을 주어서는 안 된다. ③ 참가 선수 누구라도 지도를 해서는 안 된다. ④ 약물이나 음주상태의 심판 판정 또는 심사하는 동안은 절대로 알코올 함량이 있는 음료수를 마실 수 없다. ⑤ 판정 진행 중에 사진 촬영을 할 수 없다.

Q5. **예선 시합 제 1라운드의 경기방식에 대해 말하시오.(1급 생활)** ★☆☆	① 15명을 초과한 선수가 출전하게 되면 심판은 "예선라운드(판정) – Elimination Round(Judges)"라고 적혀 있는 1번 양식의 참가번호 옆에 "X"를 표시함으로써 상위 15명의 선수를 선정한다. 예선라운드의 진행이 필요한지의 여부는 IFBB 심판위원장이 결정한다. ② 통계원은 "예선라운드(통계) – Elimination Round(Statisicians)"라고 적혀 있는 2번 양식에 심판들이 선택한 선수들을 옮겨 적고 난 후 상위 15명의 선수를 선정하기 위해서 심판들의 채점 점수를 집계한다. ③ 2명 또는 그 이상의 선수들의 점수가 동점으로 15등까지의 순위를 결정할 수 없다면 다시 무대 위로 올라가 4가지 규정포즈를 실시하여 승패를 가린다. ④ 오직 15명의 선수만 준결승(제1라운드)에 진출할 수 있다.
Q6. **결선라운드의 경기방식에 대해 말하시오.(1급 생활)** ★☆☆	① 제2라운드(Round 2): 규정포즈 및 포즈다운(Mandatory Poses and Posedown) ② 제3라운드(Round 3): 개인별 자유 포즈(Posing Routines)
Q7. **(사)대한보디빌딩협회 경기인 등록규정 중 대학부의 등록규정을 설명하시오.** ★☆☆	대학부는 「고등교육법」 제2조 제1호부터 제6호에 해당하는 학교에 재학 중인 학생이 등록한다. 단, 생활체육목적으로 등록하는 20세 이상 선수의 경우 대학 재학 중이더라도 본인의 소속단체에 따라 생활체육목적의 일반부로 등록이 가능하다.
Q8. **대한보디빌딩협회 경기인 등록규정 중 일반부의 등록규정을 설명하시오.** ★☆☆	일반부는 20세 이상 전문선수로서 대학생이 아닌 사람이 등록하여야 한다.

Q9.

스포츠 성폭력 예방법을 5가지 이상 말하시오.

① 훈련 시 다른 사람들에게 성적 굴욕감 및 수치심을 주는 행위를 해서는 안 된다.
② 훈련 중 마사지 등 신체접촉을 해야 할 경우 반드시 상대방에게 동의를 구한다.
③ 훈련 시 친밀감의 표현으로 다른 사람의 신체를 접촉해서는 안 된다.
④ 기술지도 시 신체를 접촉해야 할 경우 특별히 주의해야 한다.
⑤ 다른 사람을 격려하고자 할 때는 상대방의 엉덩이를 두드리는 등 민감한 신체 부위를 접촉하는 것보다는 하이파이브를 하는 편이 좋다.
⑥ 경기장 및 훈련장에서 다른 사람에게 외모에 대한 성적 비유나 모욕적인 말을 하지 않는다.
⑦ 경기장 및 훈련장에서 성적인 농담이나 음담패설을 하지 않는다.
⑧ 훈련 중에 다른 사람의 신체 특정 부위(가슴, 성기, 엉덩이 등)를 지속적으로 응시하거나 반복적으로 쳐다보는 행위를 하지 않는다.
⑨ 대회(전지훈련) 시 가능한 한 선수의 보호자와 동행하도록 한다.
⑩ 모든 선수들을 공정하게 대해야 한다.
⑪ 성과 관련된 여러 가지 추측성 오해를 일으키지 않도록 훈련스케줄을 투명하게 공개해야 한다.
⑫ 성폭력 예방을 위한 훈련환경을 만들도록 노력해야 한다.

Q10.

스포츠 성폭력 대처방법 7가지 중 5가지 이상을 말하시오.

① 지도하는 중에 실수로 다른 사람의 신체 일부를 만지게 되었다면, 그냥 지나치지 말고, 상대방에게 그 행위가 고의가 아니었음을 분명히 밝히고 사과를 한다.
② 성폭력 피해를 입힌 사람은 피해를 입은 사람에게 사과를 하고 재발 행동을 하지 않는다.
③ 운동부 내에서 발생한 모든 성폭력 범죄(강간, 성추행, 성희롱 등)에 관하여 즉시 관련 수사기관에 신고해야 할 법적의무가 있음을 명심해야 한다.
④ 피해를 입은 사람의 이야기를 잘 들어주고, 성폭력 피해가 본인의 잘못이 아님을 인식시킨다.
⑤ 피해를 입은 사람이 안전한 환경에서 지속적으로 활동을 할 수 있도록 분위기를 조성하고 문제해결을 위해 적극적으로 노력해야 한다.
⑥ 성폭력과 관련된 문제들을 해결하기 위해 최선의 노력을 다해야 한다.
⑦ 성폭력 발생 시 대처법을 인식해야 한다.

Q11. **스포츠 분야의 폭력에 대하여 자세히 설명하시오.** ★☆☆	스포츠와 관련된 시간 · 공간 · 관계 속에서 일어나는 구타, 상해 등 신체적 폭력과 모욕, 협박, 따돌림, 강요와 같은 정서적인 폭력을 말하며 지도자와 선수, 동료나 선후배 선수 사이에서 발생하는 폭력뿐 아니라 스포츠를 매개로 함께 활동하는 기관 책임자, 자원봉사자, 행정담당자 사이에서 발생하는 폭력도 포함한다. 지도자와 선수 간 사전에 합의하거나 계획하지 않고 행해지는 지나친 훈련이나 자유시간 제한, 일방적으로 귀가시간 늦추기, 집단생활에 불이익주기, 훈련으로 위장한 체벌 등도 포함한다.
Q12. **대한보디빌딩협회 경기인 등록규정 중 기존 선수의 매년 경기인 등록 기간을 설명하시오.** ★☆☆	매년 4월 10일까지로 하고 추가등록은 연 1회에 한하며, 7월 10일부터 7월 30일까지로 한다.
Q13. **스포츠 분야의 폭력 예방은 어떻게 해야 하는지 4가지 이상을 설명하시오.** ★★★	① 폭력예방 정책을 수립해야 한다. ② 예방교육을 실시해야 한다. ③ 행동규범을 마련해야 한다. ④ 지도자의 자격을 검증해야 한다. ⑤ 폭력예방과 대처를 위한 절차와 체계를 마련해야 한다. ⑥ 폭력예방 정책이 잘 지켜지는지 모니터링하고 평가해야 한다.
Q14. **대한보디빌딩협회 선수등록의 결격사유에 따라 등록이 불가능한 경우를 2가지 이상 설명하시오.** ★★☆	① 선수 · 심판 · 지도자 · 단체임원 · 선수관리담당자로서 스포츠 공정위원회 규정 제27조에 따라 제명의 징계를 받은 사람 ② 체육회 관계단체로부터 제명의 징계를 받은 사람 ③ 자격정지 징계를 받고 그 처분이 종료되지 않은 사람 ④ 강간, 유사 강간 및 이에 준하는 성폭력의 죄를 범하여 학교폭력예방 및 대책에 관한 법률 제17조 제1항 제9호의 퇴학처분 조치를 받고 10년이 지나지 아니한 사람 ⑤ 제14조 제1항 제4호 이외의 사유로 학교폭력예방 및 대책에 관한 법률 제17조 제1항 제9호의 퇴학처분 조치를 받고 5년이 지나지 아니한 사람

Q15. **스포츠 분야 폭력예방을 위한 규범 중 스포츠지도자가 해야 할 행동규범(규칙)을 5가지 이상 설명하시오.** ★★★	① 어떠한 이유로도 운동부 내 폭력을 용인하지 않는다. ② 투명하고 정당한 절차에 따르지 않고 선수 퇴출을 강요하지 않는다. ③ 경기 출전을 빙자하여 협박하거나 선수에게 불이익을 주지 않는다. ④ 합리적인 이유 없이 선수를 집단에서 격리하지 않는다. ⑤ 운동선수가 감당할 수 없는 정도로 과도한 운동 · 훈련을 강요하지 않는다. ⑥ 개인의 잘못을 전체 집단에 적용하여 비난하지 않는다. ⑦ 욕설이나 모욕감을 주거나 개인의 명예를 훼손하지 않는다. ⑧ 암묵적으로 선배가 후배를 훈육하거나 처벌하도록 허용하지 않는다. ⑨ 학생선수의 수업시간, 자유시간, 귀가시간을 임의로 조정하지 않는다. ⑩ 폭력이 발생하였을 때, 적극적으로 피해자를 지원하고 상급자나 상급기관에 보고하며 정해진 체계에 따라 폭력 피해를 처리해야 한다.
Q16. **대한보디빌딩협회 경기인 등록규정 중 경기인선수의 활동 자격을 설명하시오.** ★☆☆	등록절차에 따라 협회에 경기인으로 등록한 사람만이 협회의 경기인으로서 활동할 수 있다.
Q17. **스포츠 분야 폭력예방을 위한 규범 중 학부모가 지켜야 할 행동규범을 설명하시오.** ★☆☆	① 자녀가 폭력의 피해자가 되지 않도록 예방교육을 하고, 피해를 입었을 때 자녀를 도와야 한다. ② 학교나 지도자에게 자녀의 안전과 관련하여 의견을 나누고 정보를 요구할 권리를 갖는다.
Q18. **대한보디빌딩협회 지도자 및 심판으로 활동하고자 하는 자의 등록방법을 설명하시오.** ★☆☆	대한체육회 홈페이지 내 스포츠지원포털 사이트에 들어가서 회원가입을 하고 로그인하여 경기인 등록 카테고리에서 매년 지도자 및 심판 등록을 한다.

Q19. **일반적인 성폭력과 스포츠 분야에서의 성폭력에 대해 설명하시오.** ★☆☆	성폭력이란 상대방의 동의 없이 힘의 차이를 이용하여 상대방의 성적자기결정권을 침해하는 모든 성적행위를 의미한다. 스포츠 분야의 성폭력이란 스포츠와 관련된 모든 종류의 공간과 관계에서 발생할 수 있다. 동료나 선후배, 지도자와의 관계뿐 아니라 스포츠를 매개로 활동하는 모든 사람들 사이에서 발생할 수 있다. 또, 여성과 남성 간에 발생하는 이성 간 성폭력뿐 아니라 동성 간 성폭력, 그리고 훈련장, 합숙소, 이동차량 등 스포츠 활동과 관련된 모든 공간 영역에서 일어나는 성폭력을 포함한다.
Q20. **대한보디빌딩협회 지도자로 등록하려면 어떤 교육을 이수하여야 하는지 설명하시오.** ★☆☆	체육회 관련 협약단체가 제공하는 스포츠 인권교육, 도핑방지 교육 등을 이수해야 한다.
Q21. **대한보디빌딩협회 심판으로 등록하려면 어떤 절차로 등록하여야 하는지 설명하시오.** ★☆☆	① 대한체육회 스포츠지원포털 사이트에서 심판등록신청서를 작성하여 신청한다. ② 종목단체는 등록 신청자의 결격사유를 심사 후 등록신청일로부터 15일 이내에 승인한다.
Q22. **대한보디빌딩협회 도핑방지규정 중 일반부와 학생부 첫 번째 위반자의 부과금을 각각 말하시오.** ★★☆	일반부: 400만 원, 학생부: 200만 원
Q23. **대한보디빌딩협회 도핑방지 규정 중 전국체육대회 대회 기간 중 도핑 위반 선수에 대해서 시도지부가 행할 수 있는 제재를 설명하시오.** ★☆☆	위반 선수의 소속 시 · 도지부에게는 선수 1명당 300만원의 과징금을 부과하며 시 · 도지부 관련 임원에게는 자격정지를 부과한다.

Q24. **대한보디빌딩협회 심판 자격의 취득이 제한되는 경우를 설명하시오.** ★☆☆	① 선수로 등록한 사람은 심판자격을 취득할 수 없다. ② 심판자격 유지 중 선수로 등록한 사람은 선수 등록한 해에는 심판으로 활동할 수 없다. ③ 선수로 활동 중 도핑방지규정 위반으로 제재를 받은 사람은 징계 만료 후 5년 이상 경과해야 심판 자격을 취득할 수 있다.
Q25. **대한보디빌딩협회 심판 자격의 유지 및 부활 방법에 대하여 설명하시오.** ★★☆	① 심판자격의 유지를 희망하는 심판은 자격 취득 후 4년에 1회 재교육을 받아야 한다. ② 재교육을 이수하지 않아 자격을 상실한 자는 자격 상실기간에 비례하는 소정의 추가 강습비 납부 및 재교육을 통해 동일 자격을 취득할 수 있다. ③ 징계로 인하여 자격이 정지된 심판은 징계해제 후 3년이 지난 후 재교육을 통하여 2급 심판 자격을 취득할 수 있다.
Q26. **남자보디빌딩 결선 경기 후 시상식에서 실격처리되는 경우는 무엇인지 말하시오.** ★☆☆	자신의 순위에 대한 불만을 표출하거나 시상식이 끝나기 전에 무대를 떠나는 선수는 실격처리된다.
Q27. **남자 피지크 예선 및 다른 라운드의 경기 복장(긴 반바지)의 기준은 무엇인지 설명하시오.** ★☆☆	① 깔끔하고 단정한 투명하지 않은 느슨한 긴 반바지를 택하고, 색상 및 섬유는 선수의 재량이며, 기하학적인 패턴은 가능하지만 문자가 새겨져 있거나 볼록한 장식은 가능하지 않다. ② 반바지는 다리 위쪽을 다 덮어야 하며 슬개골 위쪽 부분은 아래까지 내려와야 하고 트렁크(trunk) 안쪽에 패드를 사용하는 것은 금지한다. ③ 달라붙지 않는 신축성(라이크라)이 좋은 반바지를 선정하여야 한다. ④ 개인 스폰서의 로고는 허용되지 않지만 제조사의 로고는 가능하다. ⑤ 결혼반지를 제외한 신발, 안경, 시계, 팔찌, 목걸이, 귀걸이, 가발, 산란한 장식, 인공 모조품 등의 사용을 금지한다.
Q28. **클래식 보디빌딩 복장에 대한 규정을 말하시오.** ★☆☆	① 깔끔하고 단정한 투명하지 않은 단색의 무늬가 없는 경기복을 입어야 한다. ② 전면은 덮어 가려져야 하고, 측면은 최소 1cm 이상의 폭이 있어야 한다. ③ 경기복의 색상, 섬유, 질감 및 스타일은 선수의 재량이다. ④ 결혼반지를 제외한 신발, 안경, 시계, 팔찌, 목걸이, 귀걸이, 가발, 산란한 장식, 인공 모조품 등의 사용을 금지한다. ⑤ 대둔근의 3/4을 가려야 하며, 경기복 안에 패딩의 사용을 금지한다.

Q29. **성희롱, 성추행, 강제추행, 성폭행에 대한 개념을 각각 설명하시오.** ★★★	① 성희롱: 성에 관련된 말과 행동으로 상대방에게 불쾌감, 굴욕감 등을 주는 행위 ② 성추행: 성욕의 자극, 흥분을 목적으로 성적수치, 혐오의 감정을 느끼게 하는 일체의 행위 ③ 강제추행: 폭행 또는 협박으로 사람에 대하여 강제로 신체접촉을 하는 행위 ④ 성폭행: 상대방의 동의 없이 성관계를 강요하는 것으로 강간과 강간미수를 포함
Q30. **성인지감수성에 대해 설명하시오.** ★☆☆	일상생활 속에서의 성차별적 요소를 감지해내는 민감성을 말하며, 법조계에서는 성범죄 사건 등 관련 사건을 심리할 때 피해자가 처한 상황의 맥락과 눈높이에서 사건을 바라보고 이해해야 한다는 개념으로 사용하고 있다.
Q31. **성그루밍이 무엇인지 설명하시오.** ★☆☆	가해자가 피해자에게 호감을 얻거나 돈독한 관계를 만들어서 심리적으로 지배한 뒤 성폭력을 가하는 것을 말한다.
Q32. **스포츠폭력 발생 시 피해를 입은 사람을 최우선으로 대처하는 방법에 대해 말하시오.** ★☆☆	선수에 대한 신체적, 정신적 안전보호 조치를 최우선으로 시행한다.

Q33.

대한보디빌딩협회 선수의 등록 및 활동의 제한을 받는 경우를 3가지 이상 설명하시오.

★☆☆

① 유사단체에서 선수로 활동하거나 대회를 출전하는 자는 스포츠공정위원회 제31조 제2항에 따라 협회로부터 선수등록의 제한을 받는다. 단, 생활체육으로 등록한 선수의 경우는 예외로 한다.

② 부정한 방법으로 세계보디빌딩 · 피트니스연맹(이하 "세계연맹"이라 한다)이 인정하는 대회 및 세계연맹 그리고 세계연맹의 회원이 주최 · 주관하는 대회에 참가할 시는 스포츠공정위원회 제31조 제2항에 따라 협회로부터 선수 등록의 제한을 받는다.

③ 세계보디빌연맹에서 인정하지 않는 단체가 주최 · 주관하는 대회에 참가한 선수는 국제대회에 참가할 수 없다.

④ 등록선수가 스포츠로써의 보디빌딩 홍보와 관계없는 광고, 쇼, 이벤트 행사에 참가할 시는 사전에 협회 승인을 받아야 하며, 향후 미승인 참여 후 적발 시 선수활동에 제한을 받을 수 있다.

⑤ 협회는 전문선수가 징계를 받은 경우 징계에 따른 활동 제한을 한다.

Q34.

국내 전국대회 클래식 보디빌딩 '결선' 경기 진행 순서에 대하여 말하시오.

★★☆

① 선수 전원 입장
② 선수 전원 라인업
③ 프론트 포지션 심사
④ 쿼터 턴 심사
⑤ 7개 규정 포즈 심사
⑥ 포즈다운

Q35.

남자 피지크 종목의 개별 연기방식을 순서대로 설명하시오.

★★☆

① 선수는 무대 중앙으로 걸어가고 멈춰선 후에 프론트 자세를 연기하며 추가적으로 심판을 바라보고 손을 주머니에 넣거나 엉덩이 부분에 올려놓는 포즈를 연기하며(선택사항) 심판을 바라보면서 마무리한다.
② 선수는 오른쪽으로 돌아 왼쪽 측면 자세를 연기한다.
③ 선수는 오른쪽으로 돌아 후면 자세를 연기한다.
④ 선수는 오른쪽으로 돌아 오른쪽 측면 자세를 연기한다.
⑤ 선수는 오른쪽으로 돌아 전면 자세를 연기한다.
⑥ 선수는 무대 한편으로 걸어가 줄을 선다.

심판은 선수들이 움직일 때 어떻게 자신들의 체격을 표현하는지를 평가할 것이다. 선수들은 무대 위에서 걷는 동안에 자신들을 얼마나 우아한 방법으로 연기했는지에 대하여 평가를 받을 것이다. 움직임과 동작의 속도 및 우아함, "쇼맨십", 개성, 카리스마, 무대 위 연기, 리듬감 등을 보여줘야 한다.

Q36. **여자보디피트니스 종목의 쿼터턴 평가 요인을 설명하시오.** ★☆☆	심판들은 비교심사를 통해서 선수들의 "전체적인 모습"을 심사하고 있다는 사실을 잊어서는 안 된다. 심판은 먼저 눈에 보이는 전반적인 선수의 체격을 평가해야 한다. 이 평가는 전체적인 체격을 고려해야 한다. 체격이 주는 느낌을 시작으로 머리, 화장, 전반적인 근골격의 발달, 균형, 체격의 대칭적인 발달, 피부 및 피부색의 상태 및 무대 위에서의 자신감을 표현하는 능력, 침착함 및 우아함을 평가해야 하며, 보디피트니스는 선수의 노력과 다이어트를 통해 얻은 전반적인 근긴장의 정도를 평가할 것이다. 근육군은 신체지방이 적고 둥글며 단단하게 보여야 한다.
경기규칙	
Q1. **복장규정 위반에 대하여 말하시오.** ★☆☆	선수들은 단색의 투명하지 않은 깔끔하고 단정한 경기 복장을 착용한다. 트렁크(trunk)의 색상, 섬유, 질감 및 스타일(style)은 선수들의 재량으로 선택할 수 있다. 트렁크(trunk)는 최소 대둔근의 3/4를 가려야 한다. 또한 전면은 덮어 가려져야 하고, 측면은 최소 1cm 폭이어야 한다. 트렁크(trunk) 안에 패딩을 넣는 것은 금지된다.
Q2. **도핑방지 규정 위반에 대해 말하시오.** ★★☆	경기력을 향상시킬 목적을 가지고 의도적으로 금지약물을 섭취하여 도핑테스트 결과에서 금지약물에 대한 양성반응이 나타나는 경우 도핑방지 규정 위반이라고 한다. 또한 금지약물을 의도적으로 복용하지 않았음에도 불구하고, 도핑테스트 결과에서 금지약물이 검출되는 것을 이른바 '의도하지 않은 도핑'이라고 한다.
Q3. **컬러링 사용 위반에 대하여 말하시오. (1급 생활)** ★☆☆	국제보디빌딩연맹은 지워질 수 있는 탄 및 브론저(bronzer)의 사용을 허용하지 않는다. 만약에 간단하게 탄이 지워진다면, 선수는 무대로 들어갈 수 없다. 예선 24시간 전에 사용한 인공 착색이나 셀프 태닝 제품은 허용된다. 전문적인 경기 태닝 방법은(에어브러시&캐빈 스프레이 태닝) 전문적인 회사나 자격이 있는 개인에게 받은 경우이다. 누가 선수들 몸에 발라주는 것에 관계없이 광택, 광채, 윤이 나는 펄 및 황금빛 색의 사용은 엄격하게 금지되며 사용하는 태닝 로션에 섞여 있어도 허용되지 않는다.

Q4. **'의도하지 않은 도핑'에 대해 말하시오.** ★☆☆	선수의 부주의 또는 실수로 자신도 모르게 섭취한 금지 약물이 도핑테스트 결과 검출이 되는 경우를 대표적인 사례라 할 수 있으며 다음의 경우 주로 발생한다. 질병 및 부상의 치료 과정에서 선수가 도핑테스트 대상자임을 밝히지 않고 의사에게 처방전을 받거나 처방전 없이 구매 가능한 의약품(감기약, 혈압약 등)을 복용한 뒤 도핑테스트 결과에서 금지성분이 검출되는 경우를 말한다.
Q5. **도핑의 정의 및 도핑방지규정위반에 대하여 말하시오.** ★☆☆	도핑이란 '세계반도핑규약' 및 '한국도핑방지규정'에서 규정한 하나 또는 그 이상의 도핑방지 규정위반의 발생을 말한다. 목적은 도핑방지규정위반을 구성하는 상황 및 행위를 기술하는 데에 있다. 도핑 사건의 청문은 그러한 특정 규정의 하나 또는 그 이상을 위반했다는 혐의를 근거로 진행된다. 선수 또는 기타 관계자는 도핑방지규정위반과 금지목록에 포함된 약물 및 방법을 구성하는 것이 무엇인지를 알아야 할 책임을 진다.
Q6. **보디빌딩 심판의 의무에 대하여 말하시오.** ★☆☆	• 심판은 경기규칙을 절대로 준수하여야 한다. • 심판은 공명정대한 판정을 하여야 한다. • 심판은 판정에 대한 책임을 진다. • 심판위원장은 직접 심사에 참여할 수 없으며 공정한 심사를 위하여 감시 · 감독한다. • 심판은 소집된 관련회의에 반드시 참석하여야 한다.
Q7. **선수가 소속단체(체육관) 또는 등록지를 변경하는 절차를 설명하시오.** ★☆☆	선수는 이적동의서를 협회에 제출해야 하고, 등록변경은 연 1회에 한하며, 당해 연도 선수등록 후 등록지 소속팀으로 1회 이상 대회 출전한 자는 당해 연도에 타 시/도로 이적할 수 없다.

Q8. **한국도핑방지위원회 도핑 방지규정 중 자격정지기간의 처음 정지일을 어떻게 선정하는지 말하시오.** ★☆☆	한국도핑방지위원회에서 자격정지기간이 부과된 날로부터 계산된다.
Q9. **심판위원회 규정 중 국내 심판의 등급별 심사의 범위를 설명하시오.** ★☆☆	① 1급: 국내 심판 자격 취득자로서 전국 규모의 경기대회에서 심판 및 지역규모의 경기대회에 심판위원으로 지명 받을 수 있다. ② 2급: 국내 심판 자격 취득자로서 지역 규모의 경기대회에서 심판으로 지명 받을 수 있다.
Q10. **세계도핑방지기구의 선수가 사용해서는 안 되는 금지약물의 기준을 말하시오.** ★★☆	① 선수의 경기력을 향상시키거나 경기력을 향상시키는 잠재력을 가지고 있는 경우 ② 선수의 건강에 실제적 또는 잠재적인 위험이 되는 경우 ③ 스포츠 정신에 위배되는 경우
Q11. **주요 금지약물과 대표적인 부작용에 대해 3가지 이상 설명하시오.** ★★★	① 동화작용제(아나볼릭): 심장마비, 성기능장애, 관절이상 ② 성장호르몬: 신체 기형화, 당뇨, 관절약화, 심장질환, 관절이상 ③ 에리스포에이틴(EPO): 고혈압, 뇌졸중, 혈관폐색, 관절이상 ④ 이뇨제: 심각한 저혈압, 탈수증상, 실신, 관절이상 ⑤ 카나비노이드: 호흡장애, 인지장애, 정신장애, 관절이상 ⑥ 베타차단제: 기관지 발작, 저혈압, 수면장애, 성기능장애, 관절이상

Q12. **한국도핑방지규정 11가지 규정 중 도핑 방지 규정위반에 대해 3가지 이상 설명하시오.** ★★★	① 선수의 시료에 금지약물이 존재한 경우 ② 선수가 금지약물 또는 금지방법을 사용 또는 시도한 경우 ③ 시료채취를 회피 또는 거부하거나 시료채취에 실패한 경우 ④ 소재지 정보 불이행의 경우 ⑤ 도핑관리 과정 중 부정행위를 하거나 시도한 경우 ⑥ 금지약물 또는 금지방법을 보유한 경우 ⑦ 금지약물 또는 금지방법을 부정거래하거나 부정거래 시도한 경우 ⑧ 선수에게 금지약물 또는 금지약물을 투여하거나 투여 시도한 경우 ⑨ 공모 또는 공모 시도한 경우 ⑩ 금지된 선수 또는 선수지원요원과 연루된 경우 ⑪ 선수 또는 기타 관계자의 제보 제지 또는 보복
Q13. **본인이 아플 때 낫기 위해 복용한 약물에 대해서 면제받을 수 있는지 여부를 말하고, 그 이유를 설명하시오.** ★☆☆	면제받을 수 없다. 금지약물이 포함되지 않았음을 확인하기 전까지는 감기, 독감 또는 알레르기성 비염일 경우라도, 어떠한 약품이나 약물(처방전 없이 구입 또는 처방된 약)도 복용하지 말아야 하며, 양성결과가 나오면 돌이킬 수 없다는 사실을 명심해야 한다.
Q14. **본인이 복용하거나 몸에 투여한 약물에 대하여 스스로가 전적으로 책임을 져야 하는지 여부를 말하고, 그 이유를 설명하시오.** ★☆☆	책임을 져야 한다. 모든 선수는 본인의 스포츠 경력에 오점을 남기지 않도록 의문사항이 있으면 사전에 무조건 질문해야 한다. 약물의 성분을 100% 믿을 수 없거나 약물의 상태를 모르는 경우에는 복용(사용)하지 말아야 한다.
Q15. **선수가 너무 바쁠 경우 도핑검사에 응하는 것을 거부할 수 있는지 여부를 말하고, 그 이유를 설명하시오.** ★☆☆	도핑검사를 거부하는 것은 양성반응 결과와 동일한 제재로 처리할 수 있다. 도핑검사를 거부할 경우 선수는 관련 서류에 본인의 거부 사유를 기재하고, 소속단체에 관련 사실을 조속히 알려줘야 한다.

Q16.	
선수가 필요한 소변량을 제공할 수 없는 경우, 소변검사에 이어 혈액검사를 받을 수 있는지 여부를 말하고, 그 이유를 설명하시오. ★☆☆	혈액검사로 대체할 수 없다. 필요한 소변량을 제공할 수 없는 경우는 선수가 제공한 시료는 봉인하여 기록하고 필요한 양이 재취될 수 있도록 추가적으로 시료를 제공해야 한다.

Q17.	
대한보디빌딩협회 도핑방지 규정에 따라 전국체육대회 기간 중 도핑 위반 선수의 소속실업팀, 공공기관 및 법인체, 감독에게는 첫 번째 위반 시는 400만 원의 과장금과 자격정지 제재가 부과된다. 그렇다면 두 번째 위반 시와 세 번째 위반 시 부과되는 과징금과 제재는 무엇인지 각각 설명하시오. ★☆☆	두 번째 위반 시: 800만 원의 과징금 및 자격정지/세 번째 위반 시: 퇴출

2 지도방법

POINT

웨이트 트레이닝 분야에서는 '기본자세, 훈련별 · 부위별 지도방법'을, 응급처치 분야에서는 응급 시 대처요령에 대한 내용을 묻는다. 또한 생활체육지도자의 역할과 목표 등을 숙지하고 있어야 한다.

응급처치 및 영양섭취(1급 생활)

Q1.	
응급처치 시 일반적인 주의사항에 대하여 말하시오. ★☆☆	부상자의 의식 유무를 확인하고 호흡곤란이나 호흡정지, 맥박정지, 심한 출혈의 유무를 먼저 확인하여 이에 대한 처치를 우선으로 시행한다. 부상자의 전신을 관찰하여 부상의 종류와 정도 등을 파악한다. 부상자의 얼굴이 창백하면 자리를 높여주고, 얼굴이 붉어져 있으면 머리를 높여준다.

Q2. **의식이 없는 환자의 응급처치에 대하여 말하시오.** ★☆☆	의식이 없는 환자에게는 먼저 기도를 확보하기 위해 입안을 닦아내서 기도를 막고 있는 이물질을 제거한다. 곧 이마를 눌러 머리를 뒤로 젖히고, 턱 끝에 손가락을 대서 턱을 위로 치켜들면 혀가 앞으로 나오게 되므로 혀가 뒤로 말려서 기도를 막는 일을 예방할 수 있다. 환자의 자발적인 호흡이 없는 경우에는 인공호흡을 시켜야 한다. 구조자가 힘차게 숨을 내쉬면서 환자의 폐로 공기를 불어 넣어준다. 맥박이 없는 경우에는 심장을 눌러 짜주어 혈액순환을 시켜주는 흉부압박법을 병행한다. C: 순환 → A: 기도 → B: 호흡 → D: 제세동
Q3. **의식이 있는 환자의 응급처치에 대하여 말하시오.** ★☆☆	먼저 환자를 격려하여 안심시킨 뒤 가장 편한 자세를 취하게 하고 보온에 유의한다. 전신을 관찰하여 외상, 출혈, 골절 등이 있는지 어느 부위에서 어느 정도인지를 확인한다. 좌우 양쪽을 비교해서 검사하면 부종이나 이상을 보다 쉽게 판단할 수 있다. 필요한 경우가 아니면 환자를 이동시키지 않도록 한다.
Q4. **대상별(노인) 영양섭취 방법에 대하여 말하시오.** ★★☆	노인의 경우 장기의 수축과 기능 저하, 활동 감소로 인해 젊은 사람들보다 에너지 요구가 적어지므로 열량섭취도 감소되어야 한다. 에너지 요구량은 성인보다 10~20% 적은 양을 섭취하는 것이 필요하다. 하루에 남자 노인은 2,000cal, 여자 노인은 1,500cal 정도를 섭취하면 된다. 고열량보다 골고루 섭취할 수 있는 식이습관 형성이 중요하다. **구술정복 POINT** 노인이 되면 젊었을 때보다 활동이 더 적어진다. 열량 요구가 감소되므로 열량은 적고 모든 영양소를 골고루 섭취할 수 있는 식이습관 형성이 중요하다.
Q5. **대상별(유소년) 영양섭취 방법에 대하여 말하시오.** ★★☆	유소년기 성장을 위해서는 영양을 골고루 섭취하는 것이 가장 중요하다. 특히 단백질과 칼슘이 많이 함유된 음식을 섭취하고 한꺼번에 배부르게 많이 먹지 않는 규칙적인 식습관과 인스턴트 음식을 멀리하는 게 좋다. 특히 아침식사는 꼭 먹는 습관을 들이고, 성장기에는 굶지 않도록 유의해야 한다.

Q6. **스포츠 상해의 원인에 대하여 말하시오.** ★☆☆	스포츠로 인한 상해는 완전히 방지하기는 어려우며 다음과 같은 여러 가지 원인으로 인해 나타난다. ① 미숙한 기술 ② 지식의 부족 ③ 자기 과신 ④ 준비운동 부족 ⑤ 관리 불충분 ⑥ 불충분하고 부적당한 복장 **구술정복 POINT** 생활체육지도자들은 상해의 원인들을 숙지하고 안전을 위해 세심한 관심과 지도를 기울여 미연의 사고와 상해를 사전에 예방하도록 노력해야 한다.
Q7. **운동손상의 발생요인에 대하여 말하시오.** ★☆☆	지나친 훈련 후에 충분한 휴식이 부족하거나 초기 손상에 대한 적절한 치료가 부족하게 되면 초기의 경미한 손상 위에 스트레스가 계속 가해지면서 손상의 정도가 심해지고 치료가 어려워져 손상이 심해지게 된다. 또한 잘못된 훈련방법으로 운동량을 너무 빨리 증가시키거나 운동 강도를 갑자기 높였을 때, 혹은 검증이 안 된 새로운 훈련 기술을 무리하게 시도할 때에도 손상이 빈발한다.
지도방법(2급 생활, 유소년, 노인)	
Q1. **여성 훈련방법은 남성과 비교하여 차이가 있나?(여성은 남성에 비해서 훈련방법에 차이가 있을까?)** ★☆☆	일반적으로 '근육매스 증가하기'라는 같은 목표라면 남성이나 여성이나 훈련방법은 같다. 중요한 것은 무거운 중량을 사용할 때는 올바른 운동자세를 유지하는 것이다.

Q2. **근섬유 종류는?** ★★☆	■ **지근섬유** ① 느리게 수축하며 발휘하는 힘이 적다. ② 피로에 대한 저항력이 아주 높다. ③ 근섬유의 직경이 작다. ④ 미토콘드리아 용적이 높으며 마이오신ATPase가 낮다. ⑤ 유산소성 운동, 근지구력 운동에 활용한다. ⑥ 붉은(적)색을 띤다. ⑦ 많은 양의 ATP를 유산소적으로 생산할 수 있는 능력을 가지고 있으므로 걷거나 느린 조깅 같은 낮은 강도의 운동에 적합하다. ■ **속근섬유** ① 매우 빠르게 수축하며 큰 힘을 발휘한다. ② 피로에 대한 저항력이 낮다. ③ 근섬유의 직경이 크다. ④ 미토콘드리아 용적이 낮으며 마이오신 ATPase가 높다. ⑤ 무산소성 운동, 순간적인 최대근력 운동에 활용한다. ⑥ 점프, 단거리 전력질주, 역도같이 빠르고 강력한 움직임이 요구되는 신체활동 동안에 사용된다. ■ **중간 형태의 섬유** ① 붉은 색을 더 많이 띤다. ② 짧은 시간의 근력운동에 활용한다. ③ 속근과 지근섬유의 특성 두 가지 모두를 가지고 있다. ④ 빠르게 수축하고 큰 힘을 발휘하며 잘 발달된 유산소 능력 때문에 쉽게 피로하지 않다(피로에 대한 저항력이 속근섬유보다는 크지만, 지근섬유보다는 떨어짐).
Q3. **웨이트 트레이닝 운동의 생리학적 효과는?** ★★☆	근력, 근지구력 근파워의 증가가 있으며 웨이트 트레이닝을 통해 근섬유 속의 미토콘드리아가 증가한다. 또한 골밀도가 충실해지며 인대, 건, 결체조직이 강해진다.
Q4. **준비운동의 필요성과 효과에 대해 설명하시오.** ★★☆	준비운동은 Warm-up으로 준비운동을 통해서 체온을 향상시킴으로써 근수축력과 에너지 활성화에 도움이 되고, 관절의 가동범위를 넓혀주어 운동 시에 부상을 예방해준다.
Q5. **치팅시스템(Cheating system)이란 무엇인가?** ★★☆	약간의 반동을 사용하여 반복횟수를 마치는 것이다.

Q6. **근육우선 훈련원칙을 설명하시오.** ★★☆	운동 초반, 충분한 체력이 있을 때 취약한 근육부분에 대한 운동을 실시하는 트레이닝 방법이다.
Q7. **근육 혼동시스템 훈련원칙을 설명하시오.** ★★☆	세트 횟수, 반복 횟수, 운동 강도를 다양하게 제공함으로써 근육이 외부 자극에 계속적으로 반응할 수 있도록 하는 훈련원칙이다(외부 자극에 적응되지 않도록 함).
Q8. **아이소메트릭, 아이소토닉, 아이소키네틱을 설명하시오.** ★★☆	① 아이소메트릭(등척성수축): 관절각의 변화 없이 근육이 수축하는 운동이다(철봉 매달리기). ② 아이소토닉(등장성수축): 관절각이 변화하면서 근육이 수축하는 운동이다(보디빌딩). ③ 아이소키네틱(등속성수축): 관절각이 동일한 속도로 근육이 수축하는 운동이다(재활운동기구).
Q9. **초과회복이란 무엇인지 설명하시오.** ★☆☆	초과회복이란 본인의 트레이닝 역치를 넘어선 훈련 이후 충분한 휴식을 취하고 나면, 훈련 이전의 상태보다 향상된 체력 상태가 만들어지는 것을 말한다.
Q10. **기회의 창이란?** ★☆☆	고강도 트레이닝을 완료한 후, 완료 후 30분까지 영양분 흡수에 대한 극대화 현상이 지속되는데, 이것을 '기회의 창'이라고 한다.
Q11. **저항운동 시 발생하는 지연성 근육통은 무엇인가?** ★☆☆	근 통증에는 곧바로 생성되는 급성 근 통증과 2~3일 후에 나타나는 '지연된 근육통(D.O.M.S)'이 있는데, 운동 후 생성되는 피로물질인 젖산 때문인 것으로 알려져 있다. 매일 운동하는 사람에게는 'DOMS(덤스)' 현상이 나타나지 않는다.
Q12. **점진적 과부하에 대하여 설명하시오.** ★☆☆	체력 및 근육량의 증가를 위해 중량 또는 운동강도를 조금씩 증가시키며 훈련하는 것을 말한다.

Q13. **피라미드 원칙에 대하여 설명하시오.** ★☆☆	비교적 가벼운 중량으로 시작하여 점차적으로 무거운 중량을 반복하는 훈련을 말한다.
Q14. **단축성 운동과 신장성 운동에 대하여 설명하시오.** ★☆☆	단축성 운동은 근육의 길이가 짧아지며 힘을 발생하는 운동이고 신장성 운동은 근육의 길이가 길어지며 힘을 발생하는 운동이다.
Q15. **운동 에너지 시스템 3가지에 대하여 설명하시오.** ★★☆	① 무산소성 에너지 시스템(ATP-PC)은 산소를 필요로 하지 않으며 단시간에 끝나는 운동일 때 사용된다. ② 젖산 시스템(해당과정)은 무산소 시스템에서 산소 시스템으로 전환되기 전에 사용되는 시스템으로 산소가 이용되기 시작하는 에너지 시스템이다. 이때 몸에 젖산이라는 피로 물질이 생성되어 몸에 피로감을 느끼기 시작한다. ③ 유산소 시스템은 산소를 사용하게 되는 에너지 시스템으로 지구성 운동 시 사용된다.
Q16. **교감신경에 대해 설명하시오.** ★★☆	척추의 가슴 부분과 위쪽 허리 부분에서 일어나 내장에 분포하는 신경이며 심장을 빠르게 수축하게 하고 혈관수축, 동공확대 등의 작용을 한다. 교감신경은 신경절 이전 뉴린이 짧고 신경절 이후 뉴런이 길며, 신경절 이전 뉴런의 말단에서는 아세틸콜린, 신경절 이후 뉴런의 말단에서는 노르에피네프린(아드레날린)이 분비된다. 긴장, 흥분, 놀람 등 갑작스런 환경 변화에 대응할 수 있도록 조절하며 교감 신경이 흥분되면 심장 박동 증가, 혈압 증가, 호흡 속도 증가 등의 변화가 일어난다. **구술정복 POINT** ① 골격근과 폐의 혈액 흐름 증가 ② 세기관지 팽창 ③ 심박수 및 심근세포의 수축력 증가 ④ 동공 및 모양체 근육 이완 ⑤ 심장의 관상혈관 확장 ⑥ 장 괄약근, 요도 괄약근 수축 ⑦ 연동운동 억제 ⑧ 성적 흥분

Q17. **부교감신경에 대해 설명하시오.** ★★☆	교감신경과 더불어 자율신경계통을 이루는 신경이다. 교감신경이 촉진되면 억제하는 일을 하고 신체가 흥분되면 심박수를 감소시켜 소화기관의 작용을 촉진한다. 부교감신경은 신경절 이전 뉴런이 길고 신경절 이후 뉴런이 짧으며, 부교감신경의 신경절 이전과 이후 뉴런의 말단에서는 모두 아세틸콜린이 분비된다. 신체를 이완시키고 소화 기관의 반응을 빠르게 하며 몸이 안정감이 있도록 조절하는 역할을 한다. 즉, 긴장 상태에 있던 몸을 평상시 상태로 되돌린다. **구술정복 POINT** ① 위장 확장 및 혈류량 증가 ② 세기관지 수축 ③ 동공 및 모양체 근육 수축 ④ 침샘 자극, 연동운동 촉진
Q18. **ATP 합성경로 중 유산소성 해당과정에 대해 자세히 설명하시오.** ★★☆	신체에서 해당작용을 통해 생성된 피루브산이 미토콘드리아로 들어가 크렙사이클[=크렙스회로, TCA회로, 시트르산(구연산)회로]과 전자전달계를 거쳐 ATP를 생성하는 과정을 말한다.
Q19. **ATP합성경로 중 유산소성 지질(지방) 대사 과정에 대해서 설명하시오.** ★★☆	지방산이 베타 산화과정을 거쳐 아세틸 조효소를 생성하여 미토콘드리아 내의 크렙사이클[=크렙스회로, TCA회로, 시트르산(구연산)회로]과 전자전달계를 거쳐 ATP를 생성하는 과정을 말한다.
Q20. **ATP 합성경로 중 ATP-PCr(인원질과정) 시스템의 기전에 대해서 설명하시오.** ★★★	근수축 활동 중 ATP가 ADP와 Pi로 분해되는 것과 거의 동시에 크레아틴인산(phosphocreatine, PC)이 크리아틴키나제(creatine kinase)효소에 의해 Pi+Creatine으로 분해되고, PC가 분해되면서 방출되는 에너지는 ADP와 Pi를 결합시켜 ATP를 재합성하는 데 이용된다. ATP를 재합성하는 일차적인 저장 연료는 근세포에 저장되어 있는 크레아틴 인산(phosphocreatine, PC)이며, 근세포에 저장되어 있는 ATP와 PC 모두 인산기(phosohate groups)를 가지고 있기 때문에 인원질과정이다.

Q21. **ATP 합성경로 중 무산소성 해당과정의 기전을 설명하시오.** ★★☆	혈당 또는 근세포에 저장된 글리코겐이 해당작용을 거치면서 피루브산(초성포도산)으로 분해되어 ATP를 생성하는 과정이다. 이때 산소가 충분히 공급되지 않아 피루브산이 젖산으로 전환되며 젖산이 생성되기 때문에 젖산체계라 한다.
Q22. **로책상태란 무엇인지 말하시오.** ★★☆	최대근력을 발휘할 때 일시적으로 호흡을 멈추고 순간적으로 힘을 내는 상태이다.
Q23. **초과산소소비량(EPOC)이란?** ★★★	운동 후의 피로회복과 에너지 생성을 위해 추가로 산소를 체내에서 소비하는 것이다. 빠른 운동 후 2~3분 동안 산소소비량이 급격히 감소하는 부분에서 산소를 공급하여 음식물이나 소량의 젖산을 유산소적으로 분해시켜 ATP를 합성해 일부는 근육에 저장하고, 일부는 즉시 분해하여 PC의 재합성에 이용된다. 느린 운동 후 30분 이상의 시간이 경과됨에 따라 산소소비량이 점차적으로 감소하는 부분으로 간에서 젖산을 포도당으로 전환시키는 데 필요한 산소소비량이다.
Q24. **호흡에 관여하는 근육에 대하여 흡기 시와 호기 시를 각각 2가지 이상 말하시오.** ★☆☆	① 호기 시: 복직근, 내복사근, 외복사근, 복횡근, 요방형근, 하후거근, 횡격막 ② 흡기 시: 외늑간근, 내측늑간근 늑연골사이, 횡격막, 흉쇄유돌근, 사각근, 소흉근, 전거근, 늑골거근, 상후거근
Q25. **BCAA의 효과를 설명하시오.** ★★☆	① 단백질 합성 및 포도당의 신진대사를 촉진한다. ② 주로 근육과 뇌에서 연료로 이용된다. ③ 근육의 피로 회복에 효과적이며 근육통을 감소시킨다. ④ 근육량을 보존하는 데 효과적이다.
Q26. **목표심박수를 구하는 다양한 공식을 1가지 이상 설명하시오.** ★☆☆	• 카보넨공식 ① [(220−나이) − 안정 시 심박 수] * 운동 강도 + 안정 시 심박 수 ② (최대 심박 수 − 안정 시 심박 수) * 운동 강도 + 안정 시 심박 수 ③ 여유 심박 수 * 운동 강도 + 안정 시 심박 수

Q27. **운동 중 인체 에너지 대사과정의 유산소 시스템과 무산소 시스템을 설명하시오.** ★★★	① 유산소 시스템: 저강도 운동 중 에너지 대사과정으로 미토콘드리아 안에서 글루코스와 지방산을 동원하여 산소를 이용, 크렙스회로와 전자전달계를 거쳐 ATP를 생산하여 사용하는 과정을 거친다. ② 무산소 시스템: 고강도 운동 중 인원질과정(ATP–PCr시스템)과 해당과정(젖산시스템)에 의해 산소의 도움 없이 효소에 의한 화학적 반응을 통하여 인원질과 당의 분해를 통해 ATP를 재합성하여 사용하는 과정이다.
Q28. **운동을 하게 되면 젖산이 생기는 원인에 대하여 설명하시오.** ★☆☆	① 산소가 부족한 상태에서 포도당이 분해될 때 생기는 최종 산물이다. ② 강도가 높은 운동 시 혈당 또는 근세포에 저장된 글리코겐이 해당 작용에 의해 피루브산(초성포도당)을 형성한 후에 산소공급이 충분하지 않으면 유산소 시스템으로 넘어가지 않고 젖산으로 전환되기도 한다.
Q29. **위성세포란 무엇인지를 설명하시오.** ★☆☆	골격근 외측의 근섬유와 기저막 사이에 낀 방추형의 단핵세포이다. 근육의 성장과 재생에 중요한 역할을 하는데, 부상 또는 질환 등으로 근섬유가 손상되면 위성세포는 분열하여 근육의 재생을 가능하게 한다. 근력 훈련 시 위성세포는 기존의 근섬유에 더 많은 핵을 제공하여 근 단백질을 합성하는 능력을 향상시킴으로써 근육 성장의 촉진을 유발한다.
Q30. **호흡교환율(RER)이란?** ★★☆	① 이산화탄소 생성량에 대한 산소소비량의 비율 ② 배출되는 이산화탄소의 양/소비되는 산소의 양(VCO_2/O_2) ③ 호흡교환율의 값이 1에 가까워질수록 탄수화물을 에너지원으로 사용하는 비율이 커지는 것이고, 0.7에 가까워질수록 지방을 에너지원으로 사용하는 비율이 커진다.
Q31. **치팅과 스트레이딩의 차이점이 무엇인지 설명하시오.** ★★☆	① 치팅: 운동 중 반동을 이용하는 방법으로 실시하는 운동(변칙) ② 스트레이딩: 정확한 운동 자세를 요구하는 운동(반동이 없는 정확한 운동 자세)

Q32. **Set와 Rep에 대해 설명하시오.** ★☆☆	① Set: 한 번의 운동을 할 때, 휴식 없이 운동을 실시할 수 있을 때를 한 세트라고 함 ② Rep: 한 세트에서 실제로 운동을 할 수 있는 반복 횟수
Q33. **보디빌딩이란 무엇인지 설명하시오.** ★☆☆	보디빌딩은 주로 바벨과 덤벨을 이용하여 균형 잡힌 몸매와 강한 체력을 갖기 위해 실시하는 운동으로, 현재는 일반화되어 건강한 심신의 발달을 꾀하는 데 목적을 두고 있다.
Q34. **건강 관련 체력의 구성요소를 말하시오.** ★☆☆	근력, 근지구력, 심폐지구력, 신체조성, 유연성
Q35. **근육 혼돈시스템 훈련원칙을 설명하시오.** ★★☆	운동의 방법과 순서, 세트 수, 기구 등의 변화를 주어 근육이 일정한 운동 방법에 적응하지 못하게 하는 훈련 트레이닝이다. 훈련정체기를 극복할 수 있는 운동이기도 하다.
Q36. **운동 중 수분을 섭취해야 하는 이유에 대하여 설명하시오.** ★☆☆	운동에너지 합성 유지를 하며 탈수 예방 전해질 균형을 맞춰주는 기능을 한다.
Q37. **상급자 운동 프로그램을 설명하시오.** ★★★	① 시합이나 대회출전을 목표로 훈련강도와 다이어트의 절제도를 최대로 높이기 ② 탄수화물 섭취를 제한하거나, 총 칼로리 소비량을 제한하여 체지방을 줄이고 근육의 데피니션을 좋게 하기 ③ 시합 전에 할 수 있는 최고의 프로그램으로 트라이 세트와 자이언트 세트법, 슈퍼 세트법 등 다양하게 활용하기

Q38. **분할훈련 시스템 훈련원칙에 대해 설명하시오.** ★★★	몸 전체를 한 번에 효과적으로 훈련한다는 것은 불가능하기 때문에 운동 목적에 따라 서로 나눠 실시하는 훈련법으로, 예를 들면 ① 전통적인 분할 방법은 하루는 상체운동을 하고 다음 날은 하체 운동을 하는 것, ② 3일 분할방식으로 푸시/풀/레그 방식으로 미는 동작이 주가 되는 가슴과 어깨, 삼두근을 같이 훈련하고 당기는 동작을 하는 등 승모근 이두근을 같이 하고, 대퇴사두근과 슬와근 같은 다리 운동을 하는 것이다.
Q39. **체형의 종류를 크게 3가지로 분류하여 설명하시오.** ★★★	① 외배엽: 마르고 체지방이 적고 근육 부피가 적으며, 신진대사가 빠르고 체중이 쉽게 늘지 않음 ② 중배엽: 타고난 몸매 몸통이 길며 가슴이 풍성하고 어깨와 허리비율이 알맞음 ③ 내배엽: 크고 넓은 골격과 느린 신진대사, 체중증가가 쉽고 지방 손실이 어려움
응급처치 및 영양섭취(2급 생활)	
Q1. **응급처치 시 일반적인 주의사항에 대하여 말하시오.** ★☆☆	부상자의 의식 유무를 확인하고 호흡곤란이나 호흡정지, 맥박정지, 심한 출혈의 유무를 먼저 확인하여 이에 대한 처치를 우선으로 시행한다. 부상자의 전신을 관찰하여 부상의 종류와 정도 등을 파악한다. 부상자의 얼굴이 창백하면 자리를 높여주고, 얼굴이 붉어져 있으면 머리를 높여준다.
Q2. **의식이 없는 환자의 응급처치에 대하여 말하시오.** ★☆☆	의식이 없는 환자에게는 먼저 기도를 확보하기 위해 기도를 막고 있는 이물질을 제거한다. 곧 이마를 눌러 머리를 뒤로 젖히고, 턱 끝에 손가락을 대서 턱을 위로 치켜들면 혀가 앞으로 나오게 되므로 혀가 뒤로 말려서 기도를 막는 일을 예방할 수 있다. 환자의 자발적인 호흡이 없는 경우에는 인공호흡을 시켜야 한다. 구조자가 힘차게 숨을 내쉬면서 환자의 폐로 공기를 불어 넣어준다. 맥박이 없는 경우에는 심장을 눌러 짜주어 혈액순환을 시켜주는 흉부압박법을 병행한다.
Q3. **의식이 있는 환자의 응급처치에 대하여 말하시오.** ★☆☆	먼저 환자를 격려하여 안심시킨 뒤 가장 편한 자세를 취하게 하고 보온에 유의한다. 전신을 관찰하여 외상, 출혈, 골절 등이 있는지 어느 부위에서 어느 정도인지를 확인한다. 좌우 양쪽을 비교해서 검사하면 부종이나 이상을 보다 쉽게 판단할 수 있다. 필요한 경우가 아니면 환자를 이동시키지 않도록 한다.

Q4. **응급처치의 필요성에 대하여 말하시오.** ★☆☆	응급처치란 어떤 손상이나 질병이 생겼을 때 구급차나 의료진이 도착하기 전에 먼저 도움을 주거나 처치를 하는 것을 말한다. 예기치 않은 시간과 장소에서 갑작스럽게 발생하는 사고와 위험 속에서 신속하게 의료진의 도움을 받을 수 없을 때, 응급처치를 통해 생명을 구하고 현 상태에서 더 나빠지거나 부작용이 생기는 것을 예방하며, 빠르게 회복할 수 있도록 하여 자신과 이웃의 건강과 안전에 큰 도움을 줄 수 있다.
Q5. **흉부압박법에 대하여 말하시오.** ★☆☆	환자를 딱딱한 바닥에 눕힌 뒤 환자 옆에 무릎을 꿇고 앉는다. 환자의 양쪽 젖꼭지 중간에 손꿈치를 대어 흉부압박을 시작한다. 한쪽 손바닥을 가슴에 대고 반대쪽 손을 펴서 그 위에 올려놓는다. 양손의 손가락을 깍지를 껴서 환자 복장뼈를 4~5cm정도 깊이로 압박하고, 가슴이 원래 위치로 돌아오도록 한다. 분당 100회 정도의 속도로 압박을 되풀이한다.
Q6. **출혈 시 응급처치방법에 대하여 말하시오.** ★☆☆	① 상처부위를 노출시킨 뒤 깨끗한 헝겊을 대고 손으로 상처부위를 힘껏 누른다. ② 손으로 압박한 상태에서 손상부위를 올리고 받쳐준다. ③ 손상부위를 단단히 패드로 감아주며 사지의 혈액 공급이 차단되지 않게 주의한다. ④ 구조요청을 한 뒤 손상부위와 다리를 올린 상태로 담요를 덮어 보온을 유지한다.
Q7. **운동손상을 예방하기 위한 준비운동의 목적에 대하여 말하시오.** ★☆☆	하고자 하는 운동에 대해 몸을 준비시키는 것이 준비운동의 목적으로 운동의 종류에 따라 준비운동의 유형도 달라지게 된다. 조깅이나 미용체조, 전체적인 스트레칭이나 특정 운동을 위한 특정 동작 등이 준비운동에 포함된다. 피로감을 느끼지 않을 정도로 약간의 땀이 날 만큼만 준비운동을 하는 것이 좋고, 15~30분 정도가 적당하다. 준비운동의 효과는 30~45분 가량 지속되므로 너무 일찍 준비운동을 하지 않도록 한다.
Q8. **골절 시 응급처치에 대하여 설명하시오.** ★☆☆	골절이 의심이 된다면 부상 부위를 움직이지 않도록 고정하는 것이 중요하다.

Q9. **자동심장충격기 패드(밴드)의 부착 위치를 설명하시오.** ★☆☆	오른쪽 쇄골 아래에 패드 하나를 부착시킨다. 또 다른 패드는 환자의 왼쪽 젖꼭지 아래의 중간 겨드랑이선 부분에 부착하여야 한다.
Q10. **기도폐쇄의 유형으로 어떤 것들이 있는지를 설명하시오.** ★☆☆	① 혀: 의식이 없는 환자는 연조직이 이완되어 혀가 기도 안으로 들어갈 수 있다. 혀는 기도폐쇄의 가장 흔한 원인이다. ② 이물질: 음식물에 의한 기도폐쇄를 일으키는 주요한 물체다. ③ 부종: 중증의 알레르기반응(아나필락시스반응)과 자극제는 부종을 일으킬 수 있다. ④ 경련: 갑작스럽게 물을 흡입하는 경우 목구멍에 경련이 일어날 수 있다. ⑤ 구토: 과음으로 인해 취침 중 구토를 하여 기도가 막힐 수 있다.
Q11. **심폐소생술 시행 중 완전 가슴 이완이 필요한 이유에 대하여 설명하시오.** ★☆☆	이완이 완전히 되어야 가슴압박을 할 때 심장으로 혈액이 충분하게 공급되어 많은 양의 혈액을 뇌와 신체기관으로 내보낼 수 있다.
Q12. **환자의 가슴에 패드를 부착 후 자동심장충격기에서 "전기충격이 필요하다"라는 메시지가 전달된 경우, 전기충격 시의 주의사항을 말하시오.** ★★★	주변의 사람들을 환자로부터 멀리한 후, 처치자 또한 물러나고 전기충격을 실시해야 한다.

Q13. **심폐소생술 시행 중 자동심장충격기가 도착하기 전 순서를 설명하시오. 또한 자동심장충격기가 도착하여 사용하고자 할 때 자동심장충격기에서 "제세동이 필요하지 않습니다"라고 했을 때, 최초의 반응자가 즉시 취해야 할 행동을 설명하시오.** ★★☆	① 자동심장충격기 도착 전 대처: 현장안전 확인 – 의식 확인 – 신고 및 도움요청(119 신고) – 호흡 확인(10초간) – 가슴압박(30회) – 인공호흡(2회) – 반복(30:2) ② 제세동이 필요하지 않은 경우: 즉시 가슴압박을 시행한다.
Q14. **응급처치(First Aid)가 무엇인지 설명하시오.** ★☆☆	응급처치란 환자 발생 시 즉각적이고 임시적인 처치를 통해서 환자의 고통을 경감하고, 상처를 보호하고, 생명을 유지하고 더 나아가 행복한 삶을 유지하게 하는 것이다.
Q15. **응급처치 행동절차 3C에 대하여 자세히 설명하시오.** ★☆☆	환자 반응확인(Check) – 구조요청(Call) – 처치 및 도움(Care)
Q16. **심장 자극전도계의 구성요소를 설명하시오.** ★☆☆	동방결절 – 방실결절 – 방실다발(히스속) – 퍼킨제(푸르킨예) 섬유

Q17. **심폐소생술에 대하여 설명하고 처치 순서를 설명하시오.** ★★☆	심폐소생술은 심장이 마비된 상태에서도 혈액을 순환시켜, 뇌의 손상을 지연시키고 심장이 마비 상태로부터 회복하는 데 결정적인 도움을 준다. ① 현장안전과 반응확인: 현장의 안전을 확인하고 의식을 확인한다. ② 신고: 119에 신고한다. ③ 호흡확인: 얼굴에서 배꼽까지 10초간 보면서 호흡을 확인한다. ④ 가슴압박(성인 기준, 깊이: 5cm, 속도: 분당 100~120회): 가슴압박 30회 ⑤ 기도유지 및 인공호흡 2회: 기도 확보 후 인공호흡 2회 ⑥ 30:2로 반복
Q18. **운동 중에 땀에 젖어있거나, 몸에 물기가 있는 심정지 환자에게 자동심장충격기를 사용할 필요가 있는 경우의 올바른 조치를 설명하시오.** ★☆☆	가슴에서 물기를 잘 닦아낸 후 패드를 부착한다.
Q19. **기도폐쇄가 무엇인지와 그 응급처치 방법을 설명하시오.** ★★★	음식물 등을 섭취하다가 기도가 막혀서 갑작스러운 호흡곤란이 온 환자에게 기도폐쇄 소견이 보이면 즉시 응급처치를 시행하여야 한다. 환자가 기침, 청색증, 말하거나 숨쉬기 힘든 호흡곤란 등의 증상을 보이거나 자신의 목을 움켜잡는 징후를 보이면 환자에게 "목에 뭐가 걸렸나요?"라고 물어보아, 환자가 말을 하지 못하고 고개를 끄덕인다면 심각한 상태의 기도폐쇄로 판단하고 즉각적으로 처치를 해야 한다.
Q20. **기도폐쇄 시 하임리히법에서의 압박 위치와 그 위치를 압박하는 이유가 무엇인지 설명하시오.** ★☆☆	명치와 배꼽 사이 중간 부분이 압박 지점이다. 그 이유는 복강 내에 압력을 가해서 완전 기도폐쇄가 되었을 때 이물질이 나올 수 있게 하기 위함이다.

응급처치 및 영양섭취(유소년)	
Q1. **유소년기의 저항운동의 효과에 대하여 말하시오.** ★☆☆	아동이 저항운동 프로그램에 규칙적으로 참여하면 근력 및 근지구력이 향상되는 것 외에도 건강 및 체력과 관련된 척도에 긍정적인 영향을 미칠 수 있다. 저항운동은 해부학적 및 심리 사회적 변인들을 긍정적으로 변화시킬 수 있고 스포츠 및 여가활동 시 상해를 감소시키며 운동 기술과 스포츠 수행력을 향상시킨다고 알려져 있으나 이런 주장에 명확한 증거는 부족한 실정이다. 가장 일반적인 오해로는 저항운동이 아동의 신장 발달을 저해할 수 있다는 것이다. 저항운동이 유전자형을 바꾸지는 못하지만 적절한 지침을 준수하는 가운데 저항운동을 실시한다면 어떠한 발달 단계에 있더라도 성장에 긍정적인 영향을 미칠 것으로 기대된다.
Q2. **유소년 운동에 맞는 영양섭취에 대해 말하시오.** ★☆☆	육식보다 채식 위주로 먹게 되면 성호르몬 분비보다 성장호르몬의 분비를 촉진하며, 채식 위주의 식단은 '성조숙증'까지도 예방하거나 완화시켜주기 때문에 좋다. 커피나 인스턴트식품, 과자, 탄산음료, 짜고 맵고 자극적인 음식, 단 음식(칼슘섭취 방해, 비만)은 좋지 않은 음식이니 피해야 하고 무리한 다이어트도 성장에 방해가 되니 피해야 한다.
Q3. **유소년의 운동지도 시 주의할 점에 대해 말하시오.** ★☆☆	유소년기에 과도한 운동은 성장에 방해를 줄 수 있으므로 피하는 것이 좋다. 무게를 중심으로 하는 운동보다 자기 체중을 이용한 운동으로 재미를 느끼게 해주면서 장기적이고 적당량의 운동을 하는 것이 성장에 도움을 준다. 또한 자세 조절능력에 근거하여야 하며, 부하에 근거해서는 안 된다.
Q4. **유소년의 신체적, 정신적 변화에 따른 지도방법에 대하여 말하시오.** ★☆☆	가벼운 무게로 재미와 흥미를 유발시켜 주당 6일 또는 매일 최소 30분~60분 이상 신체활동을 실시하게 한다. 구체적으로는 중등 강도에서 고강도 신체활동과 주당 3일 이상 최소 20분 이상 실시하여야 한다.
Q5. **유소년 운동에 맞는 영양섭취는 무엇인지 말하시오.** ★☆☆	탄수화물 55~60%, 지방 25~30%, 단백질 12~15%, 철분과 칼슘을 충분히 섭취하도록 해야 한다.

Q6. **유아기 발달 특성에 대하여 설명하시오.** ★☆☆	만 2~6세 영아기와는 다르게 인지적, 사회적, 지적으로 다른 모습을 보인다. 신체적 발달뿐 아니라 아이의 언어, 정서, 사회성, 성격발달이 이루어지는 시기이고 신체발달이 정신발달에 영향을 준다.
Q7. **피아제의 인지발달이론 4단계가 무엇인지 말하시오.** ★★☆	감각운동기 → 전조작기 → 구체적 조작기 → 형식적 조작기
Q8. **유소년 운동 지도 시 주의사항은 무엇인지를 설명하시오.** ★☆☆	성장판의 부상과 반복 사용에 따른 연조직 상해의 잠재적인 위험에 노출되어 있으므로 주의해야 하며, 트레이닝 목표를 근력 향상에만 두지 않고, 자신의 신체나 신체활동에 관심을 높이도록 지도해야 한다.
Q9. **유소년의 최적의 운동방법이 무엇인지를 설명하시오.** ★★★	유소년에 따라 발육상태가 다르기 때문에 운동 강도와 함께 참가자의 최대운동능력, 건강상태, 특정운동에 대한 반응 등에 기초하여 프로그램을 설정하고 운동시간을 결정하는 것이 바람직하다.
Q10. **청소년의 최적의 운동방법이 무엇인지를 설명하시오.** ★★☆	청소년기에는 건강과 체력을 유지하고 증진하기 위해서는 심폐지구력, 근력, 유연성 등을 기르는 운동으로 프로그램을 작성하여 진행한다.
Q11. **아동기의 발달 특성은 무엇인지 말하시오.** ★☆☆	신체적 발달, 인지 도덕성 발달, 정서 발달, 자아개념 발달, 또래 집단의 영향이 커진다.

응급처치 및 영양섭취(노인)	
Q1. **노인의 신체적, 정신적 변화에 따른 지도방법에 대하여 말하시오.** ★☆☆	심폐 향상을 위해서는 고정식 또는 유동성이 적은 사이클, 수중운동, 손잡이가 있는 트레드밀 이용하여 주당 2~5일 최대 심박수 40~70% 수준으로 실시한다. 하루 운동량은 30~60분 정도 하고 저항트레이닝은 주당 2~3일, 40~80% 강도에서 1~3세트 실시한다.
Q2. **노인 보디빌딩에 맞는 영양섭취에 대해 말하시오.** ★☆☆	노인이 되면 젊었을 때보다 활동이 더 적어지고 열량 요구가 감소되므로 열량은 적고 모든 영양소를 골고루 섭취할 수 있는 식이습관 형성이 중요하다. 노인의 경우 장기의 수축과 기능 저하, 활동 감소로 인해 젊은 사람들보다 에너지 요구가 적어지므로 열량섭취도 감소되어야 한다. 에너지 요구량은 성인보다 10~20% 적은 양을 섭취하는 것이 필요하다. 하루에 남자 노인은 2,000cal, 여자 노인은 1,500cal 정도를 섭취하면 적절하다.
Q3. **노인의 운동지도 시 주의할 점에 대해 말하시오.** ★☆☆	모든 진행은 자세조절 능력에 근거하여 서서히 이루어져야 하며 상세히 기록되어야 한다. 운동은 지지대가 없이 앉아서 하는 운동에서 서서 하는 운동으로 진행되어야 한다. 대상자들은 운동 전 반드시 호흡교육을 통해 운동 시 정상적인 호흡 상태에서 운동할 수 있도록 한다. 만약 대상자들이 성적 스트레칭을 기피한다면 리드미컬한 활동이니 동적 스트레칭을 천천히 실시한다.
Q4. **노인 요통의 일반적인 원인이 무엇인지 말하시오.** ★☆☆	요통의 원인은 대부분 복부비만이며 이는 척추에 과다한 스트레스를 주어서 요통을 일으킨다.
Q5. **노인에게 적당한 운동 지도방법에 대하여 설명하시오.** ★★☆	심폐 향상을 위해서는 고정식 사이클, 수중운동, 손잡이가 있는 트레드밀을 이용하여 주당 2~5일 심박수 40~70% 수준으로 실시한다.

Q6. **당뇨가 있는 노인환자의 체력운동 지도방법을 설명하시오.** ★☆☆	당뇨가 있는 노인환자를 지도할 때 운동의 강도는 숨이 약간 차거나 등에 땀이 날 정도로 30분에서 1시간 정도 하는 것이 좋다. 운동 전 준비운동을 실시해야 하고 운동 후 정리운동을 실시해야 하며, 당뇨환자의 경우 약간 빨리 걷는 운동을 하루 30분씩 매일 실시하는 것이 도움이 된다.
Q7. **고혈압 노인환자의 체력운동 지도방법을 설명하시오.** ★☆☆	고혈압 노인환자는 걷기, 조깅, 수영 같은 유산소 운동을 주로 한다. 웨이트 운동도 좋은 운동이지만, 운동 초기나 혈압이 너무 높을 때는 실시하지 않는 것이 좋다.
Q8. **노인들의 운동 지도 시 주의사항을 말하시오.** ★☆☆	운동은 충분한 준비운동과 함께 실시해야 하며, 부상에 주의해야 하고 충분한 휴식과 영양공급이 필요하다.
Q9. **초급자 노인에게 적당한 웨이트트레이닝을 실시하였을 때의 효과를 말하시오.** ★★☆	① 심박 수가 정상적으로 돌아오고 혈압이 안정된다. ② 일상에서의 스트레스와 긴장을 완화시킨다. ③ 체지방과 콜레스테롤의 증가를 억제한다. ④ 체력과 근지구력이 강화된다. ⑤ 요통을 예방한다. ⑥ 운동 후 피로회복 시간이 빨라진다. ⑦ 긴급상황에 대처하는 능력이 향상된다. ⑧ 생활에 활기가 생기고 노화 과정이 지연된다.
Q10. **낙상의 위험인자와 예방방법은 무엇인지 설명하시오.** ★★☆	위험인자로는 병력, 하지근력 저하, 균형감각 저하, 시력 저하, 관절염, 인지 저하가 있으며, 예방방법으로는 근력 강화, 균형감각 향상, 유연성 증가, 협응력 발달이 있다.
Q11. **노인 근력운동 지도 시 기본운동방법은 무엇인지 설명하시오.** ★☆☆	기본적으로 호흡법, 사용하는 근육군의 설명, 그리고 각각 운동 후 회복을 위한 스트레칭에 대하여 자세하게 설명하게 된다.

Q12. **노인의 노화에 따른 근육 감소 원인이 무엇인지 설명하시오.** ★☆☆	노화에 따른 신체 기능의 감소로 일상생활에서의 신체활동량이 크게 줄어들면서 근섬유의 자극빈도가 줄어들기 때문이다.
Q13. **노인운동 전문가가 알아야 할 필수 2가지가 무엇인지를 설명하시오.** ★★★	① 근력운동의 중요성을 명확히 해야 한다. 환자들이 기대할 수 있는 건강상의 이점을 교육시켜야 한다. ② 과거 운동 경력에 관한 정보를 자세히 얻고 기술한다.
Q14. **수시로 체크해야 하는 운동 강도 설정은 어떤 방식인지 말하시오.** ★★★	운동자각도(Borg) 10단계가 있다.
Q15. **노인의 최적화 운동(처방) 방법을 설명하시오.** ★★☆	나이가 듦에 따라 생리적 예비력이 저하되는데, 이는 안전 기준이 낮고 무리하면 안 되는 신체라는 것을 의미한다. 운동을 처방하거나 지도하는 사람은 노인의 경우, 정상인들의 운동수준보다 이하로 평가하여 운동지도를 하여야 한다.
Q16. **노화에 따른 심혈관 관계의 변화를 설명하시오.** ★☆☆	• 심혈관 관계 ① 최대 산소 섭취량 감소: 심폐계 퇴화로 발생 ② 최대 심박출량 감소: 최대 산소 섭취량 감소의 가장 큰 원인
Q17. **노화에 따른 신체의 변화 3가지를 말하시오.** ★☆☆	① 근육량 감소: 상체보다 하체의 근육이 쇠퇴한다. ② 관절의 가동성 감소: 유연성 감소 및 평형성과 안정성 상실로 인한 넘어짐 또는 낙상이 일어난다. ③ 골밀도 감소: 칼슘의 감소와 골기질 퇴화로 골다공증이 발생한다.

Q18. **노인의 노화에 따른 신체의 기능적 변화 3가지를 말하시오.** ★☆☆	① 혈압의 변화: 동맥의 탄력성 감소로 인한 수축기, 이완기 혈압 상승 ② 심장의 변화: 최대산소 섭취량 및 최대심박 수 감소 ③ 폐(호흡)기능의 변화: 호흡근육이 약해지고 활동단위당 산소요구량 증가 ④ 신경계의 변화: 신경원의 감소로 인지기능 약화와 감각 및 운동기능 약화
Q19. **노인 운동 시 신체적으로 나타날 수 있는 3가지 효과를 말하시오.** ★☆☆	① 심장 및 혈관의 기능이 향상된다. ② 유산소 운동으로 당뇨병 예방 및 개선에 도움이 된다. ③ 유산소 운동으로 운동에 동원되는 기관과 신경계 간의 협응력, 조정력이 향상된다.
Q20. **심혈관계 질환 중 협심증에 대하여 설명하시오.** ★★★	혈액 내 콜레스테롤이나 동맥 내의 혈전 발생으로 심장의 관상동맥이 좁아져 가슴에 통증이 발생하는 질환이다.
Q21. **협심증 환자의 주의사항을 설명하시오.** ★★☆	① 고혈압, 부정맥 등이 완화되지 않은 경우는 절대적으로 운동을 금지한다. ② 고온다습, 저온 환경 등에서는 운동을 금지한다. ③ 고혈압이나 부정맥의 모니터링이 지속적으로 필요하다.
Q22. **심혈관계 질환 중 심근경색에 대하여 설명하시오.** ★★★	혈액 내의 콜레스테롤이나 동맥 내의 혈전으로 인해 심장의 관상동맥이 막혀 심근이 괴사할 수 있는 질환이다.
Q23. **노인에게 고관절 골절 발생 시 합병증은 무엇인지 설명하시오.** ★★★	침대생활로 인한 폐렴, 욕창, 혈전으로 인한 심장마비, 폐색전, 뇌졸중 등 다양한 합병증이 나타나 사망에까지 이를 수 있다.

지도 상대별 지도방법(2급 생활, 유소년, 노인)	
Q1. **복합관절과 단순관절운동을 설명하시오.** ★☆☆	복합관절운동은 두 개 이상의 관절이 상호 협력적으로 움직이는 동작으로 구성된 운동방법이고, 단순관절운동은 하나의 관절이 움직이는 동작으로 구성하는 운동방법이다.
Q2. **3대 영양소를 말하시오.** ★☆☆	탄수화물, 단백질, 지방을 말한다.
Q3. **ATP에 대해 말하시오.** ★★☆	Adenosine Tri-Phosphate의 약자로 인체에서 가장 많이 사용되는 화학적 에너지 저장형태 아데노신 3인산(세 개의 인산)의 유기화합물로 미토콘드리아 내막의 'ATP 합성효소'라는 단백질에 의해 생성된다.
Q4. **하체 근육의 종류를 3가지 이상 말하시오.** ★☆☆	대퇴직근, 외측광근, 내측광근, 대퇴근막장근, 치골근, 둔근, 대퇴이두근, 반건양근, 반막양근, 비복근, 가자미근 등이 있다.
Q5. **아나볼릭(Anabolic, 동화작용) 상태를 설명하시오.** ★☆☆	동화작용은 이화작용과 반대로 작은 분자의 물질이 큰 분자의 물질로 합성되는 것을 말한다.
Q6. **광배근을 강화하는 4가지 운동을 말하시오.** ★☆☆	'랫 풀 다운, 친업, 벤트 오버 로우, 덤벨 로우'가 해당한다.
Q7. **커트 상태에 대해 설명하시오.** ★☆☆	탄수화물 섭취를 줄여 체지방을 몸에서 최대한 제거하여 데피니션 효과를 극대화하는 것을 말한다.

Q8. 보디빌딩 남자시합 포즈 7가지를 설명하시오. ★☆☆	'프론트 더블 바이셉스, 프론트 렛 스프레드, 사이드 체스트, 백 더블 바이셉스, 백 렛 스프레드, 사이드 트라이셉스, 앱도미널 앤 타이'이다.
Q9. 디센딩 세트를 설명하시오. ★☆☆	중량을 점진적으로 낮추어 가면서 더 이상 반복할 수 없을 때까지 실시하는 트레이닝 방법이다.
Q10. 보디빌딩 시합 전 수분 보유를 최소화하기 위하여 취하는 방법을 설명하시오. ★★☆	대회 1~2주 전부터 물(수분)을 최대한 많이 섭취하여 체내에 쌓인 염분을 최대한 제거하고, 대회 12시간 전부터 물(수분)의 섭취를 중단하는 방법이다.
Q11. 척추기립근을 발달시키는 운동 3가지 이상 말해보시오. ★☆☆	'데드리프트, 스티프 레그 데드리프트, 하이퍼 익스텐션(백 익스텐션), 굿모닝 엑스사이즈(바벨굿모닝)' 등이 있다.
Q12. 슈퍼세트법을 설명하시오. ★☆☆	길항관계에 있는 서로 다른 2가지 근육을 휴식 없이 운동하는 방법이다.
Q13. 트라이세트법을 설명하시오. ★☆☆	3가지 종목을 휴식 없이 같은 부위에 운동하는 방법이다.
Q14. 자이언트세트법을 설명하시오. ★☆☆	4~5가지 종목을 휴식 없이 같은 부위에 운동하는 방법이다.

Q15. **보디빌딩의 효과 3가지 이상 설명하시오.** ★☆☆	신체기능의 강화, 기초체력 향상, 유연성의 향상, 근력과 심폐지구력의 향상
Q16. **보디빌딩이 아시안 게임에 시범종목으로 채택된 연도와 장소는?** ★☆☆	2002년, 부산이다.
Q17. **무산소성 운동의 종류는?** ★★☆	단거리 달리기(100m, 200m, 400m), 역도, 투포환, 웨이트 트레이닝 등 높은 강도에서 단시간 내에 이루어지는 운동을 말한다.
Q18. **근육의 종류를 설명하시오.** ★☆☆	① 심근: 심장의 벽을 만드는 근육이다. ② 평활근: 심장을 제외한 신체 기관의 벽이나 혈관, 장, 방광, 자궁 등의 벽을 만드는 근육이다. ③ 골격근: 신경계의 지배를 받는 근육으로 인체의 움직임에 실질적으로 사용되는 근육이다.
Q19. **머신과 프리웨이트의 차이점은?** ★☆☆	머신은 자세가 고정되어 다루기 편한 장점과 가동범위가 고정되어 있고 직접저항을 느끼기 힘든 것이 단점이고, 프리웨이트는 가동범위가 자유롭고 직접저항을 느낄 수 있다.
Q20. **HDL(콜레스테롤)이란?** ★★☆	HDL은 고밀도 지질 단백질로 좋은 콜레스테롤로써 혈관 벽에 붙어 있는 저밀도 콜레스테롤(LDL)을 분해시키는 기능을 하며, 주로 등 푸른 생선과 식물성 기름에 포함되어 있다.
Q21. **트레이닝의 원리 4가지 이상 말하시오.** ★☆☆	'과부하의 원리, 점진성의 원리, 계속성의 원리, 개별성의 원리, 자각성의 원리, 특수성의 원리'가 있다.

Q22. **근섬유의 종류는?** ★★☆	지구성의 지근(Type1)과 힘을 내는 속근(Type2)이 있다.
Q23. **근육 펌핑에 대해 설명하시오.** ★☆☆	근육 운동을 하면 근육에 에너지(영양소) 및 산소 공급이 필요로 하게 되는데, 이를 위해 혈액이 근육 주위로 집중되어 근육이 순간적으로 부풀어 오르는 현상을 말한다.
Q24. **운동 후 단백질의 적절한 섭취 시기와 그 이유에 대해 설명하시오.** ★☆☆	운동 후 단백질의 섭취는 30g 이상을 30분에서 1시간 이내로 섭취하는 것이 좋다. 그 이유는 운동 직후 근육이 회복되는 과정에서 아미노산이 근육의 생성에 사용되어야 하기 때문이다.
Q25. **서킷(순환) 트레이닝에 대해 설명하시오.** ★☆☆	운동 간 휴식 없이 운동 종류를 유기적으로 바꿔가며 트레이닝하는 방법으로 8~12스테이션을 설치하여 쉬는 시간 없이 순환 훈련한다.
Q26. **신체에서 가장 큰 근육의 종류 세 가지와 그와 관련된 운동의 종류를 설명하시오.** ★☆☆	① 가슴(대흉근) – 벤치 프레스 ② 등(광배근) – 벤트 오버 로우 ③ 허벅지(대퇴사두근, 대퇴이두근) – 스쿼트
Q27. **근 수축에 대해 설명하시오.** ★☆☆	근육은 신경의 자극을 통해 화학 반응을 일으키며, 그로 인해 열에너지 발생과 근길이의 수축 작용이 일어난다. 이와 같은 신경의 자극을 통한 근육의 움직임을 근수축이라고 한다.
Q28. **지방의 역할에 대해 설명하시오.** ★☆☆	탄수화물과 함께 에너지를 내는 주요 물질이며, 장기를 보호해주고 체온을 유지하는 역할을 한다.

Q29. **유산소성 운동기구 2가지 이상을 말하시오.** ★☆☆	'트레드밀, 자전거, 싸이클론, 스텝퍼' 등이 있다.
Q30. **그립의 종류 3가지 이상 말해보시오.** ★☆☆	'오버핸드 그립, 언더핸드 그립, 얼터네이트 그립, 뉴트럴 그립, 섬레스 그립, 훅 그립'이 있다.
Q31. **복직근을 강화시키는 운동 네 가지는 무엇인가?** ★☆☆	'행잉 레그 레이즈, 크런치, 리버스 크런치, 싯업'이다.
Q32. **1RM(One Repetition Maximum)은 무엇인가?** ★☆☆	한 번의 근 수축으로 낼 수 있는 최대근력 또는 정확한 자세로 최대 무게를 1회 반복하는 것이다.
Q33. **웨이트 트레이닝의 생리학적 효과는 무엇인가?** ★☆☆	근비대, 체력, 근력, 심폐지구력 강화, 체지방 제거, 유연성의 향상이다.
Q34. **등이 굽은 사람을 위한 운동방법은?** ★☆☆	데드리프트와 백 익스텐션과 같이 하부 등을 강화시킬 수 있는 운동 동작을 한다.
Q35. **카보 로딩(Carbohydrate loading)이란?** ★☆☆	장시간의 운동을 요구하는 지구력 운동의 수행을 위해서 주 에너지원인 탄수화물을 인체 내에 축적시키는 방법을 말한다.

Q36. 크레아틴에 대해 설명하시오. ★☆☆	크레아틴은 인체에서 고강도의 무산소 운동 시 사람마다 차이가 있지만 보통 10~15초 정도로 짧게 사용되는 에너지이다. 근육 내 수분 보유를 유도하며 저항운동 시 힘이 늘어난다.
Q37. 데피니션에 대해 설명하시오. ★☆☆	지방이 없이 근육이 섬세하게 갈라지는 근 선명도를 말한다.
Q38. 포화지방과 불포화 지방은 무엇인가? ★★☆	포화지방은 붉은 고기에 함유되어 있으며 시간이 지나면 굳어지는 특징을 갖고 있어 몸에 해로운 지방을 말하고 불포화지방은 시간이 지나도 굳어지지 않으며 견과류에 함유되어 있고 몸에 이로운 지방을 말한다.
Q39. 뼈의 역할 2가지 이상 말해보시오. ★★☆	지지작용, 보호작용, 조혈작용 및 무기질 저장소의 역할을 한다.
Q40. L-카르니틴(L-Carnitine)에 대해 말하시오. ★☆☆	필수 아미노산이면서 지방 연소를 극대화시켜주는 성분이다.
Q41. 대퇴 이두근과 힙(Hip)을 발달시킬 수 있는 운동은? ★☆☆	스티프 레그 데드리프트와 레그 컬이 있다. 둔근은 대퇴 이두근에서부터 연결이 되기 때문에 반드시 술굴곡근의 강화와 함께 진행되는 것이 효과적이다.
Q42. 운동 전 카페인 섭취의 장점은? ★☆☆	지방 연소와 지구력 강화, 수분배출(이뇨효과) 효과가 있다.
Q43. 아나볼릭스테로이드란? ★☆☆	도핑물질로 단백질을 합성 · 동화시켜 근육의 힘과 양을 증가시킨다.

Q44. **성장호르몬이란?** ★☆☆	뇌하수체 전엽에서 분비되며 과다분비 시 말단비대증에 걸린다. 소아의 왜소증 치료목적으로 쓰이며 운동선수들의 근비대와 체지방분해 등 경기력 향상을 목적으로 쓰이기도 한다.
Q45. **BCAA란?** ★☆☆	'루이신, 아이소루이신, 발린' 세 가지 아미노산이 결합된 형태로 운동 전 또는 중간에 섭취하며 근육운동 시 에너지원으로 쓰인다.
Q46. **보충제로서 아르기닌의 역할은?** ★☆☆	혈압조절작용과 혈관확장 효과가 있으며 성장호르몬 방출 촉진작용이 있다.
Q47. **오버트레이닝이란?** ★☆☆	오버트레이닝이란 지나친 의욕으로 운동의 양과 빈도 및 강도가 증가하고 이것이 휴식 없이 반복될 때, 신체 및 정신적인 손실이 생겨나는 것을 말한다. 근손실과 정신적 무력감 등의 증상이 나타난다.
Q48. **과부하훈련원칙이란?** ★☆☆	근육의 발달을 위해서는 익숙해져 있던 것보다 더 많은 자극이 근육에 주어져야 한다. 이런 훈련 자극은 중량, 운동량, 운동빈도, 휴식시간을 바꾸어줌으로써 조절이 가능하다.
Q49. **파셜무브먼트(부분반복)란?** ★★☆	관절가동범위의 전체를 사용하지 않고 부분적으로 트레이닝하는 경우를 말한다.
Q50. **프리웨이트란?** ★☆☆	바벨이나 덤벨을 총칭해서 프리웨이트라고 한다.
Q51. **피라미드 운동법이란?** ★☆☆	가벼운 무게, 즉 1RM의 50%의 가벼운 중량에서 시작하여 점차 중량을 늘려나가 최대중량까지 늘려나가는 운동방법이다.

Q52. 피크컨트렉션이란? ★★☆	근육운동 시 정점에서 최대한 완전하게 긴장이 유지되도록 하는 것이다.
Q53. 컴파운드 세트란? ★☆☆	동일한 부위의 근육에 두 가지 운동을 실시하는 방법이다.
Q54. 이중분할 훈련원칙이란? ★☆☆	하루에 두 번 나누어 서로 다른 부위의 근육을 훈련하는 방식이다.
Q55. 삼중분할 훈련방식이란? ★☆☆	하루에 3번 나누어 각기 다른 부위의 근육을 훈련하는 방식으로 많은 체력소모가 있으며 오버트레이닝의 위험성이 있다.
Q56. 와이드 그립이란? ★☆☆	바를 잡는 손의 위치가 넓은 그립 형태이다.
Q57. 내로우 그립이란? ★☆☆	바를 잡는 손의 위치가 좁은 그립 형태이다.
Q58. 언더 그립이란? ★☆☆	손의 위치가 바의 아래에서 잡으며 엄지손가락이 바깥으로 향하는 그립 형태(수피네이션)이다.
Q59. 오버 그립이란? ★☆☆	손의 위치가 바의 위에서 잡으며 엄지손가락이 서로 마주보게 향하는 그립 형태(프로네이션)이다.

Q60. **리버스 그립이란?** ★☆☆	한 손은 언더 그립, 한 손은 오버 그립으로 잡는 그립 형태이다.
Q61. **섬레스 그립이란?** ★☆☆	주로 미는 동작에서 다섯손가락이 모두 모아져서 잡는 그립 형태이다.
Q62. **훅 그립이란?** ★☆☆	엄지손가락을 집게손가락과 가운뎃손가락으로 누르면서 잡는 그립 형태이다.
Q63. **세트훈련법이란?** ★☆☆	한 부위에 한 번만 훈련하는 것이 아니라 여러 번 나누어 한 가지 운동을 최소 2회 이상 나누어 훈련하는 방식이다.
Q64. **근육우선훈련원칙이란?** ★☆☆	운동시작 초기 에너지가 충만할 때 본인의 약한 부위를 먼저 하여 약한 부위의 근육을 강화시키는 훈련법이다.
Q65. **플러싱 훈련법이란?** ★★☆	특정한 부위의 근육을 발달시키기 위해 혈액을 특정 부위에 보내는 훈련 방법으로 이때 다른 부위 근육훈련은 하지 않는다.
Q66. **수퍼세트 훈련원칙이란?** ★☆☆	서로 길항되는 근육 운동을 한 세트로 연속하여 훈련하는 방법이다.
Q67. **자이언트세트 훈련원칙이란?** ★☆☆	하나의 근육에 3~6가지의 운동을 연속으로 운동하는 세트 방법이다.

Q68. **강제반복 훈련원칙이란?** ★☆☆	더 이상 반복을 수행할 수 없을 때 트레이닝 파트너의 도움을 받아 강제적으로 2~3회 더 반복을 수행하는 운동방법이다.
Q69. **디센딩 훈련원칙이란?** ★☆☆	점차적으로 고중량에서 저중량으로 중량을 내려가며 훈련하는 방식이다.
Q70. **지방의 역할에 대해 설명하시오.** ★☆☆	탄수화물과 함께 에너지를 내는 주요 물질이며, 장기를 보호해주고 체온을 유지하는 역할을 한다.
Q71. **유청단백질(whey protein)은?** ★☆☆	유청은 우유 단백질의 한 성분으로, 필수아미노산이 많이 포함되어 있으며 단백질 합성에 효과적인 보충제이다. 유청단백질은 보디빌더나 건강관리를 하는 사람들에게 가장 좋은 분말 형태의 단백질원이다.
Q72. **테스토스테론(testosterone)은 무엇인가?** ★☆☆	남성의 고환에서 생성되는 호르몬으로서 근육성장과 골밀도를 돕고 2차 성징과도 밀접한 관련이 있다.
Q73. **탈수의 생리적인 영향 3가지 이상을 설명하시오.** ★★☆	근력 감소, 운동수행능력 감소, 낮은 산소섭취, 혈장과 혈액용적 감소, 심장기능 감소, 간 글리코겐 고갈 등이 있다.
Q74. **도핑(doping)을 설명하시오.** ★☆☆	경기력을 향상시키기 위하여 의도적으로 약물을 복용하거나 비정상적인 방법으로 투여하는 것을 말한다.
Q75. **기초대사량을 설명하시오.** ★☆☆	생명현상 유지를 위해 최소한으로 소모되는 에너지이다.

Q76. **스포츠심장을 설명하시오.** ★☆☆	장기적이고 계획적인 트레이닝으로 인해 심장근 비대, 심장용적 증대라는 형태적인 변화와 일회박출량, 심박출량, 안정시와 운동 중 분당 심박수 감소라는 기능적인 변화를 겪은 심장을 스포츠심장이라고 한다.
Q77. **무산소운동을 설명하시오.** ★☆☆	산소를 사용하지 않고도, 화학적 반응을 통하여 ATP를 재합성하여 사용할 수 있는 운동이다.
Q78. **준비운동에서 오는 효과를 설명하시오.** ★☆☆	부상 예방, 관절의 가동범위 높임, 효소기능 촉진, 혈류 증가, 근육의 산소 유용성 높임, 경기에 대한 심리적 적응 등이 있다.
Q79. **흡연이 운동수행 능력에 미치는 영향을 설명하시오.** ★★☆	기도 저항 증가, 산소량 감소, 심폐기능 저하, 지구력 감소 등이 있다.
Q80. **알코올 섭취가 스포츠 경기력에 미치는 영향을 설명하시오.** ★★☆	반응시간 저하, 평형성 저하, 심혈관계 지구력 저하 등이 있다.
Q81. **서키트 트레이닝으로 인한 신체의 반응 효과를 설명하시오.** ★☆☆	유산소와 무산소를 겸하므로 심폐지구력과 근지구력을 향상시킨다.
Q82. **유산소성 에너지 시스템을 활용하는 운동 종목을 아는 대로 말하시오.** ★☆☆	중장거리 달리기(5,000M, 10,000M, 마라톤 등), 사이클, 조깅, 크로스컨트리, 에어로빅 등이 있다.

Q83. **스트레칭의 목적을 말하시오.** ★☆☆	근육 이완, 근의 길이 신전, 유연성 증대, 부상방지를 위해 실시한다.
Q84. **근력운동을 하기 전의 당분 섭취를 최소한 운동 1시간 전에 해야 하는 이유를 설명하시오.** ★☆☆	운동 전 당분의 섭취는 혈당을 높여 췌장에서 인슐린의 분비를 유도해 글리코겐 사용을 증가시킴으로써 운동 시작 후 저혈당이 생기게 된다. 동시에 근 글리코겐 이용도 촉진시키기 때문에 체내의 글리코겐이 빠르게 고갈된다. 따라서 경기력에 나쁜 영향을 미칠 수도 있다.
Q85. **필수아미노산의 의미를 설명하고 종류를 3가지 이상 말하시오.** ★☆☆	① 필수아미노산: 체내에서 합성이 불가하므로 식품을 통하여 섭취해야 하는 아미노산 ② 종류: 히스티딘, 아이소류신, 류신, 라이신, 메티오닌, 페닐알라닌, 트레오닌, 트립토판, 발린 등
Q86. **근수축의 종류 3가지를 예시와 함께 설명하시오.** ★★☆	① 등장성 수축: 근육의 길이가 변하면서(짧아지면서) 힘을 발휘하는 근수축 예 덤벨을 들어 올릴 때 ② 등척성 수축: 근육의 길이에는 변화가 없으면서 장력이 발생하는 근수축 예 벽을 밀거나 손을 마주 밀 때 ③ 등속성 수축: 운동의 전반에 걸쳐 일정한 속도로 근수축을 유도하는 것 예 일정한 장치를 이용한 재활 시
Q87. **골격근의 특성에 관하여 설명하시오.** ★★☆	① 피자극성: 다양한 자극을 받고 이에 반응한다. ② 수축성: 자극을 받은 후에 수축한다. ③ 이완성: 능동 또는 수축 상태에서 길어진다. ④ 탄력성: 수축 또는 이완 후에 원래 길이로 돌아간다.
Q88. **골격근의 세 가지 주요 기능을 말하시오.** ★☆☆	① 운동과 호흡을 위한 근수축 ② 자세를 유지하기 위한 근수축 ③ 체온 유지를 위한 열생산
Q89. **췌장에서 분비되는 호르몬 중 인슐린에 대하여 설명하시오.** ★☆☆	인슐린은 췌장의 랑게르한스섬의 베타세포에서 분비된다. 아미노산, 포도당, 지방의 저장을 촉진시키며, 혈중 포도당을 세포로 유입시켜 혈당을 낮춘다.

Q90. **췌장에서 분비되는 호르몬 중 글루카곤에 대하여 설명하시오.** ★☆☆	글루카곤은 췌장의 알파세포에서 분비된다. 포도당과 유리지방산의 동원을 촉진시키며 혈당이 낮아지면 간의 글리코겐을 포도당으로 분해하여 혈당을 높인다.
Q91. **피하지방과 내장지방의 위치와 역할을 설명하시오.** ★☆☆	① 피하지방: 피부 아래 발달한 지방층을 말하며 외부충격을 흡수하여 장기와 뼈를 보호한다. 체온 유지, 영양저장소의 역할을 한다. ② 내장지방: 사람 몸의 장기 사이사이에 쌓인 지방을 말한다. 각종 성인병을 유발하는 요인으로 작용한다.
Q92. **운동 중 이용되는 대표적인 탄수화물의 형태를 말하시오.** ★☆☆	글리코겐, 포도당(=글루코스)
Q93. **지용성 비타민의 종류를 말하시오.** ★☆☆	비타민 A, 비타민 D, 비타민 E, 비타민 K
Q94. **수용성 비타민의 종류를 말하시오.** ★☆☆	비타민 B군, 비타민 C
Q95. **수분의 기능을 설명하시오.** ★☆☆	체조직의 구성성분으로 신체를 보호하며 영양소를 운반하고 노폐물을 배출한다. 인체의 용매, 수송 매개체, 윤활제 역할을 하고 체온을 유지한다.
Q96. **6대 영양소를 말하시오.** ★☆☆	탄수화물, 단백질, 지방, 비타민, 무기질, 물
Q97. **HDL-C에 대하여 설명하시오.** ★★☆	HDL-C는 고밀도지단백 콜레스테롤로, 혈관벽에 붙어있는 콜레스테롤을 제거하는 기능을 가지고 있으며 동맥경화 예방에 도움이 된다.

Q98. **웨이트트레이닝의 효과를 3가지 이상 말하시오.** ★★☆	① 신체기능의 강화 ② 기초체력 향상 ③ 근력, 근지구력, 근파워의 증가 ④ 심폐지구력의 향상 ⑤ 유연성 향상 ⑥ 골밀도 증가 ⑦ 근섬유 속의 미토콘드리아 수 증가 ⑧ 인대, 건, 결체조직의 강화
Q99. **준비운동의 필요성과 효과에 대하여 설명하시오.** ★☆☆	① 준비운동의 필요성: 체온을 향상시킴으로서 근수축력과 에너지 활성화에 도움을 주고, 관절의 가동범위를 넓혀줌으로써 운동 시 부상을 예방한다. ② 준비운동의 효과: 혈류 증가, 근육 내 산소 유용성 증가, 경기에 대한 심리적 적응, 부상 예방, 관절의 가동범위 증가 등
Q100. **스트레칭의 효과를 말하시오.** ★☆☆	① 근육 이완 및 신전 ② 관절의 가동범위 증대 ③ 부상 방지 ④ 피로 회복
Q101. **저항운동 시 발생하는 지연성 근통증에 대하여 설명하시오.** ★★☆	Delayed onset muscle soreness의 약자로 DOMS라고도 불린다. 과도한 운동 또는 익숙하지 않은 형태의 중강도 또는 고강도 운동 후 즉시 발생하지 않고 서서히 나타나는 근통증이다. 통증의 원인은 근육 대 결체조직과 근단백질의 구조적 손상, 히스타민 유리 등과 이에 수반되는 염증 반응 때문이다.

생활스포츠지도자의 자질

Q1. **생활체육의 정의를 설명하시오.** ★☆☆	학교체육활동을 제외한 영, 유아에서 노인에 이르기까지 남녀노소 모든 이를 대상으로 가정, 직장, 지역사회의 체육, 스포츠, 레크리에이션 영역에서 운동을 삶의 일부로서 생활화하여 개인적으로는 성숙한 인격의 완성에 두고, 사회적으로는 공동체 형성에 기여함으로써 생활에 필요한 기본능력을 향상시켜 행복한 삶을 영위토록 하며 궁극적으로 스포츠문화를 다음 세대에 전달하는 것이다.

Q2. **생활체육의 필요성을 설명하시오.** ★☆☆	① 생활체육은 개인적으로는 자아실현, 인격형성, 여가선용 기회, 건강의 유지 증진을 위하여 그리고 사회적으로는 공동체 의식 함양, 건전한 여가풍토 조성, 국민 건강의 유지 · 증진으로 행복한 삶을 영위토록 한다. ② 생활체육은 운동시간이 부족한 현대인들에게 필요한 적정량의 신체활동 기회를 제공하여 건강 증진과 강한 체력을 육성한다. ③ 생활체육은 현대사회의 각종 병리현상으로 인하여 발생하는 걱정, 갈등, 열등감, 죄의식, 우울증 및 공격성을 해소시킬 수 있다. ④ 생활체육은 팀워크, 공동체 의식 강화, 사회적 결속 등을 통하여 원만한 사회생활을 영위할 수 있도록 돕는다.
Q3. **생활체육의 기능을 생리적, 심리적, 사회적 측면으로 구분하여 설명하시오.** ★☆☆	① 생리적 기능 측면에서 심장병이나 고혈압 등 성인병 예방과 치료에 도움이 된다. ② 심리적 기능 측면에서 체육활동은 스트레스로 인한 좌절, 공격성, 우울감 등을 해소하는 건전한 방편이다. 즉 긴장과 갈등해소를 통해 사회구성원 간 우호적 관계를 형성한다. ③ 사회적 기능 측면에서는 다양한 개성을 가진 사회구성원들과 조화를 이루며 환경에 적응하고 창조적 삶을 개척함으로써 공동체 발전에 기여한다.
Q4. **지도 시 유의사항을 5가지 이상 설명하시오.** ★☆☆	① 공평, 균등해야 한다. ② 심신의 상태를 배려해야 한다. ③ 여성과 노인의 바이오리듬을 고려해 적절히 지도한다. ④ 지도자의 의사전달을 명확히 한다. ⑤ 참가자와 일정한 거리를 가진다. ⑥ 항상 배우고 성장을 위해 노력한다. ⑦ 편견을 버리고 공평한 대인관계를 가진다. ⑧ 지도자로서 기본적인 이념(철학)을 가진다.

Q5. 생활체육 지도의 목표를 5가지 이상 설명하시오. ★☆☆	① 건전 여가 선용의 기회를 제공한다. ② 스포츠의 즐거움을 경험하게 한다. ③ 스포츠의 자각적 입장을 육성한다(필요성 인식). ④ 스포츠의 기능을 향상한다. ⑤ 스포츠 지향성을 높이기 위하여 운동기능, 전술, 트레이닝방법을 마스터하게 한다. ⑥ 스포츠의 과학적 인식을 높인다. ⑦ 사회과학적, 자연과학적 교육을 통해 과학의 필요성을 제고한다. ⑧ 스포츠의 사회적 행동을 육성한다. ⑨ 스포츠 환경을 지배하고 있는 규칙 준수, 매너 및 에티켓을 중시함으로써 안전을 확보하는 것이다. ⑩ 민주시민을 육성한다. ⑪ 사회, 문화의 학습과 이해를 통하여 건전한 시민정신을 함양시키도록 촉구한다.
Q6. 생활체육 지도자의 역할에 대하여 5가지 이상 제시하시오. ★☆☆	① 생활체육활동 목표의 설정 ② 효율적인 지도 기법의 개발 ③ 생활체육 지도자 간의 인간관계 유지 ④ 생활체육 프로그램의 개발 ⑤ 생활체육 재정의 관리 ⑥ 생활체육 활동용 기구의 효율적 운용 ⑦ 생활체육에 대한 연구 활동 ⑧ 지역사회와의 유대관계 형성 및 강화 ⑨ 안전사고 예방 및 시설 관리 ⑩ 활동 내용의 기록 및 문서 관리
Q7. 생활체육 지도자의 기능에 대하여 설명하시오. ★☆☆	■ **활동지원적 기능** ① 체육시설 관리, 운영 효율화 ② 체육활동의 기획, 입안 ③ 다양한 프로그램의 개발과 보급 ④ 저변 확대를 위한 동호인 조직, 육성 홍보 ■ **스포츠 지도적 기능** ① 체육시설의 합리적 운영(활동능률의 증대) ② 현장지도의 체계적 운영(활동효과 증대) ③ 대상별 다양한 프로그램 적용 지도(개인차) ④ 각종 클럽, 스포츠교실 확장(필요성 증대)

Q8. **생활체육 지도자의 자질에 대하여 구체적으로 설명하시오.** ★☆☆	① 의사전달 능력: 이를 위해서는 참가자의 관심 유도 및 유지, 의사전달 내용의 상세한 설명, 성실한 청취 태도 분위기 조성이 이루어져야 한다. ② 투철한 사명감: 투철한 사명감을 지닌 지도자는 참가자의 과도한 긴장이나 불안을 해소시켜 줌으로써 생산적 활동을 주도하고, 자발적 의지로 자신이나 집단의 목표를 성취하도록 유도한다. ③ 활달하고 강인한 성격: 생활체육 참가자로 하여금 친근감 및 신뢰감을 형성시켜 주며 집단의 우호적 분위기 조성에 기여한다. ④ 도덕적 품: 생활체육 참가자를 유인하는 하나의 매력으로 작용하며 참가자와 원만한 인간관계를 형성하도록 이끌어 준다. ⑤ 칭찬의 미덕: 참가자의 과제 수행에 대한 긍정적 동기유발을 촉진한다. ⑥ 공정성: 생활체육 지도자는 성, 연령, 교육수준, 지역, 사회계층, 운동기능 수준, 외모 등에 의한 편견 없이 참가자 모두를 평등하게 대우하고 지도해야 한다.
Q9. **생활체육 프로그램 계획 시 포함되어야 할 요인을 5가지 이상 제시하시오.** ★☆☆	① 철학적 틀 세우기(기본방향 정하기) ② 참여자와 지역사회 간에 욕구와 관심사정(요구사정단계) ③ 프로그램 목적과 목표, 방법을 결정 ④ 가능한 활동과 서비스의 범위 결정 ⑤ 프로그램 계획 시 필요한 개념(재정, 시설, 공간, 이용시간, 교통, 기자재, 지도자 선별 등) ⑥ 계획의 수립 및 전개(홍보, 팸플릿 배포) ⑦ 계획의 실행(안전 고려) ⑧ 평가, 관리, 감독, 모니터, 프로그램 평가, 피드백, 수정, 보고
Q10. **신체적성운동, 유산소운동, 웰니스운동에 대해 설명하시오.** ★☆☆	① 신체적성(Fitness)운동 – 큐리톤(Dr. T. K. Cureton, 1960년대) 신체의 운동적성 6가지 요소인 평형성(Balance), 유연성(Flexivility), 민첩성(Agility), 근력(Strength), 순발력(Power), 지구력(Endurance)을 발달시켜 건강한 체력을 육성하고자 고안된 운동을 말한다. ② 유산소(Aerobics)운동 – 쿠퍼(Dr. K. H. Cooper, 1970년대) 유산소 운동으로는 걷기, 에어로빅 댄싱, 조깅, 수영, 사이클링 등이 있다. 체육 프로그램에 적용시켜 국민건강 증진, 특히 성인병 예방과 치료에 기여한다. ③ 웰니스(Wellness)운동 – 이케다(Dr. Masaru. Ikeda, 1980년대) 신체적, 정신적, 정서적, 지적, 사회적, 직업적 스트레스 등 개개인의 건강생활 운동을 말한다. 해악한 습관(흡연, 음주, 운동부족)을 버리고 바른 생활습관(규칙적 운동, 금연, 금주, 정신적 안정 상태, 욕구실현, 자기만족)을 형성하는 것이다.

Q11.

성희롱 예방 매뉴얼에 관하여 설명하시오.

★★★

■ 성희롱 은폐 시 법적 제재

① 확고한 정책
② 예외 없는 처벌
③ 안전한 신고 보장

■ 운동부 성폭력 예방 십계명

① 성적 농담 금지
② 성적인 영상물 제공 금지
③ 과도한 사적 대화 금지
④ 과도한 편지, 선물 금지
⑤ 신체나 외모에 대한 언급 금지
⑥ 신체접촉 최소화
⑦ 단둘이 차량 동승 금지
⑧ 센터 밖에서 1대1 만남 금지
⑨ 단체여행 시 보호자 동행
⑩ 사적인 데이트 절대 금지

구술정복 POINT

스포츠폭력 및 성폭력은 스포츠인권과 관련 깊은 내용이다.

Q12.

생활체육 프로그램 계획의 원리에 대하여 5가지 이상 설명하시오.

① 평등성: 생활체육 프로그램 참가 기회는 연령, 성, 교육 수준, 민족, 종교, 출신지역, 사회 · 경제적 지위에 관계없이 모든 사람에게 균등하게 제공되어야 한다.
② 창조성: 생활체육 프로그램은 건설적이고 창조적인 신체활동 기회를 제공하여야 한다.
③ 다양성: 생활체육 프로그램은 참가자의 사회 · 경제적 배경, 성장 배경, 그리고 운동 기능 수준에 따라 다양한 활동 수준 및 형태로 제공되어야 한다.
④ 욕구 반영: 생활체육 프로그램은 개인적, 사회적 욕구가 반영되도록 계획되어야 한다.
⑤ 효율성: 생활체육 프로그램은 생활체육 관련 시설을 효율적으로 이용할 수 있도록 계획되어야 한다.
⑥ 전문성: 생활체육 프로그램은 일정 자격을 갖춘 전문가에 의해 개발, 운영, 평가되어야 한다.
⑦ 홍보: 생활체육 프로그램이 사회 전 구성원에게 적절한 대중매체 및 홍보수단을 통해 효과적으로 전달되어야 한다.
⑧ 평가: 생활체육 프로그램은 지속적, 규칙적으로 평가되어 피드백 자료가 축적되어야 한다.
⑨ 보완: 생활체육 프로그램의 결과에 대한 평가에 따라 프로그램의 질적, 양적 측면을 수정 · 보완함으로써 생활체육 프로그램을 발전시키고, 그 가치를 제고하도록 노력해야 한다.

Q13.

생활체육 프로그램의 기획 단계에 대하여 설명하시오.

① 프로그램 기획 철학 및 목적 이해: 생활체육 프로그램의 기획은 단체의 철학에 기초해서 이루어지므로 생활체육 프로그램 계획자는 현행 프로그램이 단체의 철학 및 목적에 부합되는지, 그리고 단체의 철학을 구현하는 데 프로그램이 기여하고 있는가를 살펴보아야 한다.
② 요구 조사: 참가자가 새롭고 즐거운 경험 및 만족감을 얻을 수 있도록 참가자의 요구를 반영하는 절차를 거쳐야 한다.
③ 프로그램 목적 및 목표 설정: 생활체육 프로그램의 목적 설정은 프로그램 기획의 전 과정에서 추진하여야 할 방향을 제시한다. 또한 목적을 달성하기 위해서는 구체적으로 성취하여야 할 실천 내용을 수반하는데 이것이 바로 목표이다.
④ 생활체육 프로그램 계획: 이는 프로그램 설계 및 계획서 작성 단계로 구분된다. 먼저, 프로그램 설계는 프로그램 구성 요소를 확인하고 단계별 활동 시나리오를 계획하는 것으로서 프로그램 운영에 필요한 활동 시나리오를 개념화하고 우선순위를 결정하는 데 목적이 있다. 프로그램 계획서는 건물의 청사진이라고 할 수 있다. 프로그램 계획서는 미래 프로그램 운영의 지침으로 이용되며 설계 단계에서 발견되는 문제점을 실행 전에 바르게 교정하는 역할을 한다.
⑤ 생활체육 프로그램 실행: 실행에서 대부분의 시간을 소비하며, 물리적 공간 확보와 배열, 프로그램 광고, 참가자 등록, 지도자 구성 및 관리 등 주의를 기울여야 할 내용이 많다.
⑥ 생활체육 프로그램 평가: 이는 좁은 의미에서 이미 제시된 활동 목표에 대한 경험효과를 측정하는 과정이며, 넓은 의미에서 프로그램 활동을 통하여 참가자와 지도자의 생활체육에 대한 가치, 태도 및 운동기능 수준의 변화를 판정하는 것이다.

Q14.

생애주기에 따른 생활체육 지도 대상을 말하시오.

★☆☆

① 유아기: 0세~7세
② 아동기: 8세~12세
③ 청소년기: 13세~19세
④ 성인기: 20세~64세
⑤ 노년기: 65세 이상

Q15.

체력의 개념을 설명하시오.

★☆☆

체력은 활동체력과 방위체력으로 구분한다. 활동체력은 근력과 근지구력, 신체의 조정력 등 신체활동을 지속적으로 유지하거나 조절할 수 있는 능력이다. 방위체력은 물리화학적, 생물학적, 생리적 스트레스에 대한 저항능력이다.

References

[참고 자료]

김현수(서울산업대학교 스포츠건강학과 교수, 운동생리학 전공(Ph. D.)), 『스포츠과학』 제105호.

윤성진(트레이닝론(Ph.D.) 체육과학박사), 『스포츠과학』 제96호.

문개성, 김동문(2020), M스포츠지도사 4주 완성 필기 한권 완전정복, 박영사.

[참고 사이트]

국민체육진흥공단 https://www.kspo.or.kr/

대한보디빌딩협회 http://bodybuilding.sports.or.kr/

체육지도자 https://www.insports.or.kr/

한국스포츠정책과학원 https://www.sports.re.kr/

M스포츠지도사 보디빌딩 실기 · 구술 완전정복

초판발행 2021년 5월 20일
제2판발행 2023년 3월 20일

지은이 김준수
펴낸이 안종만·안상준

편 집 김민경
기획/마케팅 차익주
디자인 이수빈
제 작 고철민·조영환

펴낸곳 (주) 박영사
서울특별시 금천구 가산디지털2로 53 210호(가산동, 한라시그마밸리)
등록 1959.3.11. 제300-1959-1호(倫)
전 화 02)733-6771
f a x 02)736-4818
e-mail pys@pybook.co.kr
homepage www.pybook.co.kr
ISBN 979-11-303-1678-9 13690

정 가 25,000원